TUTELA JURÍDICA DAS MICROLESÕES

CLÁUDIO HENRIQUE DE OLIVEIRA

Prefácio
Diego Santiago y Caldo

Apresentação
Heitor Vitor Mendonça Sica

TUTELA JURÍDICA DAS MICROLESÕES

Belo Horizonte

2022

© 2022 Editora Fórum Ltda.

É proibida a reprodução total ou parcial desta obra, por qualquer meio eletrônico, inclusive por processos xerográficos, sem autorização expressa do Editor.

Conselho Editorial

Adilson Abreu Dallari
Alécia Paolucci Nogueira Bicalho
Alexandre Coutinho Pagliarini
André Ramos Tavares
Carlos Ayres Britto
Carlos Mário da Silva Velloso
Cármen Lúcia Antunes Rocha
Cesar Augusto Guimarães Pereira
Clovis Beznos
Cristiana Fortini
Dinorá Adelaide Musetti Grotti
Diogo de Figueiredo Moreira Neto (*in memoriam*)
Egon Bockmann Moreira
Emerson Gabardo
Fabrício Motta
Fernando Rossi
Flávio Henrique Unes Pereira

Floriano de Azevedo Marques Neto
Gustavo Justino de Oliveira
Inês Virgínia Prado Soares
Jorge Ulisses Jacoby Fernandes
Juarez Freitas
Luciano Ferraz
Lúcio Delfino
Marcia Carla Pereira Ribeiro
Márcio Cammarosano
Marcos Ehrhardt Jr.
Maria Sylvia Zanella Di Pietro
Ney José de Freitas
Oswaldo Othon de Pontes Saraiva Filho
Paulo Modesto
Romeu Felipe Bacellar Filho
Sérgio Guerra
Walber de Moura Agra

FÓRUM
CONHECIMENTO JURÍDICO

Luís Cláudio Rodrigues Ferreira
Presidente e Editor

Coordenação editorial: Leonardo Eustáquio Siqueira Araújo
Aline Sobreira de Oliveira

Rua Paulo Ribeiro Bastos, 211 – Jardim Atlântico – CEP 31710-430
Belo Horizonte – Minas Gerais – Tel.: (31) 2121.4900
www.editoraforum.com.br – editoraforum@editoraforum.com.br

Técnica. Empenho. Zelo. Esses foram alguns dos cuidados aplicados na edição desta obra. No entanto, podem ocorrer erros de impressão, digitação ou mesmo restar alguma dúvida conceitual. Caso se constate algo assim, solicitamos a gentileza de nos comunicar através do *e-mail* editorial@editoraforum.com.br para que possamos esclarecer, no que couber. A sua contribuição é muito importante para mantermos a excelência editorial. A Editora Fórum agradece a sua contribuição.

Dados Internacionais de Catalogação na Publicação (CIP) de acordo com ISBD

O48t	Oliveira, Cláudio Henrique de Tutela Jurídica das Microlesões / Cláudio Henrique de Oliveira. - Belo Horizonte : Fórum, 2022. 227p.; 14,5cm x 21,5cm. Inclui bibliografia. ISBN: 978-65-5518-376-4. 1. Direito. 2. Direito Processual Civil. 3. Teoria Geral do Processo. 4. Direito do
2022-1127	Consumidor. 5. Sociologia Jurídica. 6. Economia. I. Título. CDD 341.39 CDU 34:336.2

Elaborado por Vagner Rodolfo da Silva - CRB-8/9410

Informação bibliográfica deste livro, conforme a NBR 6023:2018 da Associação Brasileira de Normas Técnicas (ABNT):

OLIVEIRA, Cláudio Henrique de. *Tutela Jurídica das Microlesões*. Belo Horizonte: Fórum, 2022. 227p. ISBN 978-65-5518-376-4.

*À minha família, em especial minha esposa, Taynara,
e aos amigos que sempre mantiveram a empolgação no
debate, não importando quão longa fosse a discussão.*

Ao Professor Doutor Kazuo Watanabe, pela oportunidade de cursar o mestrado na Faculdade de Direito da Universidade de São Paulo e pela sua ética profissional, que um dia sonho alcançar.

O papel do conhecimento não é somente a interpretação do mundo, mas também sua transformação.

(Luís Roberto Barroso)

SUMÁRIO

PREFÁCIO
Diego Santiago y Caldo 13

APRESENTAÇÃO
Heitor Vitor Mendonça Sica 17

INTRODUÇÃO 19

CAPÍTULO 1
MICROLESÃO 27

CAPÍTULO 2
TUTELA JURÍDICA 37
2.1   Breve histórico 37
2.2   Panorama atual 48
2.3   Custo e congestionamento da tutela jurisdicional 53
2.4   Acesso à Justiça, acesso à ordem jurídica justa e monopólio da
jurisdição 73

CAPÍTULO 3
TUTELA JURISDICIONAL DAS MICROLESÕES 87
3.1   Procedimentos especiais de microlesão 87
3.2   *Compulsory Arbitration* 94
3.3   Modelo de Stuttgart e limitação do recurso 95
3.4   *Money Claim Online* 101
3.5   Tribunal de Paz e juiz leigo 105
3.6   Molecularização da tutela e escritório central 110
3.7   *Fluid recovery* 118
3.8   *Cy-près comme possible* 120
3.9   Escritório Central de Arrecadação e Distribuição 127
3.10   Processo coletivo passivo: *Defendant Class Action* 131

CAPÍTULO 4
TUTELA EXTRAJUDICIAL DAS MICROLESÕES 137
4.1   Tutela proporcionada pelo direito material: programa
de etiquetagem de fornecedor 137

4.2	Procedimento administrativo de resolução de controvérsia em setor regulado e protesto de crise não resolvida	142
4.3	Protesto de Crise Não Resolvida	150
4.4	Atuação autônoma do Poder Executivo	153
4.5	*Compensation without Litigation* (compensação sem litígio)	155
4.6	Sistema *online* de reclamação (consumidor.gov.br)	157

CAPÍTULO 5
TUTELA EXTRAESTATAL DAS MICROLESÕES 161

5.1	Consumidor-empresa: *Ombudsman*	161
5.2	Consumidor-empresa: *Adjudication, Expert Determination* e *Neutral Evaluation*	169
5.3	Pessoa-pessoa: Pluralismo Jurídico e justiça comunitária	174
5.4	Empresa-empresa: autorregulamentação e programa "De olho na validade"	187
5.5	Empresa-*youtuber*: política contra violação de direitos autorais e dos interesses dos anunciantes	193

CONCLUSÃO 197

REFERÊNCIAS 201

PREFÁCIO

A análise jurídica das microlesões e da busca por técnicas judiciais e extrajudiciais para sua reparação fez com que Cláudio Henrique de Oliveira conquistasse com distinção o título de Mestre em Direito Processual Civil pela Faculdade de Direito da Universidade de São Paulo, sob a orientação do Professor Kazuo Watanabe.

A dissertação de mestrado foi então revisada e atualizada, incorporando as observações e as sugestões dos ilustres professores Heitor Vitor Mendonça Sica, Daniel Amorim Assumpção Neves e Francisco José Cahali, que integraram a banca de avaliação presidida pelo Professor Kazuo Watanabe, dando origem à presente obra.

Para o autor, as microlesões são aquelas de ínfima repercussão social ou cujo valor envolvido é inferior ao custo do processo para o Poder Judiciário ou para os próprios litigantes, de modo que o lesado não sente interesse em buscar reparação judicial, privilegiando soluções extrajudiciais geralmente mais eficientes e baratas.

No direito processual brasileiro, a tutela jurisdicional das microlesões privadas ganhou procedimentos especiais, previstos na Lei dos Juizados Especiais Cíveis (Lei nº 9.099/95), que substituiu a Lei dos Juizados de Pequenas Causas (Lei nº 7.244/84), e também no Procedimento Sumário, que era regulado pelos arts. 275 e seguintes do revogado Código de Processo Civil de 1973. Característica marcante nesses procedimentos é sua facultatividade, além de restrições nas garantias processuais do contraditório e da ampla defesa, para privilegiar um procedimento mais expedito. No âmbito do direito público, a Lei das Execuções Fiscais (Lei nº 6.830/80) criou um procedimento especial obrigatório para as ações com valor envolvido de até 50 ORTN, com limitações recursais relevantes. Há também o sistema de tutela coletiva, composto, sobretudo, pelas Leis nº 7.347/85 e 8.078/90, por meio do qual as microlesões são aglutinadas em uma única ação proposta por substitutos processuais e cuja sentença de procedência emana efeitos que beneficiam todos os prejudicados por determinado ato lesivo.

Alternativamente, os lesados também podem lançar mão de processos administrativos perante a administração pública, por meio seja de suas agências reguladoras, seja de órgãos vinculados às Secretarias da Justiça (*v.g.* Procon), seja, ainda, de canais virtuais de atendimento (como o www.consumidor.gov.br).

Há, ainda, outras ferramentas extraestatais à disposição dos lesados, como canais eletrônicos que dão publicidade às reclamações de consumidores, sistemas de autorregulamentação e procedimentos previstos na política interna de empresas de *streaming*.

No direito comparado, esta obra analisa outros institutos também voltados à reparação de microprejuízos, mas pouco estudados pela doutrina brasileira, como o *ombudsman*, o Tribunal de Paz, a *compulsory arbitration*, a *cy-près comme possible*, a *neutral evaluation* e a justiça comunitária.

Sucede que, como bem apontado pelo autor, há a necessidade de se repensar a tutela das microlesões no Brasil, para aumentar sua eficiência e efetividade por meio da criação de uma política pública de gerenciamento e tratamento adequado de conflitos de interesses.

Para tanto, em primeiro lugar, a obra defende que devem ser estabelecidos filtros de acesso à Justiça para as ações individuais envolvendo microlesões, mediante a reinterpretação do interesse de agir considerando-se o binômio utilidade/interesse, para que os recursos do Poder Judiciário (sabidamente finitos) sejam primordialmente canalizados para a pacificação de conflitos complexos e de maior impacto econômico e social. Tal sugestão tem sido aplicada – ainda de maneira tímida, é verdade – especialmente em comarcas pequenas, com a extinção de ações de execução fiscal envolvendo dívidas irrisórias de IPTU, sob o fundamento de que não há interesse público no processamento de uma ação cujo custo do processo é maior que a dívida objeto da demanda, e já foi referendada pelo STF em algumas oportunidades, como se infere do acórdão proferido no Recurso Extraordinário nº 252.965, de relatoria do Min. Celso de Mello, julgado em 21 de março de 2000.

Para o autor, as microlesões não podem ser alijadas do Poder Judiciário, mas devem ser submetidas a técnicas adequadas para que sejam reparadas de forma justa e efetiva, com racional dispêndio de recursos públicos, tal como nas ações coletivas ativas e passivas. Não é ocioso lembrar o recente relatório "Justiça em Números", elaborado pelo Conselho Nacional de Justiça, segundo o qual o Poder Judiciário brasileiro conta com um acervo de 75,4 milhões de processos em tramitação, e são notórios os prejuízos provenientes desse congestionamento judiciário, seja aumentando o tempo de processamento e julgamento das demandas, seja submetendo serventuários e juízes a excesso de trabalho, que reduz a qualidade da atividade jurisdicional.

Em contrapartida, a obra consigna também a necessidade de criação de novas técnicas extrajudiciais de reparação de microlesões, de natureza estatal e privada, além do fortalecimento dos institutos já existentes, a fim de que as decisões proferidas por entidades públicas e privadas possam ser executadas por elas próprias, com intervenção mínima e excepcional do Poder Judiciário. Nas palavras do autor, "o que se advoga é a tutela adequada (justa, célere e efetiva) em favor das microlesões dos direitos – independentemente de quem preste o serviço".

O debate sobre a criação de políticas públicas judiciais e extrajudiciais para o tratamento adequado de conflitos é recente. No âmbito das microlesões, a busca pela melhor forma de tutelá-las ganha especial importância, por conta do potencial de esses prejuízos frequentemente ficarem impunes quando não há solução extrajudicial satisfatória.

Por isso, com seu rico e importante conteúdo, esta obra certamente contribuirá tanto no âmbito acadêmico, para estimular outros trabalhos de igual relevância, como também no plano legislativo, para o aperfeiçoamento da tutela adequada e eficiente das microlesões. Vale a leitura.

São Paulo, 1º de junho de 2022.

Diego Santiago y Caldo
Mestre em Direito Processual Civil pela Faculdade de Direito da Universidade de São Paulo.
Membro efetivo da Comissão de Litigância Estratégica da OAB/SP – Triênio 2022-2024.

APRESENTAÇÃO

Tenho a grata satisfação de apresentar o livro *Tutela jurídica das microlesões*, do colega Cláudio Henrique de Oliveira, versão de sua dissertação de mestrado, defendida de forma exitosa perante a Faculdade de Direito da Universidade de São Paulo sob orientação do Professor Kazuo Watanabe.

A obra se divide em cinco partes essenciais.

A primeira propõe-se a definir microlesões como "aquelas que, pelo seu valor diminuto ou ínfima relevância social, têm uma das seguintes características: (i) restrições nas garantias do contraditório e ampla defesa, com procedimento judicial mais expedito; (ii) o valor da lesão é inferior ao custo do processo para o Poder Judiciário ou para o litigante; (iii) existem formas extrajudiciais mais eficientes, rápidas e baratas de resolução; (iv) a vítima não tem interesse de buscar solução judicial para a lesão" (Capítulo 2). Incluem-se também as lesões extrapatrimoniais de repercussão diminuta, à luz de determinados elementos objetivos e subjetivos, tais como "natureza do direito violado e o grau de violação (intensivo ou extensivo), o sujeito responsável pela conduta e o elemento subjetivo da conduta (dolo ou culpa)" (Capítulo 2).

A segunda apresenta a ideia de que há várias formas de "tutela jurídica" das microlesões, sob a constatação de que não necessariamente serão ministradas pelo Poder Judiciário. É emblemática a afirmação de que "[o] Poder Público tem o dever de solucionar os conflitos com justiça, mas não o de solucionar os conflitos através da 'Justiça'" (item 3.4).

A terceira demonstra que, embora não haja necessidade de a tutela das microlesões ser prestada pelo exercício da jurisdição, há várias formas jurisdicionais mais adequadas e eficientes para esse fim, sejam eles extrajudiciais (e.g. *compulsory arbitration*), judiciais individuais (e.g. Modelo de Stuttgart, na Alemanha, e Juizados Especiais, no Brasil) ou judiciais coletivos com efeitos individuais (e.g. as técnicas de *cy-près* e escritório central).

A quarta apresenta as diversas formas de tutela extrajudicial, mas ainda assim estatal, para as microlesões, seja por meio do exercício de poder por órgãos públicos para que o causador das lesões as repare (heterocomposição), seja oportunizando meios de solução consensual (autocomposição).

Por fim, a quinta parte apresenta formas de tutela não estatais, no plano das relações entre pessoas, entre pessoas e empresas e entre empresas, tratativa moderna e arrojada normalmente ignorada pelos estudiosos do processo civil. Se o objeto do estudo desse ramo do direito são os mecanismos de solução de conflitos, é evidente que tais iniciativas (ainda incipientes, mas promissoras e sistematicamente relevantes) merecem ser estudadas com afinco e profundidade, como se fez na presente obra.

A obra contém ampla pesquisa de experiências estrangeiras e nacionais, convidando-nos a refletir que, por um lado, deixar de tutelar microlesões (como se dá no campo do direito sancionador estatal, mercê do princípio da insignificância) pode trazer graves perturbações sociais; por outro lado, a despeito da amplitude do direito de acesso ao Poder Judiciário insculpido no art. 5º, XXXV, da Constituição Federal de 1988, é necessário reconhecer que litígios podem ser resolvidos de forma mais rápida e adequada de outras formas que não a demanda individual veiculada sob o procedimento comum (*standard* de prestação jurisdicional).

Assim, não tenho dúvidas de recomendar a leitura da presente obra, que, apresentando uma visão arejada do que se deve entender por "acesso à Justiça", interessa a todos os que estudam sociologia jurídica, constitucionalização do processo civil e, sobretudo, meios adequados de solução de litígios.

Arcadas, março de 2022.

Heitor Vitor Mendonça Sica
Professor Associado de Direito Processual Civil da Faculdade de Direito da Universidade de São Paulo.

INTRODUÇÃO

Às vezes, ou muitas das vezes, as ideias nascem de situações corriqueiras que ficamos rememorando (remoendo, na verdade) até decidir extrair algum fruto.

Lembro-me de que, quando estudava para concurso, o professor Daniel Sarmento contou que seu trabalho "A eficácia horizontal dos direitos fundamentais" teve origem em uma discussão entre vizinhos sobre uma vaga de estacionamento. Mais precisamente, o síndico do prédio, de maneira unilateral e sem o devido processo legal, queria impedi-lo de usar as vagas porque – talvez – o professor não fosse a melhor pessoa estacionando um veículo.

No meu caso não foi diferente.

Em 1º de janeiro de 2010, se não me falha a memória, fui com amigos ao McDonald's de Cabo Frio (RJ) para comprar um sorvete cujo valor, deste não me esqueço, era R$5,25. Após meia hora de fila, fui feliz e contente entregar uma nota de R$10,00 para a atendente, que me disse: "Senhor, não estamos aceitando dinheiro, só cheque ou cartão".

Como bom estudante de Direito, estufei o peito e falei: "A moeda tem curso forçado, não pode ser recusada". Em resposta, veio aquele solene: "Senhor, não posso fazer nada, essa é a ordem que recebi".

Acredito que tenha saído de lá com o sorvete, mas com o ego ferido; meu discurso cheio de "juridiquês" não comoveu a atendente, e minha nota de R$10,00 foi, sem pudor, recusada.

Meses depois, numa sexta-feira, na cidade do Rio de Janeiro, comprei um bilhete duplo de metrô para ir à faculdade. Aqui se faz necessária uma breve explicação.

O bilhete de metrô do Rio de Janeiro sempre foi em papel, sendo que o mesmo papel poderia ser utilizado uma, duas ou dez vezes. Nessa época, o sistema de bilhete em papel estava sendo substituído pelo cartão, que era de uso simples – para cada viagem, você precisava de um cartão avulso ou fazia o cartão fidelidade com créditos ilimitados.

Pois bem, pedi meu bilhete duplo, mas recebi dois cartões individuais. Fui à faculdade e usei o primeiro cartão individual; na volta, fuçando a carteira, achei perdido, amassado e desgastado um bilhete individual em papel. Pensei comigo: vou usar a passagem em papel e, na segunda-feira, uso o cartão eletrônico – que não tem risco de molhar ou amassar.

Na segunda-feira, qual não foi minha surpresa, o cartão individual eletrônico tinha validade de 48 horas. Para reativar a validade, eu deveria pagar mais R$1,00.

Dessa vez, já conhecedor do Microssistema dos Juizados Especiais, não deixei barato e "procurei meus direitos". Conclusão: ajuizei ação individual pedindo a condenação da empresa em danos morais e o pagamento de uma passagem de metrô sob o argumento de que é ilegal a inclusão de validade em passagem sem local marcado, mormente porque o pagamento se dá adiantado e sem hora definida. Logo, é prática abusiva a inclusão de validade para o cartão individual, sendo que a empresa, na verdade, obriga o consumidor a comprar o cartão com créditos, impondo ao cliente o ônus de depositar valores superiores ao que teria interesse para realização de uma só viagem. No fim, pedi que o Ministério Público fosse oficiado para apurar violação ao direito coletivo do consumidor.

Resultado: improcedência. Sendo um reles estudante, não tinha capacidade postulatória para o Recurso Inominado.

Acredito que ainda em 2010 – esse não foi meu ano –, novamente no metrô, já ciente de que deveria ter cartão com crédito (e não cartão individual), estava voltando do cinema, numa noite, quando fui colocar carga no cartão, que tinha R$2,00 de saldo; a passagem era por volta de R$3,00 e eu tinha R$2,00 na carteira.

Incrivelmente – só de lembrar já sobe o estresse –, a atendente informou que a recarga mínima era de R$5,00. Assim, mesmo a passagem custando R$3,00 e eu possuindo R$4,00 (dois do cartão e dois em nota), eu não poderia recarregar e não conseguiria pegar o metrô. Tive que voltar andando (dois quilômetros não matam ninguém).

E esses casos de microlesões não pararam; pensando bem, eu deveria andar acompanhado sempre de um bloquinho de notas para assinalar todas as pequenas violações de direitos que sofremos dia a dia.

Dessas situações, na faculdade, fiz monografia focada nos *Punitive Damages*, porquanto não aceitava que o Código Civil (CC) se limitasse a restaurar o *status quo ante* sem maiores consequências ao infrator, ainda que a infração somente ocorresse pela lógica do custo-benefício econômico; ou seja, o infrator sabe que a violação de pequenos direitos contra grupo massivo de pessoas não gerará qualquer consequência individual e, portanto, será economicamente vantajosa.

No mestrado – cuja dissertação dá base para este livro –, minha atenção foi direcionada aos aspectos processuais da tutela civil da microlesão.

Em linhas diretas, pretendo enfrentar a seguinte questão: quais são os mecanismos de tutela das microlesões do direito subjetivo?

Dessa dúvida inicial, desenvolvem-se novos e outros questionamentos: O que é microlesão? É relevante evitar e reparar as microlesões? Qual é a função do Poder Judiciário? Quais são os conflitos que devem ser examinados pelo Judiciário? Compete ao Judiciário decidir todo e qualquer conflito, independentemente de sua relevância econômica e social? É possível estabelecer filtros de acesso à justiça? A tutela jurídica é papel exclusivo do Judiciário ou deve ser compartilhada com os demais Poderes, com o mercado e com a sociedade? O que se entende por acesso à ordem jurídica justa? São juridicamente válidas as soluções de conflito realizadas pelo próprio corpo social? É constitucionalmente legítimo graduar o tipo e a extensão da tutela jurisdicional com base na natureza do direito e no valor de sua lesão? Compete ao Direito Processual Civil enfrentar o tema da resolução das microlesões? A cadeira processual, isoladamente, é suficiente para dar resposta adequada e suficiente para a tutela jurídica? Existe uma Política Pública de Tratamento Adequado dos Conflitos de Interesses clara e eficaz?

O "Diagnóstico sobre as causas de aumento das demandas judiciais cíveis, mapeamento das demandas repetitivas e propositura de soluções pré-processuais, processuais e gerenciais à morosidade da Justiça",[1] realizado pela Escola de Direito da Fundação Getulio Vargas de São Paulo (FGV-SP), sob encomenda do Conselho Nacional de Justiça (CNJ), é o texto técnico que instigou o debate para além do campo dogmático do processo civil.

O estudo da FGV diagnosticou as causas do aumento da litigiosidade e da morosidade da Justiça brasileira, com foco especial nas demandas repetitivas, analisando a trajetória dos conflitos e suas possíveis soluções pré-processuais, processuais e gerenciais. Os autores concluíram que é necessário ampliar a perspectiva de análise no sentido de identificar fenômenos e processos que acontecem não somente dentro do sistema judicial, mas também fora dele – a análise ampliada é essencial para se implementar filtros e soluções ao crescimento da litigiosidade e à morosidade da Justiça.

---

[1] GABBAY, Daniela Monteiro; CUNHA, Luciana Gross (Coords.). *Diagnóstico sobre as causas de aumento das demandas judiciais cíveis, mapeamento das demandas repetitivas e propositura de soluções pré-processuais, processuais e gerenciais à morosidade da Justiça*. São Paulo: FGV Direito SP, 2010. Disponível em: https://www.cnj.jus.br/wp-content/uploads/2011/02/relat_pesquisa_fgv_edital1_2009.pdf. Acesso em: 21 mar. 2022.

O trabalho da FGV abriu meu campo de visão para analisar estruturalmente o sistema jurídico, procurando respostas – pré-processuais, processuais e gerenciais – adequadas às microlesões.

O custo excessivo da tutela jurídica aliado à baixa relevância econômica e social da lesão faz com que as microlesões fiquem alheias aos mecanismos oficiais de tutela ou, igualmente grave, imponham um gasto excessivo do Poder Público para sua resolução. O sistema jurídico deve estruturar novas formas de solução de crise jurídicas de menor dimensão, evitando o contínuo aumento da jurisdicionalização da vida civil, o desperdício do erário público e a ineficácia do Direito Positivo.

Defendo que a resolução de crises jurídicas não é papel exclusivo do Poder Judiciário, devendo ser compartilhado com outros órgãos e entidades da Administração Pública, e, também, com a sociedade civil organizada. Adota-se o termo "acesso à Justiça" ressignificado como "acesso à ordem jurídica justa", isto é, um conjunto de princípios, procedimentos e ações voltado à proteção integral e efetiva dos direitos, ainda que não por meio do processo judicial.

O princípio constitucional da inafastabilidade do Poder Judiciário não se confunde com o princípio de jurisdição obrigatória, por meio do qual todas as crises jurídicas só podem ser resolvidas por processo judicial. O poder de resolver os conflitos de forma definitiva e coercitiva pode e deve ser atribuído a outras instituições não exclusivamente judiciais.[2]

Não se desconhece que o amplo acesso à jurisdição é uma conquista social, direito fundamental compartilhado em textos constitucionais de diversos países[3] e em inúmeros documentos de Direito

---

[2] *To devise better court procedures, we must at some point determine what special role courts – in contrast to other agencies – can most usefully play in delivering justice to the people. This definitional process will help us know which quarrels and conflicts courts ought to countenance and which they should leave to other social instrumentalities.* (ROSENBERG, Maurice. Devising Procedures that are civil to promote justice that is civilized. *The Michigan Law Review*, Estados Unidos, v. 69, n. 5, p. 798, 1971. Disponível em: http://www.jstor.org/stable/1287302. Acesso em: 21 mar. 2022.)

[3] Alemanha – art. 17 – *Every person shall have the right individually or jointly with others to address written requests or complaints to competent authorities and to the legislature* (disponível em: https://www.btg-bestellservice.de/pdf/80201000.pdf; acesso em: 21 mar. 2022). Bélgica – art. 28 – *Everyone has the right to address petition signed by one or more persons to the public authorities.* (disponível em: https://www.dekamer.be/kvvcr/pdf_sections/publications/constitution/GrondwetUK.pdf; acesso em: 21 mar. 2022).
Bulgária – art. 45 – *All citizens shall have the right to lodge complaints, proposals and petitions with the state authorities* (disponível em: http://www.parliament.bg/en/const; acesso em: 21 mar. 2022). Dinamarca – art. 71, IV – *The finding given by the judge may at once be separately appealed against by the person concerned to a higher court of justice;* Art. 63, II – *Questions bearing upon the scope of the authority of the executive power may be referred by Statute for decision to one or more administrative courts.* (Disponível em: https://www.constituteproject.org/constitution/Denmark_1953.pdf?lang=en. Acesso em: 26 mar. 2022). Espanha – art. 24 –

Internacional. Todavia, não se pode interpretar uma norma, especialmente constitucional, desprendida do contexto social na qual incide, não sendo difícil constatar que o sistema jurisdicional brasileiro é especialmente ineficiente para a proteção dos direitos de pequena dimensão.

Decerto, a jurisdição é uma das mais importantes técnicas de tutela de direitos,[4] e o Estado Democrático de Direito, adotando o princípio do máximo possível, deve expandir seus serviços e buscar a defesa plena dos direitos e a pacificação social. Todavia, não se pode descuidar que a atuação do legislador infraconstitucional é essencial para a concretização da norma fundamental e a ausência de regramento adequado pode transformar o direito à prestação judiciária em simples esforço retórico.[5]

Não obstante a garantia constitucional, cotidianos são os exemplos das microlesões que restam sem guarida, tais como abalroamentos leves de veículos, aquisição de produtos com vício de qualidade e quantidade, cobrança a maior de serviços, propaganda enganosa, tributação inconstitucional etc.

Todas las personas tienen derecho a obtener la tutela efectiva de los jueces y tribunales en el ejercicio de sus derechos e intereses legítimos, sin que, en ningún caso, pueda producirse indefensión. (Disponível em: https://www.boe.es/eli/es/c/1978/12/27/(1)/con. Acesso em: 26 mar. 2022). França – o Bloco de Constitucionalidade – que inclui a Constituição de 1958, a Declaração dos Direitos do Homem e do Cidadão de 1789, o Preâmbulo da Constituição de 1946 e Carta do Meio Ambiente de 2004 – não tem nenhuma regra que textualmente confira o acesso amplo ao Poder Judiciário. Grécia – art. 20 – *Every person shall be entitled to receive legal protection by the courts and may plead before them his views concerning his rights or interests, as specified by law. The right of a person to a prior hearing also applies in any administrative action or measure adopted at the expense of his rights or interests.* (Disponível em: http://www.hri.org/docs/syntagma/artcl25.html#A10. Acesso em: 26 mar. 2022). Holanda – art. 5º – *Everyone shall have the right to submit petitions in writing to the competent authorities.* (Disponível em: https://www.government.nl/documents/regulations/2012/10/18/the-constitution-of-the-kingdom-of-the-netherlands-2008. Acesso em: 26 mar. 2022). Itália – art. 24 – *Tutti possono agire in giudizio per la tutela dei propri diritti e interessi legittimi.* Portugal – art. 20 – Acesso ao direito e tutela jurisdicional efetiva. 1. A todos é assegurado o acesso ao direito e aos tribunais para defesa dos seus direitos e interesses legalmente protegidos, não podendo a justiça ser denegada por insuficiência de meios econômicos. República Checa – art. 4º – *The fundamental rights and basic freedoms shall enjoy the protection of judicial bodies.* (Disponível em: https://www.constituteproject.org/constitution/Czech_Republic_2002. pdf. Acesso em: 26 mar. 2022.) Turquia – Art. 36 – *Everyone has the right of litigation either as plaintiff or defendant and the right to a fair trial before the courts through legitimate means and procedures. No court shall refuse to hear a case within its jurisdiction.* (Disponível em: https://global.tbmm.gov.tr/docs/constitution_en.pdf. Acesso em: 26 mar. 2022.)

[4] DIDIER JÚNIOR, Fredie. *Curso de direito processual civil*: introdução ao direito processual civil e processo de conhecimento. 16. ed. Salvador: Juspodivm, 2014. p. 90. v. 1.

[5] MENDES, Gilmar Ferreira; COELHO, Inocêncio Mártires; BRANCO, Paulo Gustavo Gonet. *Curso de Direito Constitucional*. 2. ed. São Paulo: Saraiva, 2008. p. 493-494.

Na semana de revisão deste texto, ganhou as capas do jornal o "golpe da fruta" do Mercado Municipal de São Paulo,[6] no qual os comerciantes de algumas barracas de frutas do estabelecimento "forçavam" os clientes a adquirir frutas com preço superfaturado ou, ainda que justo o valor, em quantidade superior à pretendida e sem a devida e prévia informação sobre os preços praticados.

De fato, as microlesões são cotidianas e diárias, e o ordenamento jurídico nacional não tem estrutura legislativa e institucional para enfrentá-las. É função do operador do Direito desenvolver estudos e propostas para o aprimoramento da tutela jurídica – no campo do Direito Material e Processual – por meio de instituições estatais e não estatais.

A metodologia científica clássica exigia dos estudiosos a missão de dar autonomia à área de conhecimento, segmentando-a das demais áreas de interesse. A ideia motriz era separar as ciências naturais das sociais e, dentro de cada grupo, demarcar a área de atuação de cada subsistema de conhecimento. O objetivo era definir os limites das ciências naturais e das ciências humanas, não estranhando o fato de o marco da autonomia científica do Direito ser a obra de Hans Kelsen – *Teoria pura do Direito*, de 1934 – e o marco da autonomia científica da Sociologia ser a obra de Émile Durkheim – *O suicídio*, de 1897.

Em antítese, a dogmática moderna impõe a análise multidisciplinar dos fenômenos sociais – o intérprete deve ser capaz de analisar o fato com mais de uma lente, interpretando-o à luz das ciências jurídica, econômicas, sociais, filosóficas, políticas e dos demais ramos de conhecimento. Impõe-se que sobre um mesmo fato incida mais de uma interpretação científica, sendo raro, ou mesmo inexistente, fenômeno que possa ser plenamente compreendido por uma só base de conhecimento.

No âmbito processual, a multidisciplinariedade igualmente se qualifica, sobretudo no tema das microlesões. O Processo Civil, em uma visão estrita, é voltado ao estudo das técnicas de resolução das crises jurídicas levadas ao Judiciário; já em uma visão ampla, a cadeira inclui os instrumentos extraprocessuais de solução dos conflitos.

Em qualquer dos casos – estrito ou ampliado –, o Direito Processual deve se socorrer de institutos dos outros ramos do Direito e das outras áreas do conhecimento para formatar a Política Pública de Tratamento Adequado dos Conflitos de Interesses, com vistas à satisfação dos escopos jurídico, social e político da ciência processual.[7]

---

[6] GOLPE da fruta no Mercadão: entenda como funciona e onde denunciar. *IstoÉ dinheiro*, 16 fev. 2022. Disponível em: https://www.istoedinheiro.com.br/golpe-da-fruta-no-mercadao-entenda-como-funciona-e-onde-denunciar/. Acesso em: 21 mar. 2022.

[7] DINAMARCO, Cândido Rangel. *A instrumentalidade do processo.* 8. ed. rev. atual. São Paulo: Malheiros, 2000.

O estudo do Processo Civil moderno deve ultrapassar a análise de institutos procedimentais e da relação jurídica instrumental, avançando em temas extraprocessuais que tenham relação com a função de resolver crises jurídicas.

O desenvolvimento com bem-estar engloba aspectos econômicos, sociais, ambientais e pessoais, aliados à função do Direito como ferramenta para construção de uma sociedade melhor.[8] É necessário que o desenvolvimento da ciência processual avance para além da relação triangular autor-juiz-réu, finalizado por decisão adjudicatória – a criatividade do ser humano deve propor novas e diferentes soluções para uma nova e diferente sociedade.

Em 1978, Mauro Cappelletti e Bryant Garth, no clássico *Access to Justice: The Worldwide Movement to Make Rights Effective – A general Report*,[9] elencavam diversos institutos que, dentro e fora do Judiciário, tinham potencial de contribuir para o acesso à ordem jurídica justa, nomeadamente: (i) sistema *judicare*; (ii) ação governamental; (iii) procurador-geral privado; (iv) advogado particular de interesse público; (v) tribunais de vizinhança ou sociais; (vi) tribunais especiais para demandas de consumo; (vii) funcionários parajurídicos; (viii) plano de assistência (convênio jurídico).

Trinta anos depois, o CNJ, por meio da Resolução nº 125/10, aprovou a Política Pública de Tratamento Adequado dos Conflitos de Interesses. Nos dizeres do órgão, o acesso à Justiça previsto no art. 5º, XXXV, da Constituição Federal (CF), além da vertente formal perante os órgãos judiciários, implica acesso à ordem jurídica justa.

A resolução reconhece que o tratamento adequado dos conflitos não se dá somente por processos judiciais, sendo essencial a existência de outros mecanismos de solução, com destaque para as agências reguladoras de serviços públicos (art. 6º, VII).[10]

A estruturação de sistema adequado e eficaz para a tutela da microlesão, além de ser mandamento constitucional decorrente do acesso à ordem jurídica justa, é essencial para a melhoria da qualidade dos

---

[8] TRUBECK, David M. Law and Development: Then and Now. *In: Proceedings of the Annual Meeting*. Estados Unidos: Cambridge University Press/American Society of International Law, 1996. p. 223-225. v. 90. Disponível em: http://www.jstor.org/stable/25659036?seq=2#page_scan_tab_contents. Acesso em: 26 mar. 2022.

[9] O texto foi traduzido para o português pela ministra Ellen Gracie Northflett em 1988, com o título *Acesso à Justiça*.

[10] BRASIL. Conselho Nacional de Justiça. *Res. nº 125, de 29 de novembro de 2010*. Dispõe sobre a Política Judiciária Nacional de tratamento adequado dos conflitos de interesses no âmbito do Poder Judiciário e dá outras providências. Disponível em: https://atos.cnj.jus.br/files/resolucao_125_29112010_03042019145135.pdf. Acesso em: 26 mar. 2022.

produtos e serviços disponíveis no mercado, devendo ser incorporada também à política econômica.

Oportuno destacar que a exclusividade do Poder Judiciário na função de *juris dicere* não é realidade universal, tratando-se, em verdade, de experiência relativamente recente no contexto histórico global, conforme se verá em tópico próprio.

De outro lado, a violação sistêmica de direitos, ainda que de pequena monta, acarreta prejuízo não só para a vítima direta da lesão, mas também para toda a sociedade.

A venda de um produto com peso diferente do anunciado em larga escala pode ser a diferença entre a sobrevivência do mau e a falência do bom comerciante. Do mesmo modo, a violação ao tempo mínimo de fila pode significar a redução de custos com atendimento, aumentando as margens de lucro ou reduzindo os preços dos produtos.

Da mesma forma que a implantação de direitos tem custos,[11] a ausência de respeito aos direitos pode, muitas vezes, representar lucro – inclusive, lucro intencionalmente inserido na cadeia produtiva como ativo.

A ausência de resposta aos danos causados, independentemente do valor do bem jurídico, contribui para que fornecedores descompromissados tenham menores custos, obtendo maiores vantagens competitivas no mercado.[12]

O Poder Público tem a obrigação de entregar a melhor Política Pública de Tratamento Adequado dos Conflitos de Interesses, concretizando a força normativa da Constituição. Além dos instrumentos de resolução de conflitos a cargo do Poder Público, devemos refletir se a função de resolver crises jurídicas com definitividade e substitutividade pode, em certa medida, ser delegada a instituições extraestatais, como condomínios, associações de bairros e demais órgãos da sociedade civil.

---

[11] HOLMES, Stephen; SUSTEIN, Cass. *O custo dos direitos*: por que a liberdade depende dos impostos. Trad. Marcelo Brandão Cipolla. 1. ed. São Paulo: Martins Fontes, 2019.

[12] *Even faced with breaches of their rights and having suffered damage, most consumers would not seek redress individually, as court procedures can be very long, costly and intimidating. This situation is not only unjust for consumers and fair businesses, but also indirectly encourages the rough traders (even if caught, they do not have to return illegal profits). (...) Access to redress is about justice for citizens, correcting imbalances in the Single Market, ensuring a level playing field for all business, and providing an extra reason for traders to improve their performance.* (BUREAU EUROPÉEN DES UNIONS DE CONSOMMATERUS (BEUC)). *Factsheet*: Collective Redress. Disponível em: http://www.beuc.eu/publications/beuc-x-2016-137_collective_redress_factsheet.pdf. Acesso em: 26 mar. 2022.)

CAPÍTULO 1

MICROLESÃO

Defende-se a necessidade de uma nova classificação da lesão ao direito subjetivo, conforme sua dimensão e relevância, atribuindo a cada qual uma tutela jurídica adequada. Ao propor uma nova divisão, surge o ônus argumentativo de expor a utilidade prática da proposta e apresentar critérios de alocação do caso concreto a uma das categorias mencionadas.

Por esse critério de relevância, temos as lesões de baixa, regular e grande dimensão.

Crises jurídicas de regular dimensão são a regra, consistindo nas violações gerais dos direitos que podem ser tuteladas pelo processo civil clássico, por meio do rito comum ou especial.

O ordenamento jurídico estruturado e saudável deve estar preparado para atender todas as demandas de dimensão regular, prestando o serviço com qualidade e no tempo adequados.

Em termos simples, é considerada de regular dimensão toda pretensão que não tenha relevância ínfima, tampouco destacada, tratando-se de categoria que se chega por exclusão.

As lesões sociais de grande dimensão são sujeitas à reserva de jurisdição, com procedimento de respeito máximo ao contraditório e ampla defesa. Exemplificam esta qualidade de lesão: ações de controle de constitucionalidade; ações civis públicas e coletivas; ação de improbidade administrativa; processo de *impeachment*; entre outras.

Os processos que envolvem a resolução de crises de grande dimensão possuem estrutura com contraditório e participação popular reforçados (admissão de *amicus curiae*, participação obrigatória do Ministério Público); preveem institutos especiais de garantia da qualidade da decisão (incidente de assunção de competência); possuem repercussão geral e, por isso, admitem o Supremo Tribunal Federal (STF) pela via recursal; e, dependendo dos pressupostos específicos, admitem, ainda, a submissão da questão às Cortes Internacionais de Justiça.

No mesmo gênero, todavia, as lesões econômicas de grande dimensão normalmente envolvem empresas de grande porte e dificilmente são levadas ao Poder Judiciário, sendo resolvidas por meio de Arbitragem e outros mecanismos privados de resolução de controvérsias. São questões técnicas que dificilmente um juiz, por melhor que possa ser sua qualificação profissional, terá *expertise* para decidir.

Por sua vez, as lesões de baixa dimensão são aquelas que, pelo seu valor diminuto ou ínfima relevância social, têm ao menos uma das seguintes características: (i) restrições nas garantias do contraditório e ampla defesa, com procedimento judicial mais expedito; (ii) o valor da lesão é inferior ao custo do processo para o Poder Judiciário; (iii) o valor da lesão é inferior ao custo do processo para os litigantes; (iv) existem formas extrajudiciais mais eficientes, rápidas e baratas de resolução; (v) a vítima não tem interesse de buscar solução judicial para a lesão.[13]

O principal critério a ser utilizado para definir a dimensão da lesão é o econômico, com base no valor do dano perpetrado.

O próprio legislador altera o tratamento processual do conflito em razão do seu valor, admitindo graduação das lesões, como ocorre no rito dos juizados especiais cíveis e na execução fiscal de alçada, no âmbito da lei de execuções ficais.[14]

A lei dos Juizados Especiais Cíveis e Criminais define que as causas cujo valor não exceda quarenta salários mínimos são de menor complexidade e admitem rito processual mais simplificado, inclusive dispensando advogado para ações em primeiro grau, quando não ultrapassam vinte salários mínimos.

O rito sumaríssimo apresenta redução do contraditório (sem afetar o devido processo legal), com a exclusão ou modificação de alguns institutos do rito comum: não cabe intervenção de terceiros[15] e assistência; o mandato do advogado pode ser verbal; considera-se

---

[13] *48% of EU consumers say they would not go to court as individuals for harm valued less than €200 and 8% will simply not go to court irrespective of the value of their claim.* (BUREAU EUROPÉEN DES UNIONS DE CONSOMMATERUS (BEUC). Factsheet: Dispute Resolution. Disponível em: http://www.beuc.eu/publications/beuc-x-2011-071_alternative_dispute_resolution_factsheet.pdf. Acesso em: 26 mar. 2022.)

[14] Lei nº 6.830/80 – Art. 34. Das sentenças de primeira instância proferidas em execuções de valor igual ou inferior a 50 (cinquenta) Obrigações Reajustáveis do Tesouro Nacional – ORTN, só se admitirão embargos infringentes e de declaração.

[15] O Código de Processo Civil classifica o Incidente de Desconsideração da Personalidade Jurídica como modalidade de intervenção de terceiros, admitindo-o expressamente no rito dos juizados especiais (art. 1.062 do CPC).

válida a citação entregue na recepção da pessoa jurídica; admite-se a apresentação de documentos novos em audiência; afasta-se a reconvenção, optando pelo pedido contraposto, cuja defesa deve ser feita na própria audiência; só podem ser arroladas três testemunhas; não cabe perícia, tampouco sentença ilíquida; o prazo do recurso contra a sentença é reduzido para dez dias; não há reexame necessário; não cabe Recurso Especial contra o acórdão do Colégio Recursal.

O novo Código de Processo Civil (CPC) também altera a aplicação de alguns institutos conforme o valor do direito violado, nomeadamente: a remessa necessária não se aplica quando a condenação for inferior a 1.000 (mil) salários mínimos para as pessoas jurídicas de direito público federais, 500 (quinhentos) salários mínimos para as pessoas jurídicas de direito público estaduais e para as capitais de Estados e 100 (cem) salários mínimos para as demais pessoas jurídicas de direito público (art. 496, §3º); a certidão de pagamento do quinhão hereditário pode substituir o formal de partilha quando o valor não exceder cinco vezes o salário mínimo (art. 655, parágrafo único); aplicação do rito do arrolamento se os bens do espólio tiverem valor igual ou inferior a 1.000 (mil) salários mínimos (art. 664, *caput*).

Nas normas citadas, salvo quanto às regras da remessa necessária, a definição de institutos processuais em razão da baixa relevância econômica da *res in judicium deducta* é feita de forma objetiva, sem levar em consideração as circunstâncias especiais das partes.

O critério subjetivo é adotado tão somente na remessa necessária, cujo piso mínimo para a aplicação do instituto varia conforme a natureza jurídica do ente federado, levando em consideração seu porte econômico.

A tutela jurídica diferenciada em relação às microlesões, em certos casos, é dada pelo próprio Poder Executivo, normalmente por meio dos órgãos da Fazenda e Procuradoria.

Nesse sentido, a Portaria do Ministério da Fazenda nº 75/12 estabelece que débitos de inferiores a R$1.000,00 não devem ser inscritos em Dívida Ativa e débitos inferiores a R$20 mil não devem ser cobrados por meio de execução fiscal, salvo quando se tratar de multa penal, devendo ser adotadas outras formas de cobrança, em especial o protesto extrajudicial.

Inverte-se a lógica: o Procurador da Fazenda Nacional só pode ajuizar a ação de valor inferior ao piso se existirem elementos que atestem o elevado potencial de recuperabilidade do crédito.[16]

---

[16] BRASIL. Ministério da Justiça. *Portaria nº 75, de 22 de março de 2012*: Dispõe sobre a inscrição de débitos na Dívida Ativa da União e o ajuizamento de execuções fiscais pela

A Portaria do Ministério da Fazenda decorreu do estudo do Instituto de Pesquisa Econômica Aplicada (Ipea), divulgado por meio do comunicado do Ipea nº 127/12, que chegou à conclusão de que só é economicamente justificável a propositura de execuções de valores superiores a R$21.731,45.[17]

No âmbito do Estado de São Paulo, a Resolução PGE nº 22/12 estabelece que não será ajuizada ação se infrutífera a cobrança amigável e o crédito não ultrapassar 600 Ufesp – R$15.042,00.[18] Já no Estado do Rio de Janeiro, o Decreto Estadual nº 44.146/13 estabeleceu que não será inscrito em dívida ativa o crédito cujo valor global seja inferior a 450 Ufir/RJ – equivalente a R$1.351,03 – e, por força da resolução PGE nº 2436/08, não são ajuizados créditos inferiores a 2.136,03 Ufir/RJ – aproximadamente R$6.413,00.

É certo que o Superior Tribunal de Justiça (STJ), por meio da súmula nº 452, sedimentou o entendimento de que a extinção de ações de pequeno valor é faculdade da Administração Federal, vedada a atuação judicial de ofício. Todavia, o ajuizamento de ação abaixo do valor definido pela própria Administração Pública viola a condição da ação interesse-utilidade, já que o custo do processo supera o proveito econômico a ser obtido. Se a própria Administração entende que o ajuizamento da ação de valor ínfimo lhe acarreta prejuízo, resta evidente que a demanda, nesses casos, viola o interesse público primário e secundário, sendo legítima a extinção do processo de ofício, respeitada a vedação à decisão surpresa.

O critério econômico para o ajuizamento da ação deveria ser adotado também para empresas de médio e grande porte. Se para a Administração Pública o custo do processo é de aproximadamente R$20 mil, provavelmente ainda maiores são os custos do litígio envolvendo empresas privadas.

Procuradoria-Geral da Fazenda Nacional. Disponível em: http://normas.receita.fazenda. gov.br/sijut2consulta/link.action?naoPublicado=&idAto=37631&visao=compilado. Acesso em: 26 mar. 2022.

[17] BRASIL. Instituto de Pesquisa Econômica Aplicada (Ipea). *Custo e tempo do processo de execução fiscal promovido pela Procuradoria Geral da Fazenda Nacional (PGFN)*. Brasília: Ipea, 2012. Disponível em: http://repositorio.ipea.gov.br/bitstream/11058/4460/1/Comunicados_n127_Custo.pdf. Acesso em: 26 mar. 2022.
BRASIL. Instituto de Pesquisa Econômica Aplicada (Ipea). *Custo e tempo do processo de execução fiscal promovido pela Procuradoria Geral da Fazenda Nacional*. Brasília, Ipea: 2011. Disponível em: http://repositorio.ipea.gov.br/bitstream/11058/5751/1/NT_n01_Custo-tempo-processo-execucao_Diest_2011-nov.pdf. Acesso em: 26 mar. 2022.

[18] A Unidade Fiscal do Estado de São Paulo (Ufesp) é atualizada anualmente pela inflação, sendo de R$31,97 em 2022. (SÃO PAULO. Secretaria da Fazenda. *Índices*. Disponível em: https://portal.fazenda.sp.gov.br/Paginas/Indices.aspx. Acesso em: 25 mar. 2022.)

Isso porque a PGFN pode ultrapassar a fase de cognição, ajuizando diretamente o processo de execução de título executivo extrajudicial (art. 3º da Lei nº 6.830/80), enquanto as empresas privadas, via de regra, devem esgotar toda a fase de cognição para só então iniciar a fase de execução.

Poder-se-ia argumentar, empiricamente, que os advogados públicos recebem vencimentos maiores do que a média dos salários da iniciativa privada, além de a burocracia pública incrementar os custos, e que, portanto, os custos da cobrança judicial do crédito público são superiores aos da iniciativa privada.

De outro lado, os advogados públicos contam com maior *expertise* na área específica de atuação, possuem mais processos por procurador do que os advogados da iniciativa privada, além de terem à disposição meios mais eficazes de localização de patrimônio (que estão fora do sigilo bancário e fiscal, especialmente imóveis e veículos).

Recomendável, para sanar qualquer dúvida, que o próprio CNJ elaborasse estudos para verificar o custo do processo judicial conforme o porte da empresa, definindo valores mínimos para ajuizamento da ação sob pena de faltar ao requerente interesse-utilidade na demanda.

O tema fica ainda mais acalorado quando o titular do crédito não é o Poder Público ou grandes corporações, mas microempresários, empresas de pequeno porte e pessoas físicas – os pequenos litigantes.

Ainda que o pequeno litigante seja beneficiado com a gratuidade de justiça, sua atuação processual não é gratuita em termos amplos, diante do dispêndio de tempo e energia.

Sabe-se que o Direito Processual clássico é voltado para a resolução de litígios individuais de natureza econômica, determinando a atribuição de valor a toda causa, ainda que não tenha conteúdo econômico imediato (art. 292 do CPC). Se a ação é de natureza eminentemente econômica, a tarefa de definir o grau de relevância da lesão – micro, regular ou macro – é facilitada, bastando definir os critérios e valores e aplicá-los ao caso concreto.

A tarefa ganha complexidade quando a *res in iudicium deducta* envolve, prioritariamente, direitos não econômicos, tais como direito da personalidade, meio ambiente saudável, direito dos animais, sanções administrativas, entre outros.

Nessa hipótese, o critério econômico deve ser conjugado com a relevância social e extrapatrimonial do bem da vida pleiteado, a fim de verificar se se trata de crise jurídica de baixa, média ou alta dimensão, disponibilizando a tutela adequada correspondente.

Em ambos os casos – direitos essencialmente econômicos e direitos essencialmente não econômicos –, deve-se trabalhar com gradientes de certeza (positivo e negativo) e zonas cinzentas. A diferença, todavia, é que no direito econômico a definição tem caráter mais objetivo, facilitando a subsunção do caso concreto à norma.

É possível afirmar, portanto, que as violações de até R$100,00 estão na zona de certeza positiva da microlesão, enquanto estão na zona de certeza negativa da microlesão violações acima de R$20.000,00 – ainda que os valores não sejam estáticos e absolutos.

Na zona cinzenta, a microlesão exclusivamente econômica depende da análise de outros dados da relação, especialmente a natureza das partes (pequenas e grandes empresas ou o Poder Público), a duração da relação (instantânea ou continuada), sua natureza (consumerista, trabalhista ou empresarial) etc.

Não obstante, é possível definir de forma abstrata o critério objetivo para aplicação da microlesão econômica, sendo perfeitamente possível que a lei defina que é microlesão a violação aos direitos patrimoniais da União em valor inferior a R$20.000,00, ressalvados os ilícitos penais e de improbidade administrativa.

A definição objetiva pode ser aplicada para os demais entes federativos, bem como para os empresários individuais, microempresas, empresas de pequeno porte, médias empresas e empresas de grande porte. Já em relação às lesões extrapatrimoniais, a dificuldade de definir *a priori* o grau da lesão é maior.

No âmbito dos direitos da personalidade, além da diferenciação qualitativa do direito em discussão, deve ser verificada também a intensidade da lesão perpetrada. Inclusive, as características individuais da vítima (sexo, orientação sexual, etnia, religião, capacidade econômica, grau de instrução) influenciam na qualificação da lesão.

Os direitos da personalidade, por serem atrelados à dignidade da pessoa humana, em regra são indisponíveis, não admitindo a resolução extrajudicial dos conflitos.

Está excluído do regime das microlesões, por exemplo, o direito de conhecer sua origem genética pleiteando, por meio de ação de investigação de parentalidade, a resolução da crise de certeza quanto à relação biológica. Não obstante, violado o direito extrapatrimonial e convertida a pretensão em danos morais, nada impede a aplicação do sistema de microlesões.

Uma discussão verbal entre vizinhos motivada por som ocasionalmente alto deve ter tratamento diferente daquela motivada por excesso constante e reiterado de barulho. Outras diversas e inúmeras características devem ser avaliadas para quantificar a lesão, por exemplo: poluição sonora avançar na madrugada, ocorrer em datas festivas (Ano-Novo), estiver pouco ou muito acima do limite legal; for em área residencial ou próximo a hospitais; o causador do incômodo for individual ou se envolver empreendimento econômico.

Em suma, em que pese o direito de a personalidade ser o mesmo em todas as situações narradas (direito ao sossego), a tutela deverá ser diferenciada.

Devemos, ainda, investigar se há incidência de instituto jurídico que eleve a categoria da lesão, transformando-a em de média ou grande proporção.

Situações que *a priori* ensejariam indenização de pequeno vulto econômico podem ser transformadas em lesões relevantes quando, por exemplo, são aplicados os denominados danos morais punitivos.

O dano moral punitivo tem por escopo incrementar a indenização visando punir aquele que comete o ato lesivo, especialmente se o infrator agir dolosamente e com intuito lucrativo. O instituto é largamente utilizado pelo STJ, sob a alcunha de "função punitivo-pedagógica" dos danos morais, como nos casos de negativa de cobertura de plano de saúde.[19] Nessas situações, a vítima da ofensa, além da reparação do dano em si, busca evitar o enriquecimento ilícito da outra parte e a devida punição pelo ato dolosamente praticado.

Um conhecido caso sobre o tema envolveu o programa televisivo "Pânico na TV", da então RedeTV!. Em um dado episódio, o programa de humor montou esquete em que uma caixa de baratas vivas era jogada sobre uma transeunte desavisada. A vítima processou o programa por danos morais pelo ato ilícito em si e pela exibição de sua imagem em rede nacional. O Tribunal de Justiça de São Paulo concedeu indenização de 500 (quinhentos) salários mínimos, em valor aproximado de R$250.000,00 (duzentos e cinquenta mil reais), a título de danos morais e punitivos.[20] Em sede de Recuso Especial, a 4ª turma do Supremo Tribunal de Justiça (STJ) decidiu, por unanimidade, pela reforma do acórdão *a quo* para estabelecer a indenização de R$100.000,00 a título de danos morais e à imagem.[21]

---

[19] BRASIL. Superior Tribunal de Justiça. AgRg no REsp nº 1.243.202/RS. Relator: Min. Raul Araújo. Órgão Julgador: 4ª Turma. Brasília: 24 ago. 2013.

[20] SÃO PAULO (Estado). Tribunal de Justiça de São Paulo. Ação Cível nº 9057276-26. 2006.8.26.0000. 3ª Câmara de Direito Privado. Relator: Desembargador Caetano Lagrasta. 11 de set. de 2006.

[21] BRASIL. Superior Tribunal de Justiça. Resp nº 1.095.385/SP. Relator: Min. Aldir Passarinho Júnior. Brasília: 15 abr. 2011.

Tem-se que a incidência dos danos morais punitivos torna difícil prever, de antemão, o valor econômico da lide, já que os critérios de definição da indenização são demasiadamente subjetivos.

Nos casos em que incide a função punitivo-pedagógica, a reserva de jurisdição e o procedimento comum se aplicam com mais intensidade, pois, além de elevar a quantia indenizatória, a decisão tem nítido caráter punitivo, o que faz incidir, com mais força, as garantias do contraditório e ampla defesa.

Além dos aspectos econômicos, sociais e da imprevisibilidade da indenização quando aplicado os *punitive damages*, a periodicidade ou diluição da lesão também influencia na verificação do seu grau.

A reiterada violação de pequena dimensão que, ao final de longo período de tempo, enseje prejuízo considerável não é tão impactante quanto a ocorrência do dano de uma só vez.

É o caso, por exemplo, da cobrança a maior de alguns reais em contratos cativos de longa duração (telefonia, internet, plano de saúde, entre outros). Após alguns anos, o valor somado das lesões pode chegar a quantias elevadas, mas que não geram o mesmo impacto se o prejuízo tivesse ocorrido em um só lance.

Assim, uma violação de R$1.000,00 diluídos em cinco anos (R$16,50 por mês) provavelmente não despertará à vítima o ânimo de buscar reparação como ocorreria se esse mesmo valor fosse cobrado em um só mês, de forma isolada.

De outro lado, se a lesão envolver violação aos direitos da personalidade, como o excesso de barulho em desrespeito ao direito de vizinhança, o raciocínio pode ser inverso. Ou seja, o barulho muito excessivo em um dia isolado pode não ser tão impactante quanto vários dias consecutivos com som pouco acima das normas legais.

O tipo de relação jurídica e a forma como o dano é causado também influenciam na conduta mais ativa ou passiva do prejudicado. Aproveitando o exemplo supracitado, a cobrança de R$16,50 por mês em um plano de saúde de R$500,00 provavelmente levará menos gente ao Judiciário do que a cobrança dessa mesma quantia em uma conta de gás de R$50,00. Ainda que o valor do prejuízo seja objetivamente o mesmo, dentro do contexto do débito, o incentivo psicológico para agir na defesa do direito pode ser maior no primeiro caso do que no segundo.[22]

---

[22] Analisando hipóteses similares, THALER, Richard H. *Misbehaving*: a construção da economia comportamental. Trad. George Schlesinger. Rio de Janeiro: Intrínseca, 2019.

Temos, portanto, que o termo "microlesão" é neologismo decorrente da junção do elemento de composição "micro" e do substantivo "lesão". "Micro" é elemento que atribui a qualidade de pequeno, diminuto, ao elemento com o qual se compõe, no caso, "lesão". Microlesão, em uma visão gramatical, significa violação de pequenas proporções ao direito subjetivo.

Entretanto, microlesão é, em verdade, um conceito jurídico indeterminado cuja definição e verificação comporta alta margem de discricionariedade do legislador e, ausentes normas objetivas, depende da análise das circunstâncias do caso concreto, em especial a relevância econômica e social do bem jurídico violado – analisado de forma objetiva e subjetiva, à luz dos agentes envolvidos –, sempre levando em consideração o custo da tutela jurisdicional.

Não é absurdo defender que débitos de até 40 salários mínimos, especialmente levando em consideração os sujeitos do litígio (empresa *versus* empresa) sejam também considerados de pequena monta, ao menos para aplicação de parte do regime jurídico das microlesões, como, por exemplo, a comprovação da tentativa de resolução extrajudicial da controvérsia.

Ademais, quando trabalhamos com fronteiras estanques, sempre tenderemos a criar hipóteses limítrofes a fim de instigar o proponente. Se dissermos que apenas lesões de até R$100,00 são microlesões, certamente alguém indagará se a lesão de R$101,00 ficaria fora do regime da diferenciado.

Elementos objetivos e subjetivos devem ser conjugados para verificar, no caso concreto, se a melhor porta para resolução é a que leva ao sistema de tutela jurídica da microlesão.

Aproveitando do contexto da pós-modernidade, em que os conceitos e as verdades são fluidos, exige-se que o intérprete de boa-fé tenha em mira o conceito teleológico do sistema da microlesão – conjunto de técnicas que buscam tutelar de forma adequada as lesões que não encontram a perfeita proteção pelo sistema clássico do contencioso judicial em razão de sua baixa relevância econômica e social.

A microlesão, nessa visão, não comporta definição aritmética e estritamente objetiva, devendo ser avaliada no caso concreto, sem prejuízo de balizas fixadas pelo legislador ou pelo próprio titular do direito.

CAPÍTULO 2

TUTELA JURÍDICA

2.1 Breve histórico

As sociedades primitivas resolviam seus conflitos pela autocomposição e autotutela – um dos litigantes tomava para si a posição de juiz da causa, executando coercitivamente sua decisão. Na estrutura política mais desenvolvida – dos clãs –, a função de decidir o conflito era atribuída ao chefe ou a instituição separada; a justiça interclânica substituiu as vinganças privadas, confiando nas forças naturais ou na Mediação.

O Egito, nos séculos XXVIII a XXV a.C., desenvolveu o primeiro sistema jurídico da história.[23] Os tribunais eram organizados pelo rei, o processo tinha a forma escrita (ao menos parcialmente) e a principal fonte do Direito era a lei. Surpreende a instrução dada ao vizir[24] Rekmara pelo faraó no século XVIII a.C.:

> Quando um queixoso vem do Alto ou do Baixo Egito, é a ti que cumpre cuidar que tudo seja feito segundo a lei, que tudo seja feito segundo os regulamentos que lhe dizem respeito, fazendo com que cada um tenha seu direito. Um vizir deve (viver) com o rosto destapado (...).
>
> Para o vizir, a segurança é agir segundo a regra, dando resposta ao queixoso. Aquele que é julgado não deve dizer: "Não me foi dado o meu direito".

---

[23] GILISSEN, John. *Introdução Histórica ao Direito*. Trad. A. M. Hespanha e L. M Macaísta Malheiros. 2. ed. Lisboa: Fundação Calouste Gulbenkian, 1995. p. 52-57.

[24] "Vizir" significa governador ou ministro. O termo deriva etimologicamente da palavra árabe *wazir*, que designa aquele que ajuda alguém a carregar um fardo.

> Não afastes nenhum queixoso sem ter acolhido a sua palavra. Quando um queixoso vem queixar-se a ti, não recuses uma única palavra do que ele diz; mas, se o deve mandar embora, deves fazê-lo de modo que ele entenda por que o mandas embora. Atenta no que se diz: o queixoso gosta ainda mais que se preste atenção ao que ele diz do que ver a sua queixa atendida. (…).
>
> A sala onde dás audiência é a sala das duas Justiças, em que se julga: e quem distribui a Justiça perante os homens é o vizir.
>
> Atenta, um homem mantém-se na sua função, quando ele julga as causas conforme as instruções que lhe são dadas, e é feliz o homem que age conforme ao que lhe é prescrito. Mas não faças aquilo que desejas nas causas em que as leis a aplicar são desconhecidas, pois acontece ao presunçoso que o Mestre a ele prefira o temente.[25]

A estrutura judicial era escalonada, com um tribunal supremo composto por trinta juízes escolhidos entre os sacerdotes, com competência para assuntos cíveis e penais. Abaixo do tribunal estavam juízes de província e das cidades, que julgavam as questões de pouca monta.[26]

O Direito Hebraico, após o Egito, apresentou estrutura jurídica merecedora de destaque. Sete séculos antes de Cristo, o Direito era fundado no Antigo Testamento, especialmente no Pentateuco, os cinco livros: Gênesis, Êxodo, Levítico, Números e Deuteronômio. O último livro possui passagens que permitem aferir algumas características básicas do sistema jurisdicional e processual do povo hebreu.[27]

> Deuteronômio, capítulo XVI, versículos 18-20:
>
> 18. Juízes e oficiais porás em todas as tuas cidades que o Senhor teu Deus te der entre as tuas tribos, para que julguem o povo com juízo de justiça.
>
> 19. Não torcerás o juízo, não farás acepção de pessoas, nem receberás peitas; porquanto a peita cega os olhos dos sábios e perverte as palavras dos justos.
>
> 20. A justiça, somente a justiça seguirás; para que vivas e possuas em herança a terra que te dará o Senhor teu Deus.
>
> Deuteronômio, capítulo XIX, versículo 15:
>
> 15. Uma só testemunha contra alguém não se levantará por qualquer iniquidade, ou por qualquer pecado, seja qual for o pecado que cometeu; pela boca de duas testemunhas, ou pela boca de três testemunhas, se estabelecerá o fato.

---

[25] Idem.

[26] JÚNIOR, Izidoro Martins. *Compêndio de história geral do direito*. Recife: Livraria Contemporânea, 1898. p. 58. Disponível em: https://bdjur.stj.jus.br/jspui/bitstream/2011/17217/Compendio_Historia_Geral_Direito.pdf. Acesso em: 25 mar. 2022.

[27] GILISSEN. Op. cit., p. 66-72.

Paralelamente, na Grécia, mais especificamente Atenas – cujo estudo mais aprofundado só é possível em razão dos escritos dos oradores e dos filósofos –, também estabeleceu sistema jurídico próprio. As leis de Drácon, de 621 a.c., tornaram obrigatório o uso do tribunal para a resolução do conflito entre os clãs.

Aristóteles, na obra *A Política*, estrutura o Governo em três atividades: Poder Deliberativo, Poder Executivo e Poder Judiciário. O filósofo comungava com a ideia de estabelecer tribunais para "casos mínimos", que, para ele, era de até cinco dracmas:[28]

> Comecemos pelas espécies de tribunais e de juízes. Elas são oito.
>
> A primeira, para a apresentação das contas e exame da conduta dos magistrados. A segunda, para as malversações financeiras.
>
> A terceira, para os crimes de Estado ou atentados contra a Constituição.
>
> A quarta, para as multas contra as pessoas, quer públicas, quer privadas.
>
> A quinta, para os contratos de alguma importância entre particulares.
>
> A sexta, para os assassínios ou tribunal criminal (…).
>
> A sétima para os negócios dos estrangeiros, quer entre eles, quer contra cidadãos.
>
> Além destes tribunais, existem juízes para os casos mínimos, tais como os de um até cinco dracmas, ou pouco mais, pois, se é preciso julgar estas queixas, elas não merecem, porém, ser levadas diante dos grandes tribunais.

Avançando no tempo, surge a estrutura jurídica central da antiguidade – o Direito Romano.[29]

A civilização romana, no período inicial denominado *Ordo Iudiciorum Privatorum*,[30] excluiu o exercício da autotutela. O rei detinha

---

[28] Dracma, a moeda grega que pesava 3,6g de prata – na prática, calculava-se seu valor como sendo o preço médio de um dia de trabalho. Podemos calcular o preço de 3,6g de prata (R\$14,47 – 22.03.2022) ou verificar o valor do salário mínimo por dia (R\$40,40 – jan./2022). (BULLION RATES. Preços de metais preciosos: preços atuais da prata em reais brasileiros (BRL). Disponível em: https://pt.bullion-rates.com/silver/BRL/spot-price.htm. Acesso em: 21 mar. 2022.)

[29] GILISSEN. Op. cit., p. 80-100.

[30] No procedimento da *ordo iudiciorum privatorum*, a declaração da norma aplicável à controvérsia era ato da autoridade estatal (pretor), enquanto a resolução da causa – exame dos fatos e aplicação da lei – era realizada pelo *iudex*, cidadão romano que não fazia parte da magistratura. (FILHO, Antônio José de Carvalho da Silva. *Primórdios da Jurisdição*. Porto Alegre: Academia Brasileira de Direito Processual Civil, 2009. Disponível em: http://www.abdpc.org.br/abdpc/artigos/primordios%20da%20jurisdicao%20antonio%20jose%20carvalho%20da%20silva%20filho.pdf. Acesso em: 25 mar. 2022.)

os poderes religiosos, militares e civis, sendo legitimado a julgar em única instância todos os conflitos de interesses apresentados.

Na República Romana,[31] o magistrado era designado por um ano, tendo funções administrativas (cônsul) e judiciais (pretor). A tarefa de resolver os conflitos era dividida entre o magistrado, que dizia qual seria o direito aplicado, e o *iudex* – cidadão romano não integrante da magistratura encarregado de resolver concretamente o litígio.

O procedimento era uma espécie de Arbitragem – as partes podiam escolher o *iudex*, cabendo ao pretor a nomeação do julgador em caso de discordância das partes[32] – obrigatória e em duas fases.

A primeira fase era *in iure*, perante o magistrado, e a segunda, *apud iudicem*, processada perante o *iudex*. A decisão do *iudex*, por ser privada, dependia de processo de execução autônomo – *actio per manus iniectionem*.

Diferenciou-se também o *iurisdictio* – a autoridade de decidir se a um autor seria permitido deduzir sua demanda (espécie de juízo de admissibilidade) – e o *iudicatio* – autoridade de sentenciar o processo.

Sem querer adiantar o assunto, de certa forma, Roma passou a admitir o Pluralismo Jurídico Estatal, na medida em que conviviam, em um primeiro momento, o Direito Civil e o Direito das Gentes e, posteriormente, o Direito Canônico e o Direito Laico. Além disso, a tarefa executiva não era realizada pelo Estado romano; essas particularidades merecem destaque e serão novamente abordadas.

No período formular (149 a.C. a 209 d.C.), a nomeação do *iudex* foi transformada em atividade exclusiva do pretor e, com a *lex Julia Privatorum*, encerrou a divisão pretor-*iudex* para as causas fundadas no *ius honorarium*, cabendo ao magistrado a resolução completa do conflito – *cognitio extra ordinem*. O processo tornou-se inteiramente estatal, correndo em sua plenitude perante o magistrado, instituindo-se também a *appellatio*.

Já quando do Império Romano, a legislação fundada na autoridade do rei tornou-se abundante. Os atos normativos imperiais tinham força de lei, com destaque para: (i) decretos, julgamento feito pelo imperador ou pelo Conselho nos assuntos judiciários, constituindo

---

[31] Roma apresentou as seguintes estruturas de Estado: Realeza (753-510 a.C.); República (510-27 a.C.); Império (27 a.C.-567 d.C.); Bizantino (564-1453 d.C.).

[32] A fase *in iure* era concluída com a celebração da *litis contestatio*, entendida como um compromisso das partes de participarem do juízo *apud iudicem* e acatarem o respectivo julgamento.

CAPÍTULO 2
TUTELA JURÍDICA | 41

precedentes aos quais os juízes inferiores deviam obediência; (ii) rescritos, respostas dadas pelo imperador ou Conselho a consulta feita por funcionário, magistrado ou particular, aplicando-se em casos análogos.

Por sua vez, o Oriente conheceu outras formas de Direito e de estrutura jurídica, com especial relevo para o Direito Hindu, Muçulmano, Chinês e Japonês.

O Direito Hindu[33] é formado pela comunidade de religião Hinduísta ou Bramânica, que compreende atualmente um bilhão de membros. O mais célebre tratado escrito em sânscrito clássico é o *Manusmriti* (Memória de Manu), chamado também de Código de Manu e escrito aproximadamente entre os anos 200 a.C. e 200 d.C. O texto é composto de 12 livros, cabendo aos livros 8 e 9 dispor sobre os modos de resolver os litígios pela justiça real. O Livro Oitavo é dividido em 18 capítulos, destacando os dois primeiros capítulos, que versam sobre a administração da justiça e os meios de prova.

O capítulo "Administração da Justiça e do Ofício dos Juízes" é redigido formalmente em artigos, mas trata-se de texto corrido prevendo todas as formas de lesão aos direitos até então imaginadas.

Cumpre mencionar os seguintes dispositivos: o art. 12 prevê espécie de vedação ao *non liquet*;[34] os arts. 44 e 45 dispõem sobre a busca da verdade real[35] e o devido processo legal;[36] os arts. 47 e seguintes tratam da produção da prova testemunhal, quem pode ser testemunha, da vedação ao *hearsay testimony*, do valor da prova, da sanção pelo falso testemunho e do efeito expansivo das nulidades do falso testemunho.

Na parte especial do título oitavo, destacam-se: art. 123, espécie de procedimento executivo para pagamento de dívida;[37] art. 124, sobre

---

[33] GILISSEN. Op. cit., p. 101-107.

[34] Art. 12. Quando a justiça, ferida pela injustiça, se apresenta diante da Corte e que os juízes não lhe tiram o dardo, eles mesmos serão por estes feridos.

[35] Art. 44. Assim como um caçador, seguindo os rastros das gotas de sangue, chega à toca da fera que lhe feriu, do mesmo modo, com auxílio de sábios raciocínios, chega o rei ao verdadeiro fim de justiça.

[36] Art. 45. Que ele considere atentamente a verdade, o objeto, sua própria pessoa, as testemunhas, o lugar, o modo e o tempo, se cingindo às regras do processo.

[37] Art. 123. Quando um credor reclama perante o rei a restituição de uma soma emprestada que o devedor retém, que o rei faça o devedor pagar, depois que o credor fornecer a prova da dívida.

os meios executivos;[38] art. 133, sobre ônus da prova como regra de julgamento;[39] e art. 134, sobre a revelia.[40]

Na Índia, a distribuição da justiça emanava de diversas jurisdições que partiam da Comunidade Aldeão e das Corporações até a jurisdição do rei. Havia Justiça Comunal, Urbana, das Baixas Castas, das corporações, a familiar, a dos bramas e a Arbitragem comunitária. Acima da justiça ordinária ficavam dois tribunais: o do chefe de justiça e o do rei.[41]

De certa forma, também é possível reconhecer no Direito Hindu características do Pluralismo Jurídico Estatal na medida em que cada casta tem seus próprios costumes e seu próprio tribunal, os quais são responsáveis pelas questões internas da casta, adaptando as leis gerais às necessidades locais.

Alteração formal do Direito indiano após a dominação inglesa, a partir de 1857, teve pouco efeito sobre a população, já que 80% dos indianos viviam (e ainda vivem) nos campos, aplicando o Direito tradicional.

Mais ao oriente, a China[42] igualmente desenvolveu sistema jurídico próprio, fundado na filosofia de Kong Fou-tseu (em latim, Confúcio), baseada no respeito às regras de etiqueta, no dever de desenvolver a humanidade e na retidão moral (li). A justiça é administrada pelos chefes de família e de clã, buscando sempre a solução negociada que acomode as partes.

A seu turno, o Japão[43] tem estrutura jurídica similar à chinesa, mas baseada na concepção filosófica do Budismo e da moralidade. Inicialmente existiam poucos juízes e uma diminuta organização judiciária – as questões e os litígios eram decididos pelos superiores. No período Edo (1600-1868), houve um aprimoramento da estrutura jurídica, inclusive com a criação de um tribunal superior.

---

[38] Art. 124. Um credor, para forçar seu devedor a satisfazê-lo, pode recorrer aos diferentes meios em uso na cobrança de uma dívida.

[39] Art. 133. Quando um homem vem dizer: eu tenho testemunhas e, sendo convidado a produzi-las, não o faz, o juiz deve por essa razão decidir contra ele.

[40] Art. 134. Se o autor não expõe os motivos de sua queixa, ele deve ser punido, conforme a lei, por um castigo corporal ou por uma multa, segundo as circunstâncias e se réu não responde no prazo de três quinzenas, ele é condenado pela lei.

[41] JÚNIOR. Izidoro Martins. *Compêndio de história geral do direito*. Recife: Livraria Contemporânea, 1898. p. 72. Disponível em: https://bdjur.stj.jus.br/jspui/bitstream/2011/17217/Compendio_Historia_Geral_Direito.pdf. Acesso em: 25 mar. 2022.

[42] GILISSEN. Op. cit., p. 108-115.

[43] GILISSEN. Op. cit., p. 116.

Ainda no Oriente, cumpre tecer algumas linhas sobre o Direito Muçulmano, que, assim como o Hindu, rege todos os adeptos de uma dada religião (Islã), onde quer que eles se encontrem – não se trata do Direito de um Estado-nacional, mas de um grupo religioso. O Direito é uma das faces da religião, a Xaria, que designa o que os crentes devem ou não fazer – o Direito Muçulmano é inaplicável aos infiéis.

Voltando ao mundo ocidental, o Direito Canônico iniciou lento desenvolvimento no seio de Roma. De início, os cristãos deviam evitar a intervenção dos juízes romanos (não cristãos), submetendo-se à autoridade disciplinar de seus chefes religiosos. Segundo as Epístolas de São Paulo, era aconselhado procurar Conciliação em caso de desavença entre cristãos e, em caso de fracasso, recorrer à Arbitragem da comunidade cristã. Originalmente, a recusa à Arbitragem era punida com a excomunhão do fiel, tornando-se voluntária a partir do ano 313 d.C.

Acompanhando o desenvolvimento do Império Romano, a Igreja foi ganhando competências jurisdicionais: inicialmente tinha o papel de arbitrar os conflitos entre os cristãos; depois de julgar com exclusividade os eclesiásticos em assuntos cíveis e penais; evoluindo até chegar na competência cível para julgar questões relacionadas, direta ou indiretamente, à Igreja, como casamento, legitimidade de filiação, divórcio, entre outras.

Na Idade Média, com o enfraquecimento do poder real, a Igreja atinge seu apogeu no campo jurisdicional, com competência absoluta em razão da pessoa (eclesiásticos, cruzados, professores, alunos universitários e os miseráveis – viúvas e órfãos) e em razão da matéria (crimes contra a religião, adultério, testamento, execução de promessa feita sob juramento).

O Tribunal Eclesiástico ganhou contornos mais definidos. Juntos a cada juiz,[44] tinham assentos os funcionários *receptor actorum* e *registrator* (escrivães), além da participação de outros agentes, tais como promotor, advogado e notários. Era previsto o direito de recorrer, cabendo primeiramente recurso ao arcebispo e, posteriormente, ao Papa.

O Direito Canônico possuía características que o tornaram forte naquele contexto histórico – unidade jurídica, forma escrita e sistemática –, permitindo maior desenvolvimento doutrinário.

A partir do século XVI, com a laicização do Estado, a jurisdição da Igreja perde força, chegando ao fim da competência jurisdicional nos

---

[44] O bispo é o juiz ordinário na Igreja, mas pode delegar sua função aos arcediagos – cargo intermediário entre os clérigos e o bispo.

séculos XIX e XX, salvo quanto às questões disciplinares internas da Igreja. Em alguns países, como Itália e Irlanda, remanescia, até pouco tempo, a competência jurisdicional exclusiva da Igreja para anulação de seus casamentos – situação jurídica ainda vigente na Bélgica.

Gilissen ensina que a organização judiciária da Idade Média[45] europeia fora de Roma é muito complexa e a organização da jurisdição difere de região para região em função das relações de força entre as autoridades. No conjunto, passou-se da divisão à centralização e à hierarquização das jurisdições.

As invasões germânicas do início do século III culminaram com a derrocada da Roma ocidental no século V. O Direito Germânico dominou no norte da Europa, especialmente na Bélgica e no norte da França, enquanto o Direito Romano prevaleceu na região sul, na Itália e na Península Ibérica; entre as duas localidades subsistiu uma zona intermediária onde se aplicou o princípio da personalidade do Direito.[46]

Essa fronteira marcará a divisão entre os países de Direito Consuetudinário – mais influenciados pelo Direito Germânico – e os países de Direito escrito – sob influência romana.

Já naquela época havia certa estrutura jurisdicional; em cada condado havia um tribunal composto por homens livres e presidido por um conde, que era chamado a "dizer o direito" – encontrar a solução do litígio dada pelo costume –, cabendo aos homens livres aprovar ou desaprovar a solução proposta.

Os séculos seguintes foram marcados pela Monarquia Merovíngia (metade do século V a metade do século VIII) e pela Dinastia Carolíngia (de 751 até 987); contudo, não existiram legislações de maior relevo processual. A estrutura jurídica europeia volta a ser transmudada, com a introdução de instituições feudais entre os séculos X e XIII.

Na França do século XI, a justiça era compartilhada entre as jurisdições feudal, territorial, senhorial e eclesiástica. Adotou-se o princípio do julgamento pelos pares; em certas regiões, existiam assembleias

---

[45] Período iniciado com a queda do Império Romano do Ocidente em 476 d.C. até a queda do Império Romano do Oriente, em 1453.

[46] Quando, num mesmo território, coabitam duas populações com sistemas jurídicos diferentes, duas soluções são teoricamente possíveis: (i) Princípio da Territorialidade – o direito do vencedor é aplicado uniformemente a todos os habitantes, independentemente da origem; (ii) Princípio da Pessoalidade – o vencedor deixa que os vencidos vivam conforme seu próprio direito, aplicando suas normas aos seus cidadãos originários. A adoção do Princípio da Personalidade do Direito implica a necessidade de determinar qual norma é aplicável a cada indivíduo e resolver os conflitos que podem surgir entre pessoas pertencentes a dois sistemas jurídicos diferentes – as regras que nascem nessa época dão início ao direito internacional privado. (GILISSEN. Op. cit., p. 202-206)

judiciárias gerais compostas por todos os habitantes da aldeia, reunidos sob a presidência do senhor feudal ou seu representante.

Na Inglaterra, o rei Henrique II, por meio do *Writ of Novel Disseisin*, de 1166, instituiu um conjunto de medidas com o objetivo de anular o processo por ordálio, entre as quais encontra-se o júri.

Inicialmente, o júri era utilizado para decidir ocupação irregular de terras, passando a acusador em processo penal, posteriormente como elemento de prova até culminar com a função de decidir sobre a culpa ou inocência do acusado.[47]

No século XIII, no noroeste da Europa ocidental, foi instituída a figura do escabinato,[48] órgão responsável pelo julgamento de matérias cíveis e penais, composto geralmente por sete escabinos, a princípio designados pelo princípio territorial e, posteriormente, eleitos por certos grupos sociais.

Em Portugal, no mesmo período, coexistiam quatro sistemas jurisdicionais: Comunitário, Senhorial, Eclesiástico e Régio. O sistema comunitário fundava-se na auto-organização das comunidades camponesas; contra a decisão do Conselho cabia recurso para o senhor da terra e, posteriormente, para o Tribunal Régio.

Na França, em consequência do aumento das questões examinadas pelo tribunal real, a jurisdição foi dividida em três instituições especializadas: Conselho do Rei, Câmara de Contas (controle financeiro) e Parlamento (assuntos judiciais).

Do fim do século XIII ao século XVIII ocorreu a profissionalização dos juízes, que passaram a ter formação jurídica. Era facultado aos tribunais soberanos proferirem "sentenças de regulamentação", com eficácia *erga omnes* e *pro futuro* – relativamente próximas às hoje chamadas sentenças aditivas.

Para fins ilustrativos, em 1551, o Parlamento de Paris admitiu a possibilidade de revogação de doação *inter vivos* com fundamento na superveniência de filho – regra que foi posteriormente adotada no art. 960 do Código Civil francês. Em 1562, o Parlamento passou a exigir que o estrangeiro demandante no tribunal apresentasse caução – regra que, em certa medida, é adotada pelo art. 83 do CPC brasileiro.

---

[47] Nos Estados Unidos, a Constituição garante o funcionamento do Júri, subsistindo o Grand Jury nos tribunais federais e em cerca de 20 Estados, enquanto o Petty Jury permanece em praticamente todas as ações, mas as partes podem abdicar do instituto na seara cível. (GILISSEN. Op. cit., p. 214-215)

[48] Órgão colegiado composto por indivíduos com conhecimento jurídico. No Brasil, os Conselhos da Justiça Militar são órgãos colegiados constituídos por civis e militares, denominando-se escabinato.

Os tribunais, por agirem em delegação do príncipe, não precisavam fundamentar a decisão – inclusive, entendia-se que a exigência de fundamentação favoreceria o prolongamento do litígio, já que a parte sempre poderia restar insatisfeita com o argumento utilizado. Somente no final do século XVIII a fundamentação das decisões passou a ser garantia constitucional na França e na Bélgica.

A Idade Contemporânea, inaugurada com a Revolução Francesa, em 1789, suprimiu toda a organização judiciária do Antigo Regime.

Os princípios da Declaração dos Direitos do Homem e as constituições francesas de 1791 e 1795 estabeleceram princípios e regras que deram sustentação ao sistema jurisdicional, em especial: separação dos Poderes; a profissionalização da magistratura e a nomeação dos juízes pelo Poder Executivo (Constituição de 1800); audiências públicas; sentenças motivadas; exclusão de qualquer privilégio de foro (todos os homens são iguais e devem ser julgados pelo mesmos tribunais, salvo os tribunais de comércio e os tribunais militares).

A regulamentação dos tribunais franceses de 1790, com modificações até o ano de 1800, persiste até os dias atuais e exerceu importante influência em diversos sistemas jurídicos baseados no Direito Romano.

A França importou da Inglaterra a *Justice of Peace*, mas com funcionamento diverso. Enquanto na terra da rainha o juiz era comissário real, com função essencialmente administrativa, o juiz de paz francês tinha competência adjudicatória para os litígios civis de menor importância, além de atuar como conciliador.[49]

A estrutura hierarquizada da jurisdição – juiz de primeiro grau, tribunais locais e, no topo da hierarquia, o Tribunal Superior, ou *Cour de Cassation* – também tem origem francesa. A Corte de Cassação foi criada com o fim de assegurar o respeito da lei pelos numerosos juízes não profissionais, garantindo a unidade da jurisprudência.

Correndo simultaneamente com o Direito Romano-Germânico, a partir do século XII, vigorou na Inglaterra o sistema da *commom law*.[50]

Trata-se de Direito jurisprudencial – *judge-made law* – elaborado pelos juízes reais e mantido graças à força do precedente judicial.[51]

---

[49] A importação do instituto foi desenvolvida por Voltaire após inspiração no modelo holandês. O juiz de paz persiste atualmente na França, Bélgica e nos Países Baixos. (GILISSEN. Op. cit., p. 179)

[50] O direito legislado (*statute law*) teve importância na formação do direito inglês e voltou a ganhar força no século XX. (Ibid., p. 215)

[51] O direito inglês é muito mais histórico do que o da Europa continental; os juristas do século XX invocam precedentes dos séculos XIII e XIV. (GILISSEN. Op. cit., p. 216.)

A autoridade real inglesa se impôs mais cedo do que no restante da Europa, permitindo ao rei que desenvolvesse a função jurisdicional em detrimento dos senhores feudais.

Inicialmente, o julgamento era operado na *Curia Regis*; posteriormente, foram destacadas seções especializadas – Tribunais dos Tesouros (litígios fiscais), Tribunal das Queixas Comuns[52] e Tribunal do Banco do Rei (para crimes contra a paz do reino).

Procedimentalmente, qualquer pessoa que quisesse pedir tutela jurídica endereçava pedido ao rei; o chanceler examinava o pedido e, se fundamentado, enviava uma ordem (*writ*)[53] a um xerife ou senhor para ordenar ao réu que satisfizesse a pretensão ou se defendesse.[54]

Nos séculos XV e XVIII foi instituída a *equity* – possibilidade de o interessado solicitar que a decisão fosse tomada diretamente pelo rei, que aplicava processo escrito inspirado no Direito Canônico. A *commom law* e a *equity* eram dois tipos de jurisdições, de processos e de regras de fundo, tendo sido unificadas pelo *Judicature Acts* de 1873 e 1875.

Como um *tertium genus*, surgiu no século XIX, na Europa, o sistema jurídico de tendência comunista. A Revolução de 1917 inaugurou na Rússia o sistema de fundamento filosófico marxista, que buscava o desaparecimento gradual do Direito e do Estado para se chegar à instauração de uma sociedade comunista.

A estrutura jurisdicional era composta por tribunais titularizados por um juiz eleito para mandato de cinco anos e dois assessores igualmente eleitos. Os magistrados deveriam julgar conforme o Direito do governo soviético, sendo-lhes vedado fazer referências ao Direito anterior à Revolução – não havia separação de Poderes. Os tribunais eram divididos de forma hierárquica – Tribunal Popular, Tribunal Provincial e Supremo Tribunal Federal. A lei era a única fonte do Direito, cabendo à jurisprudência papel secundário: o de concretizar a lei nos limites circunscritos por esta. A uniformidade na aplicação do Direito

---

[52] O *Court of Common Pleas* compete julgar litígio entre os particulares sobre a posse de terras. (GILISSEN. Op. cit.)

[53] O elemento de direito público do direito inglês aparece na técnica particular do *writ*, pelo qual começou a ação perante os tribunais reais. O *writ* não é uma simples autorização para agir dada ao queixoso. Apresenta-se tecnicamente como uma ordem dada pelo rei a seus agentes para que estes ordenem ao réu que aja de acordo com o direito, satisfazendo à pretensão do queixoso. Se o réu se recusar a satisfazer ao queixoso, este agirá contra ele. A ação do réu será justificada perante o Tribunal Real, menos pela contradição que opõe à pretensão do queixoso do que pela desobediência que lhe é imputada a uma ordem da administração. O processo inglês é de direito público, e não de direito privado. (Ibid., p. 218)

[54] A Magna Carta de 1215 limitou a jurisdição real, aumentando a força dos barões e dos grandes vassalos. (Ibid., p. 219)

é atingida por métodos administrativos: (i) "explicações" vinculantes dos Supremo Tribunal Federal; (ii) controle do Ministério Público; (iii) controle popular.

Ao lado dos tribunais judiciários, diversos países, como França, Bélgica, Alemanha, Áustria e Itália, criaram a jurisdição administrativa, normalmente encabeçado por um Conselho do Estado. Na Bélgica, desde 1846, o Conselho do Estado desempenha dupla função: (i) consultiva (dar parecer sobre projeto de leis e decretos); (ii) jurisdicional (decidir sobre conflitos internos da Administração ou entre esta e os cidadãos – contencioso administrativo).

Já no século XX, além dos tribunais nacionais europeus, foi instaurada uma jurisdição supranacional: o Tribunal de Justiça das Comunidades, com sede em Luxemburgo desde 1958; o Tribunal Europeu dos Direitos do Homem, em Estrasburgo desde 1959; e o Tribunal de Justiça de Benelux, desde 1974.

Pelo breve histórico do sistema jurídico, do Egito ao mundo contemporâneo, do Ocidente ao Oriente, da *civil law* à *commom law*, a função de julgar apresentou diversas configurações – monopolizada na figura do chefe ou do rei, difundida na sociedade, atribuída aos agentes públicos ou delegada ao particular.

O monopólio da jurisdição não é realidade perpétua ou universal, tampouco realidade brasileira.[55] Nas diversas passagens históricas e no contexto atual, a sociedade comporta o *locus* adequado para resolver crises jurídicas, especialmente relacionadas à microlesão.

2.2 Panorama atual

O ordenamento jurídico estabelece normas de Direito Material – estruturação do Estado, definição de competências, estipulação de deveres e direitos – e de Direito Processual – institutos voltados a resolver crises de certeza e satisfação, forçando o cumprimento das disposições normativas com o fim último de resolver os conflitos e estabilizar a sociedade.

A previsão de deveres em normas abstratas não é suficiente para garantir que todos atuem conforme a lei. Ainda que o estabelecimento de regras, *a priori*, seja conforme o comportamento da maioria dos

---

[55] Basta lembrar que as decisões eclesiásticas confirmadas pelo órgão superior de controle da Santa Sé são consideradas sentenças estrangeiras, necessitando apenas de homologação pelo Superior Tribunal de Justiça (art. 12, §1º, do Decreto nº 7.107/10), sem olvidar a discussão sobre a natureza jurídica (jurisdicional ou não) da Arbitragem.

indivíduos, mesmo em sociedades saudáveis (nas quais o conflito é exceção) o litígio é inevitável.

Surge, então, um campo profícuo de estudo: o da tutela jurídica. Ocorrida a lesão, nasce para o prejudicado a pretensão de restaurar a vontade do Direito, restituindo as coisas ao estado anterior. Cabe, portanto, à Política Pública de Tratamento Adequado dos Conflitos de Interesses definir os meios adequados para que o prejudicado obtenha a devida reparação. Para esse fim, o sistema desenvolveu inúmeros mecanismos de tutela do direito, incluindo meios estatais e não estatal, individuais e coletivos.

A forma mais primitiva de tutela é a denominada autotutela, que consiste em permitir que o lesado, utilizando seus próprios meios, restaure a lesão provocada. Atualmente, a autotutela é excepcional diante do risco de excesso, mas ainda existem hipóteses em que se admite a atuação do titular *sponte propria*, como ocorre no penhor legal,[56] direito de retenção,[57] legítima defesa e estado de necessidade.[58]

O segundo mecanismo de tutela é a autocomposição dos interesses, técnica pela qual as partes em litígio, em comum acordo, solucionam a controvérsia, sem que a decisão seja definida ou facilitada por terceiros.

Em que pese o debate dogmático sobre a natureza jurisdicional da Arbitragem, a consideraremos como terceira hipótese de solução de conflitos não estatal, na qual as partes, em comum acordo, definem que a resolução da controvérsia será decidida por terceiro imparcial de mútua confiança.

---

[56] Código Civil. Art. 1.467. São credores pignoratícios, independentemente de convenção: I – os hospedeiros, ou fornecedores de pousada ou alimento, sobre as bagagens, móveis, joias ou dinheiro que os seus consumidores ou fregueses tiverem consigo nas respectivas casas ou estabelecimentos, pelas despesas ou consumo que aí tiverem feito; II – o dono do prédio rústico ou urbano, sobre os bens móveis que o rendeiro ou inquilino tiver guarnecendo o mesmo prédio, pelos aluguéis ou rendas. Art. 1.469. Em cada um dos casos do art. 1.467, o credor poderá tomar em garantia um ou mais objetos até o valor da dívida.

[57] Código Civil. Art. 571. Havendo prazo estipulado à duração do contrato, antes do vencimento não poderá o locador reaver a coisa alugada, senão ressarcindo ao locatário as perdas e danos resultantes, nem o locatário devolvê-la ao locador, senão pagando, proporcionalmente, a multa prevista no contrato.
Parágrafo único. O locatário gozará do direito de retenção, enquanto não for ressarcido.
Art. 681. O mandatário tem sobre a coisa de que tenha a posse em virtude do mandato, direito de retenção, até se reembolsar do que no desempenho do encargo despendeu.

[58] Código Penal. Art. 23. Não há crime quando o agente pratica o fato: I – em estado de necessidade; II – em legítima defesa; Art. 24. Considera-se em estado de necessidade quem pratica o fato para salvar de perigo atual, que não provocou por sua vontade, nem podia de outro modo evitar, direito próprio ou alheio, cujo sacrifício, nas circunstâncias, não era razoável exigir-se. Art. 25. Entende-se em legítima defesa quem, usando moderadamente dos meios necessários, repele injusta agressão, atual ou iminente, a direito seu ou de outrem.

Quando o Poder Público é encarregado da resolução dos conflitos, outros institutos e procedimentos surgem. O principal deles, sem sombra de dúvidas, é a jurisdição – poder-dever de dizer o direito atribuído, em regra, ao Poder Judiciário. Todavia, a tutela pública dos conflitos não se resume à jurisdição, incluindo também a atuação da Administração Pública e os processos de natureza política, tal como o processo de *impeachment* para crimes de responsabilidade.

Modernamente, não se fala em divisão estanque dos Poderes, mas em exercício de funções típicas por cada um dos Poderes, sendo possível, em casos específicos, que a função típica de um Poder seja exercida de forma atípica por outro.

É, portanto, perfeitamente cabível atribuir à Administração Pública a função de resolução de conflitos. Basta pensar na já mencionada situação em que um vizinho acusa o outro de desrespeitar o direito de vizinhança (som alto) – em regra, o prejudicado não ingressa com ação judicial, mas simplesmente pede a atuação da Polícia Militar.[59] Inclusive, o conflito entre o particular e a Administração Pública, em boa parte dos casos, é resolvido por meio de processo administrativo, sem intervenção do Poder Judiciário.

Não obstante os instrumentos positivados de resolução de conflitos, estatais e não estatais, o número de litígios ocorre em quantidade superior àquela que o sistema consegue solucionar, afetando a própria higidez do Direito e a segurança jurídica das relações sociais.

Nesse contexto, um novo olhar deve ser direcionado aos institutos, instrumentos e categorias clássicas do Direito, compatibilizando-os à nova realidade social – sempre buscando a pacificação social.

A expansão dos direitos é um dos marcos da evolução da sociedade e do mundo ocidental moderno, sendo característica da CF de 1988. O fenômeno leva alguns a se colocarem na posição crítica, afirmando que "o Estado brasileiro não cabe no PIB".[60]

---

[59] *A large portion [of disputes] are resolved by negotiation between the parties, or by resort to some 'forum' that is part of (and embedded within) the social setting within which the dispute arose, including the school principal, the shop steward, the administrator, etc. (…) Courts resolve only a small fraction of all disputes that are brought to their attention. These are only a small fraction of the disputes that might conceivably be brought to court an even smaller fraction of the whole universe of disputes.* (GALANTER, Marc. Justice in Many Rooms: Courts, Private Ordering and Indigenous Law. *Journal of Legal Pluralism*, n. 19, Estados Unidos, 1981. Disponível em: https://commission-on-legal-pluralism.com/system/commission-on-legal-pluralism/volumes/19/galanter-artigo pdf. Acesso em: 25 mar. 2022.)

[60] ANÁLISE: "o Estado brasileiro não cabe no PIB", diz Giannetti. *Informe Paraná Cooperativo*, 19 ago. 2014. Disponível em: http://www.paranacooperativo.coop.br/ppc/index.php/sistema-ocepar/comunicacao/2011-12-07-11-06-29/ultimas-noticias/100480-analise-qestado-brasileiro-nao-cabe-no-pibq-diz-giannetti. Acesso em: 26 mar. 2022.

Sem fazer vista grossa às opiniões contrárias, para que o orçamento destinado às resoluções de conflitos caiba no PIB, devem ser desenvolvidos institutos e tecnologias adequadas à necessidade do direito do caso concreto.

Quando se fala em tutela adequada, quer-se dizer que o ordenamento deve prever institutos congruentes a certos tipos de direitos e de crises: a crise envolvendo direito de liberdade tem o instrumento especial do *habeas corpus*; cabe ação monitória para proteção do direito reconhecido em prova escrita sem eficácia de título executivo; a tutela provisória de urgência é adequada para inverter o ônus do tempo do processo diante da aparência do direito conjugada com risco de lesão.

Marinoni[61] enumera diversos casos em que o ordenamento confere tutela diferenciada em prol do consumidor: na esfera extrajudicial, a Administração Pública pode impor a contrapropaganda em caso de propaganda enganosa ou abusiva (art. 60 do CDC); na esfera jurisdicional, as ações coletivas não exigem adiantamento de custas, emolumentos, honorários periciais e não há condenação da associação em honorários sucumbenciais, salvo má-fé (art. 87, parágrafo único, do CDC).

A enumeração de todas as situações às quais o ordenamento confere tutela diferenciada é desnecessária diante da complexidade das crises e do extenso rol de institutos previstos pelo legislador.

Não obstante, ao reconhecermos a existência de instrumentos especiais de tutela, implicitamente, admitimos que há litígios satisfeitos com a tutela comum (não especial) – mas também que, para certos tipos de crises, a tutela pode ser maior ou menor.

Em um primeiro momento, pode soar inconstitucional a concessão de tutela menor do que a ordinária, mas o ordenamento jurídico convive com inúmeros casos em que isso ocorre.

A Lei de Execuções Fiscais (Lei nº 6.830/80) estabelece que o recurso cabível contra as sentenças inferiores a 50 ORTN[62] são os Embargos Infringentes e, por serem julgados pelo mesmo juízo singular, não admitem Recurso Especial. Na mesma linha, é incabível a interposição de Recurso Especial contra acórdãos proferidos pelas turmas recursais dos juizados especiais, por não se tratar de acórdão de tribunal.

---

[61] MARINONI, Luiz Guilherme. *A tutela específica do consumidor*. Disponível em: https://jus.com.br/artigos/4985/a-tutela-especifica-do-consumidor. Acesso em: 25 mar. 2022.

[62] O Superior Tribunal de Justiça definiu que 50 ORTN equivalem a R$328,27 (em valores de janeiro de 2001), devendo ser atualizado pelo IPCA-E a partir daquela data (Tema nº 395). Atualizando o valor para março de 2022, o valor de alçada é de R$1209,17 (BRASIL. Superior Tribunal de Justiça. Recurso Especial nº 1.168.625/MG. 1ª Seção. Relator: Min. Luiz Fux. Brasília, 09.06.10).

Ainda mais corriqueira é a situação do Recurso Extraordinário, que desde a Emenda Constitucional nº 45 deixou de ser cabível para toda e qualquer violação à Constituição, sendo restrito para os casos em que a violação constitucional é conjugada com a repercussão geral.

Conflitos que antes eram submetidos à jurisdição voluntária hoje são tutelados extrajudicialmente – a exemplo do inventário e da partilha cujo procedimento jurisdicional tem cabimento típico nos casos envolvendo incapaz. Da mesma forma, somente é obrigatório o procedimento de jurisdição voluntária de divórcio para casais com filhos incapazes.

A própria atuação dos órgãos públicos começa a ser racionalizada para incidir apenas quando estritamente necessário. O Conselho Nacional do Ministério Público editou a Recomendação nº 16/10, dispensando a intervenção do órgão como *custos legis* em diversos procedimentos em que antes a participação era obrigatória.

Recentemente, deixou de ser obrigatória a manifestação da Procuradoria Geral do Estado do Rio de Janeiro em processos judiciais de inventários que não envolvam conflitos entre os herdeiros, cabendo à autoridade fazendária lançar o tributo sucessório. No mesmo sentido, a Procuradoria Geral do Estado de São Paulo, em acordo com o Tribunal Regional do Trabalho da 2ª Região, autorizou o não comparecimento dos procuradores em audiência trabalhistas envolvendo terceirização de mão de obra.

Em suma, são inúmeros casos que comprovam que o ordenamento fornece tutela mais robustas para certos tipos de direitos e conflitos, entregando, em outras situações, tutela menos extensa. Tutela adequada não significa tão somente aumentar o leque de proteção para alguns direitos, mas também reduzir a proteção de outros tipos de direito.

A dificuldade é definir quais são as situações jurídicas que merecem tutela normal e quais desafiam tutela adequada, com maior ou menor proteção.

A extensão da tutela deve se equilibrar entre a vedação à proteção deficiente (*untermassverbot*) e a proibição de excesso (*übermassverbot*). O sistema jurídico deve tutelar o direito, por menor que seja a lesão, sem que com isso se permita acessar os Tribunais Superiores para decidir sobre um furto de galinha.

A graduação da tutela conforme o grau de lesão não é inconstitucional; pelo contrário, trata-se de exigência da própria funcionalidade do sistema no contexto da sociedade de massa.

Galanter provoca reflexão ao indagar se efetivamente queremos um mundo no qual todas as disputas sejam resolvidas por meio da autoridade jurisdicional. Em sua visão, sabemos o suficiente sobre o trabalho das cortes para suspeitar que essa condição seria monstruosa em seus próprios termos, e, tal como a língua falada difere da língua escrita e a distinção é igualmente aceita, a *law in action* não deve ser vista como desviante da *law on the books*.[63]

A tutela de microlesões deve ser adequada e proporcional à relevância do direito subjetivo. Não se pode admitir que conflitos de microlesões sejam levados ao Judiciário e galguem até os Tribunais Superiores sem que ao menos se tenha tentado a resolução extrajudicial da controvérsia.

Frustrados os meios extrajurisdicionais – estatais e não estatais –, deve ser definido o procedimento mais adequado para a tutela da microlesão, utilizando as novas técnicas de tratamento dos litígios.

O panorama atual da Tutela Jurídica exige o rompimento com a falsa percepção de que a proteção do Direito Material somente pode ser dada por meio do Judiciário, quando, na maior parte das vezes, a resolução ocorre com maior qualidade e celeridade em outras esferas do Poder Público e da sociedade.

O procedimento jurisdicional clássico é apenas um dos diversos instrumentos à disposição da Política Pública de Tratamento Adequado dos Conflitos de Interesses.

2.3 Custo e congestionamento da tutela jurisdicional

A jurisdição, como já afirmado, é o instrumento típico de que o Poder Público dispõe para resolver conflitos da sociedade. De início, voltado apenas à resolução de litígios individuais de cunho eminentemente patrimonial, o sistema evoluiu para a tutela dos direitos extrapatrimoniais, coletivos *lato sensu* e do próprio Direito Objetivo – por meio dos processos de controle de constitucionalidade e da função nomofilácica dos tribunais.

A expansão do objeto da jurisdição e a massificação dos conflitos geraram o amplamente conhecido fenômeno do congestionamento do Judiciário. A ineficiência da jurisdição estatal tem diversas causas, desde

---

[63] GALANTER, Marc. Justice in Many Rooms: Courts, Private Ordering and Indigenous Law. *Journal of Legal Pluralism*, n. 19, Estados Unidos, 1981. Disponível em: https://commission-on-legal-pluralism.com/system/commission-on-legal-pluralism/volumes/19/galanter-artigo.pdf. Acesso em: 25 mar. 2022.

o número abundante de litígios, passando pela conscientização dos direitos, complexidade das relações sociais, legislação excessiva e de baixa qualidade, falta de recursos públicos e, infelizmente, infindáveis outros.

Com o intuito de afastar as concepções baseadas puramente no senso comum, o CNJ, imbuído do lema *Making Justice Count*, do Banco Mundial, desenvolveu pesquisas estatísticas sobre o sistema de justiça, com enfoque na eficiência e na segurança jurídica.

A FGV, parceira do CNJ, concebe o Judiciário como prestador de serviço público que, como tal, deve ser de qualidade, transparente e com o menor custo possível. A jurisdição é um serviço público não gratuito que fornece ao usuário um bem da vida: a resolução e a satisfação de uma crise jurídica.

Excepcionalmente, considerando que a concretização da vontade do Direito não é de interesse exclusivo dos litigantes, ainda que envolva litígio eminentemente patrimonial, o Poder Público fornece aos necessitados isenções legais e apoio jurídico, bem como isenção de custas e honorários a depender da espécie de ação manejada.

Em analogia, assim como o transporte coletivo de passageiros é serviço público remunerado no qual existem gratuidades – estudantes, idosos e deficientes –, a jurisdição é um serviço público remunerado no qual existem gratuidades – *habeas corpus*, *habeas data*, ação popular e as isenções gerais para os hipossuficientes econômicos.

O objetivo do Banco Mundial, do CNJ e da FGV como instituição parceira é incluir no debate a análise da prestação jurisdicional sob a ótica econômico-financeira, cotejando o custo e o valor cobrado pelo serviço público – a melhor técnica processual não passa de uma folha de papel se dissociada do contexto e das barreiras fáticas nas quais se insere.

Existe uma noção difusa de que o serviço jurisdicional brasileiro é caro, mas são poucos os estudos que se debruçam sobre o tema do custo da jurisdição.[64]

O custo do processo não se resume às custas judiciais, abrangendo todos os aspectos da manutenção do Sistema Judiciário, incluindo despesas de tramitação dos autos físicos, infraestrutura e remuneração de magistrados e servidores. Existem, ainda, os custos de mensuração mais complexos, como os relativos ao tempo dispendido na resolução do caso, perda de oportunidade diante da possibilidade de gastar os

---

[64] BRASIL. Conselho Nacional de Justiça. *Perfil da Fixação de Custas Judiciais no Brasil e Análise Comparativa da Experiência Internacional*. Brasília: CNJ, 2010. Disponível em: https://bibliotecadigital.cnj.jus.br/jspui/handle/123456789/112. Acesso em: 25 mar. 2022.

recursos em outra atividade, além do desgaste da imagem do Poder Público, que contribuiu para a reiteração de condutas ilícitas.

Uma anedota que convém divulgar trata de ação indenizatória recebida em minha banca, enquanto Procurador do Estado de São Paulo, na qual um proprietário alegava que o imóvel alugado ao Poder Judiciário sofreu danos estruturais irreparáveis em razão da ausência de distribuição adequada dos processos em autos físicos, acarretando esforço acima do suportado pela estrutura do prédio.

Com relação aos custos do Poder Judiciário, o CNJ, por meio do Justiça em Números 2021,[65] informa que no ano de 2021 as despesas totais somaram R$100,1 bilhões [1,3% do PIB ou R$470 por habitante], sendo que 92,7% do orçamento é destinado ao pagamento de servidores.[66]

A Justiça Estadual arrecadou R$23,4 bilhões ante as despesas totais de R$57,6 bilhões, enquanto a Justiça Federal foi a única que arrecadou mais do que dispendeu, ingressando R$35 bilhões para fazer frente à despesa de R$12 bilhões.

Do orçamento, apenas 62,7% decorreram de taxas judiciais – segundo maior índice da história –, sendo o restante derivado de repasses previstos nas leis orçamentárias anuais.

Em 2021, a receita do Tribunal de Justiça de São Paulo foi prevista em R$12,15 bilhões de reais – contando com 19 milhões de casos ativos, 2.620 magistrados e 65.179 servidores.

Em certo grau, os custos com o Poder Judiciário nacional podem ser explicados em razão da dimensão territorial do País e pelo fato de sermos uma sociedade em desenvolvimento institucional, o que demanda maiores investimentos em estrutura do que nas democracias consolidadas.

É verdade que o Poder Público não busca o lucro, mas a atuação deficitária é contrária ao interesse da própria sociedade – atende o interesse público uma Justiça autossuficiente que não dependa de repasses orçamentários. A atuação deficitária afeta a qualidade do serviço e não

---

[65] BRASIL. Conselho Nacional de Justiça. *Justiça em Números 2021*. Disponível em: https://www.cnj.jus.br/pesquisas-judiciarias/justica-em-numeros/. Acesso em: 25 mar. 2022.

[66] Comparativamente ao PIB dos países europeus, o Judiciário brasileiro é duas vezes mais caro do que o segundo colocado (San Marino, com 0,65% do PIB). Interessante destacar os dados dos principais países europeus: Portugal (0,31%), Rússia (0.24%), Suíça (0,22%), Itália (0,18%), Reino Unido (0,12%) e Noruega (0,05%). Na América Latina, destacam-se: Costa Rica (5,48%), Argentina (0,18%) e México (0,03%). (BRASIL. Conselho Nacional de Justiça. *Estudo comparado sobre recursos, litigiosidade e produtividade*: a prestação jurisdicional no contexto internacional. Brasília: CNJ, 2011. p. 16. Disponível em: https://bibliotecadigital.cnj.jus.br/jspui/handle/123456789/92. Acesso em: 25 mar. 2022.)

imputa o custo a quem efetivamente deu causa à utilização do serviço, prejudicando toda a sociedade, que paga pela resolução do litígio alheio.

O princípio da solidariedade social justifica impor à comunidade o ônus de certos benefícios individuais, como no já citado exemplo da gratuidade de justiça, mas, ao mesmo tempo, torna injusto coletivizar o ônus e privatizar o bônus.

O Poder Judiciário, com orçamento anual de R$100,1 bilhões, conseguiu resolver 27,9 milhões de casos, o que significa que, em média simples, cada processo custou aos cofres públicos R$3.584,22. Em tese, se a pretensão da parte for inferior a R$3.584,22, é mais barato ao Poder Público pagar o débito do que julgar o processo.

As custas judiciais[67] devem ser suficientes para cobrir os custos do processo – se um litigante não hipossuficiente paga R$1.000,00 de custas quando o processo custa aos cofres públicos R$3.500,00, em verdade, está recebendo gratuidade parcial e benefício fiscal odioso.

A diferença das custas pagas pelo litigante e o custo do processo é coberta pelo repasse orçamentário, cuja receita decorre dos impostos e demais tributos pagos por toda a sociedade. A cobrança a menor pelo serviço jurisdicional, decorrente da má gestão e da falta de visão empresarial em relação aos custos dos serviços, é indesejada e perniciosa.

O déficit é sentido mais fortemente quando o litígio envolve crises de massa de baixo impacto econômico, já que as custas tendem ao mínimo legal e o número de processos é elevado.

No plano constitucional, as custas dos serviços forenses se sujeitam à legislação concorrente dos entes federados, cabendo à União editar lei nacional contendo normas gerais. Contudo, diante da ausência de lei nacional, prevalecem as leis dos Estados-membros.

O STF, ao julgar a Representação nº 1.077/RJ, definiu que as taxas judiciais têm caráter de contraprestação e se sujeitam a um limite – custo da atividade do Estado dirigido ao contribuinte. Esse limite é relativo, dada a dificuldade de se saber, exatamente, o custo dos serviços a que

---

[67] Custa judicial ou custa processual é um gênero que engloba: (i) custas judiciais em sentido estrito; (ii) taxas judiciais; (iii) emolumentos. As custas judiciais em sentido estrito são devidas pelo processamento dos feitos a cargo do serventuário da Justiça, enquanto a taxa judiciária é cobrada pela prática de atos judiciais ou pelos serviços, peculiares ao Judiciário, prestados durante todo o processo. Por sua vez, os emolumentos incidem nas atividades extrajudiciais. Contudo, a divisão entre custas judiciais em sentido estrito e taxas judiciais são imprecisas na doutrina. (BRASIL. Conselho Nacional de Justiça. *Perfil da fixação de custas judiciais no brasil e análise comparativa da experiência internacional.* Brasília: CNJ, 2010. p. 10-11. Disponível em: https://bibliotecadigital.cnj.jus.br/jspui/handle/123456789/428. Acesso em: 25 mar. 2022.)

corresponde tal prestação, sendo certo que não pode a taxa ultrapassar uma equivalência razoável do custo real da atividade jurisdicional. Portanto, não se admite o subsídio cruzado, no qual o lucro obtido em um processo faria frente ao prejuízo na resolução de outra causa.

No Brasil, existem dois sistemas amplamente adotados de custas judiciais. No primeiro, a cobrança é fixa conforme a faixa do valor da causa (adotado em 17 Estados); no segundo, aplica-se um percentual sobre o valor da causa (adotado em 7 Estados) – os demais Estados adotam sistemas próprios de custas.[68]

O CNJ, atento às peculiaridades de cada ente federado, mas imbuído da necessidade de traçar um panorama completo sobre as custas da Justiça Estadual, elaborou um caso-padrão para verificar o custo do processo em cada unidade federada. O caso proposto é de ação de conhecimento cível processada pelo rito ordinário com valores de R$2 mil, R$20 mil, R$50 mil e R$100 mil.

No processo cujo valor da causa é de R$2.000,00, as custas variam de R$30,00 em Rondônia a R$610,99 no Ceará.[69] Já no processo de R$100.000,00 as custas variam de R$296,55 no Distrito Federal[70] a R$5.190,50 na Paraíba.

O Estado de São Paulo, na época dos estudos do CNJ, cobrava R$82,10 para ação de R$2 mil e, a partir desse montante, o percentual de 1% sobre o valor da causa, resultando no custo de R$1.000,00 para uma ação de R$100.000,00.

Em grau de Apelação, a maioria dos Estados cobra valor fixo que varia de R$9,90 no Distrito Federal e R$10,60 no Paraná a R$2.105,46 no Rio Grande do Sul. No Estado de São Paulo, o preparo da Apelação é de 2% do valor da causa, limitado a R$46.260,00 (causas de valor superior a R$2,3 milhões).

---

[68] Rio de Janeiro e Amapá adotam modelo que estabelece valores fixos diferenciados pela classe do processo; Mato Grosso adota sistema em parte baseado em faixa de valores e, considerando determinada quantia, a cobrança passa a ser em percentual sobre o valor da causa; Paraíba, Mato Grosso do Sul, Paraná, Rio Grande do Sul e Santa Catarina adotam sistema de unidades fiscais ou de valores de referência. (BRASIL. Conselho Nacional de Justiça. *Perfil da fixação de custas judiciais no brasil e análise comparativa da experiência internacional*. Brasília: CNJ, 2010. p. 10-11. Disponível em: https://bibliotecadigital.cnj.jus.br/jspui/handle/123456789/428. Acesso em: 25 mar. 2022.)

[69] O Ceará cobra R$610,99 para ação de R$2 mil e R$897,84 para a ação de R$100.000,00, apresentando o maior custo para as ações de pequeno valor e um dos menores custos para ações de valor médio. (Ibid., p. 17)

[70] O Distrito Federal cobra R$40,00 para a ação de R$2 mil e R$296,55 para as ações de R$20 mil a R$100 mil. Excluído o Distrito Federal, a menor custa para o valor de R$100 mil é encontrado no Paraná, que cobra R$818,45. (Ibid., p. 17)

O STF tem posicionamento pacífico no sentido de que a omissão de valores máximos nas tabelas de custas estaduais enseja a inconstitucionalidade das leis sob esse aspecto, já que implica caráter confiscatório e descompasso entre a remuneração dos serviços prestados e o valor pago.

Respeitando a jurisprudência do tribunal superior, os tetos variam de R$173,57 no Rio de Janeiro e R$296,55 no Distrito Federal a R$46.260,00 em São Paulo e R$50.000,00 em Rondônia.[71]

Se um processo custa em média R$2.400,00 ao Poder Público, a cobrança de custas inferiores a esse valor enseja atuação deficitária. Cobrar pouco pelas custas não é necessariamente positivo, já que o preço do processo será coberto, como já afirmado, pelas transferências orçamentárias. O ideal é que as custas representem, o mais próximo possível, o efetivo custo do processo.

Inúmeros são os exemplos de normas processuais e tecnologias que buscam diminuir o custo do processo. É o caso da videoconferência, cuja utilização em processos penais enseja árduo debate, mas que tem o condão de economizar milhões de reais ao Poder Público – basta lembrar os sucessivos deslocamentos do traficante Fernandinho Beira-Mar para as audiências penais realizadas em maio de 2005 (custo de R$180 mil)[72] e março de 2007 (custo de R$60 mil).[73]

Quanto ao custo do Poder Judiciário brasileiro, o que se pode afirmar é que o acesso à jurisdição, sob a ótica exclusiva da taxa judicial, não é caro para o litigante individualmente considerado, mas é excessivamente dispendioso para a sociedade em geral.

O CNJ correlacionou o IDH dos entes federados ao valor das custas cobradas e constatou que o Distrito Federal, Santa Catarina e São Paulo – unidades que possuem os IDHs mais elevados – são as

---

[71] Saliente-se que a análise do teto é complexa pela confusão entre custas e taxas. O Rio de Janeiro apresenta teto de custas de R$173,57, mas de taxa de R$22.335,26; São Paulo e Rondônia apresentam apenas o teto de custas. Somando ambos os tetos, o maior limite é encontrado em Tocantins, que possui teto de custas de R$96,00 e teto de taxas de R$50.000,00. O CNJ não identificou os valores máximos praticados por Alagoas, Mato Grosso do Sul e Rio Grande do Sul. (BRASIL. Conselho Nacional de Justiça. Op. cit., p. 16)

[72] NASCIMENTO, Christina; VALDEVINO, Diego; TELLES, Hilka. Aparado para trazer Beira-Mar a julgamento custou R$180 mil. O DIA, Rio de Janeiro, 2015. Disponível em: http://odia.ig.com.br/noticia/rio-de-janeiro/2015-05-14/aparato-para-trazer-beira-mar-a-julgamento-custou-r-180-mil.html. Acesso em: 25 mar. 2022.

[73] PORTELA, Miguel. Ida de Beira-Mar para audiência no RJ custa R$ 60 mil aos cofres públicos. *Gazeta do Povo*, 7 mar. 2007. Disponível em: http://www.gazetadopovo.com.br/vida-e-cidadania/ida-de-beira-mar-para-audiencia-no-rj-custa-r-60-mil-aos-cofres-publicos-ae6tkjmuzb7vwr9lnpved6hji. Acesso em: 25 mar. 2022.

que adotam os valores médios mais baixos para as custas, enquanto o Piauí, Maranhão e Paraíba, estados com IDH mais baixo, estão entre os que praticam os valores médios mais altos para as custas – a mesma relação é encontrada quando se correlacionam as custas/PIB e as custas/percentual de pessoas pobres na população.

A conclusão do CNJ pode ser explicada.

Considerando que a principal fonte de receita do Poder Judiciário é a transferência orçamentária decorrente da arrecadação de impostos e que as Unidades mais pobres tendem a arrecadar menos impostos, a consequência é que, nessas Unidades, a transferência constitucional ao Judiciário seja menor, exigindo o aumento das custas judiciais para complementação das receitas.

Em outras palavras, quanto mais pobre é o Estado e sua população, mais altas são as taxas judiciais.

Quanto à destinação das custas, novamente o STF, na ADI nº 1926, fixou entendimento de que o valor arrecadado deve ser destinado ao Poder Judiciário, permitida afetação da receita à despesa específica (capital, investimento e treinamento de pessoal), desde que exista liame com o serviço judiciário.

Na experiência internacional, a Comissão Europeia também identificou a necessidade de estudar o tema das custas judiciais para subsidiar políticas comuns aos sistemas judiciários da União Europeia. Em 2007, foi publicado o relatório *"Study on the Transparency of Costs of Civil Judicial Proceedings in the European Union"* (Estudos sobre a transparência dos custos dos processos judiciais civis na União Europeia).[74]

Em regra, os países europeus cobram pela jurisdição cível, fixando as custas em função do valor da causa (43% dos países) ou do tipo do processo (40% dos países), cabendo ao Poder Executivo (63% dos países), e não ao Judiciário, definir o valor.

Na maioria dos casos, o valor arrecadado não é destinado exclusivamente ao sistema de justiça, sendo revertido ao orçamento geral do país, e, em algumas hipóteses, o orçamento do Poder Judiciário é composto exclusivamente das custas arrecadadas.[75]

---

[74] EUROPA. European E-justice. *Custas*. Disponível em: https://e-justice.europa.eu/content_costs_of_proceedings-37-pt.do?init=true. Acesso em: 25 mar. 2022.

[75] Na Áustria, o valor arrecadado supera o orçamento anual dos tribunais, enquanto na Suécia o valor arrecadado representa apenas 0,8% do orçamento do Judiciário. (BRASIL. Conselho Nacional de Justiça. Op. cit., p. 16. Disponível em: https://bibliotecadigital.cnj.jus.br/jspui/handle/123456789/92. Acesso em: 25 mar. 2022.)

Portugal, a partir de 2008, adotou o sistema de custas variáveis conforme a complexidade do procedimento, enquanto na Finlândia as custas são pagas ao final e seu valor depende do estágio em que o processo é finalizado, sendo mais barato quanto menos atos processuais são necessários.

Marcacini informa que a Alemanha cogitou extinguir as custas, mas elas respondem por 45,6% do orçamento dos tribunais germânicos.[76]

Os maiores orçamentos do Poder Judiciário são da Alemanha (€8,7 bilhões), França[77] (€3,3 bilhões), Espanha (€3 bilhões), Itália (€2,7 bilhões), Rússia (€2,4 bilhões), Reino Unido (€1,5 bilhão) e Polônia (€1,2 bilhão). As considerações finais do trabalho do CNJ sintetizam bem o sistema europeu:

> Como era de se esperar, em virtude da grande heterogeneidade que ainda existe no âmbito dos países europeus (apesar do processo de consolidação da União Europeia), há grande variedade no modo como as custas judiciais são tratadas nas diversas nações europeias. De modo geral, observa-se que, apesar de ser um continente marcado por países de IDH elevado ou muito elevado, as custas judiciais na Europa não costumam ser consideradas elevadas. Na França, inclusive, não existe cobrança de custas, com exceção de processos na área de Direito Comercial.[78] Países de antiga tradição socialista ainda praticam valores bastante baixos de custas, como é o caso da Romênia. Geralmente existem limites mínimos e máximos, assim como é frequente o critério de cobrança proporcional em relação ao valor da causa. Em vários países, os valores para as apelações são o dobro dos valores para a ação inicial. Na Europa vigora ainda um amplo sistema de isenções para pessoas de baixa renda que não puderem pagá-las (uma exceção digna de nota é Portugal, que recentemente modificou sua legislação, reduzindo bastante o número de possibilidades de isenções de custas).

O Departamento de Pesquisas Judiciárias do CNJ propõe a sistematização da cobrança em nível nacional, adotando o sistema de percentual sobre o valor da causa com alíquotas de 1,5% a 2% em

---

[76] MARCACINI, Augusto Tavares Rosa. *A cobrança de custas judiciais no Estado de São Paulo sob a perspectiva do acesso à Justiça.* Disponível em: http://augustomarcacini.net/index.php/Processo/CustasAcesso. Acesso em: 25 mar. 2022.

[77] Os dados relativos ao Poder Judiciário francês devem ser analisados *cum grano salis*, já que o País adota o sistema do contencioso administrativo, retirando do Judiciário a análise dos casos envolvendo a Administração Pública.

[78] Essa afirmação não foi confirmada em pesquisa no *site* do serviço público francês. (FRANÇA. Service-Public. *Coût d'un procès.* Disponível em: https://www.service-public.fr/particuliers/vosdroits/F1816. Acesso em: 25 mar. 2022.)

primeiro grau e 3% em grau recursal, podendo ser cobrado valor adicional de 1% caso as partes, instadas, não cheguem ao acordo.[79]

Ao lado do valor e da forma de cobrança das custas processuais devem ser discutidos também os parâmetros para a concessão de gratuidade de justiça. Sem a intenção de importar institutos, mas tão somente destacar a experiência estrangeira, no Reino Unido a gratuidade de justiça pode ser total ou parcial e varia conforme a idade (adulto ou idoso), salário, situação previdenciária, situação familiar (casado ou solteiro e número de filhos) e economias do litigante.[80]

Custa menos ao Poder Público resolver poucos litígios de grande vulto econômico do que inúmeros conflitos de baixo impacto econômico – litígios economicamente vultosos, mas de simples resolução, poderiam até gerar lucro. Entretanto, litígios de pequeno valor agregado geram prejuízo orçamentário, independentemente de a ação ser simples ou complexa.

A afirmação não é nenhuma novidade. Em 1978, os professores Mauro Cappelletti e Bryant Garth constataram que os custos do litígio eram elevados e que a relação entre o valor da causa e o custo de sua resolução aumentava à medida que baixava o valor da causa.

Na Alemanha, verificou-se que o litígio de médio valor econômico, em primeira instância, custa metade do valor da causa; na Inglaterra, em cerca de um terço das causas nas quais houve contestação, os custos globais foram superiores ao do valor da causa. Na Itália, os custos do litígio podem atingir 8,4% do valor da causa nas ações de valor elevado, enquanto nas causas de valor diminuto essa porcentagem pode elevar-se a 170%. A situação é ainda mais delicada em ações envolvendo microlesões:

> Causas que envolvem somas relativamente pequenas são mais prejudicadas pela barreira dos custos. Se o litígio tiver de ser decidido por processos judiciários formais, os custos podem exceder o montante da

---

[79] No Reino Unido, o sistema de custas varia conforme: procedimento (*small claims track, fast track, multi track*); valor do débito; assunto discutido; órgão julgador (*High Court, County Court*); número de páginas da petição inicial; procedimento físico ou eletrônico (REINO UNIDO. HM Courts & Tribunal Service. *Civil and Family Court Fees*. Disponível em: https://formfinder.hmctsformfinder.justice.gov.uk/ex50-eng.pdf. Acesso em: 25 mar. 2022.)

[80] Se o autor tiver filho(a), terá direito à gratuidade de justiça se sua renda for inferior a £1,730 (R$11.241,09 [mar. 2022] ou tiver mais de £3,000 em economias. (REINO UNIDO. HM Courts & Tribunal Service. *How to apply for help with fees*. Disponível em: https://formfinder.hmctsformfinder.justice.gov.uk/ex160a-eng.pdf. Acesso em: 25 mar. 2022; e REINO UNIDO. GOV.UK. *Get help paying court and tribunal fees*. Disponível em: https://www.gov.uk/get-help-with-court-fees. Acesso em: 25 mar. 2022.)

controvérsia, ou, se isso não acontecer, podem consumir o conteúdo do pedido, a ponto de tornar a demanda uma futilidade. Os dados reunidos pelo Projeto de Florença mostram claramente que a relação entre os custos a serem enfrentados nas ações cresce à medida que se reduz o valor da causa. Na Alemanha, por exemplo, as despesas para intentar uma causa cujo valor corresponda a US$100, no sistema judiciário regular, estão estimadas em cerca de US$150, mesmo que seja utilizada apenas a primeira instância, enquanto os custos de uma ação de US$5.000, envolvendo duas instâncias, seriam de aproximadamente US$4.200 – ainda muito elevados, mas numa proporção bastante inferior, em relação ao valor da causa. Nem é preciso multiplicar os exemplos nessa área; é evidente que o problema das pequenas causas exige especial atenção.[81]

Em certos casos, a ação judicial gera mais custos para o Poder Público do que proveito econômico para o litigante. Exemplifica o exposto a ação em que se discutia o direito ao adicional de insalubridade para uma ex-manicure[82] ante necessidade de perícia, a complexidade da matéria e a baixa repercussão econômica do benefício.[83]

No cenário dos direitos individuais homogêneos, ganhou as mídias o caso das ações sobre tarifa básica de telefonia:[84]

Falsa garantia de indenização lota juizados em Brasília – a falsa notícia de que a Brasil Telecom indenizaria os usuários que pagaram pela assinatura básica nos últimos cinco anos gerou um número anormal de ações contra a empresa em Brasília. Mais de 2 mil pessoas lotaram o prédio dos Juizados Especiais Cíveis da cidade.[85]

Discutia-se a legalidade da cobrança de tarifa mínima de telefonia, independentemente do uso do serviço pelo consumidor. Ocorre

---

[81] CAPPELLETTI; GARTH. Op. cit., p. 19.

[82] A NR 15 do Ministério do Trabalho define que o contato com acetona, nos limites indicados, gera insalubridade em grau mínimo, garantindo ao trabalhador adicional de 10% sobre o salário mínimo da região [R$121,20 se for considerado o salário mínimo nacional de 2022]. (GUIA TRABALHISTA. *NR 15 – Norma regulamentadora 15*: atividades e operações insalubres. Disponível em: http://www.guiatrabalhista.com.br/legislacao/nr/nr15. htm. Acesso em: 25 mar. 2022.)

[83] O valor de R$121,20 por mês comparado com o custo do serviço jurisdicional é ínfimo, mas pode representar quantia importante na renda familiar da reclamante.

[84] CEBEPEJ. *Tutela Judicial dos Interesses Metaindividuais*: Ações Coletivas. Disponível em: https://edisciplinas.usp.br/pluginfile.php/3076099/mod_resource/content/1/Cebepej%2C%20Relatorio%20Pesquisa%20Coletivas_2005.pdf. Acesso em: 25 mar. 2022.

[85] CONJUR. *Falsa garantia de indenização lota juizados em Brasília*. Disponível em: http://www.conjur.com.br/2007-jun-23/falsa_garantia_indenizacao_lota_juizados_brasilia. Acesso em: 25 mar. 2022.

que a tarifa básica de empresas de telefonia é de aproximadamente R\$30,00,[86] sendo certo que parcela considerável dos litigantes utilizava, em algum grau, o telefone, limitando-se a discussão sobre a diferença entre o efetivamente utilizado e a tarifa mínima.

Sem embargo da discussão de mérito, a questão provocou o ajuizamento de milhares de ações individuais e 26 ações coletivas – ajuizadas pelo Ministério Público Estadual, pelo Ministério Público Federal e pelas associações legitimadas.[87] As ações coletivas se perderam em discussões processuais intermináveis envolvendo: abrangência territorial da coisa julgada; eficácia quanto às ações individuais já ajuizadas; participação da Anatel como litisconsorte passivo necessário; a possibilidade jurídica e fática de reunião das ações por conexão ou continência; competência do juízo.[88]

---

[86] TELECO. *Preços e Tarifas de Telefonia Fixa (STFC)*. Disponível em: http://www.teleco.com. br/tarifafixo.asp. Acesso em: 25 mar. 2022.

[87] Ações de São Paulo: ACONTESP – Associação de Defesa dos Contribuintes do Estado de São Paulo; Associação de Pessoal da Caixa Econômica Federal de São Paulo – APCEF/SP; Instituto Barão de Mauá; Associação Nacional de Defesa da Cidadania – ANADEC; Cooperpam – Cooperativa dos Trabalhadores Autônomos em Transportes de São Paulo; IDEC – Instituto Brasileiro de Defesa do Consumidor; Instituto Brasileiro de Defesa de Lojistas de Shopping Centers – IDELOS; Transcooper – Cooperativa de Trabalho dos Profissionais no Transporte de Passageiros em Geral da Região Sudeste.
Ações na Grande São Paulo: Associação de Defesa e Proteção do Consumidor do Grande ABC – ADPCON-ABC (Santo André); Centro de Defesa do Consumidor e Cidadania – CDCON (Santo André).
Ações em Campinas: ICDEC – Instituto Campineiro de Defesa do Consumidor; IDC – Instituto de Defesa do Consumidor; SISSTESP – Sindicato dos Servidores e Empregados Públicos da Secretaria dos Transportes do Estado de São Paulo.
Ações em São José dos Campos: Sindicato dos Trabalhadores em Transportes Rodoviários e Anexos do Vale do Paraíba; Sindicato dos Trabalhadores nas Indústrias Metalúrgicas, Mecânicas e de Material Elétrico de São José dos Campos e Região; Sindicato dos Trabalhadores nas Indústrias Químicas e Farmacêuticas de São José dos Campos e Região.
Demais comarcas do interior de São Paulo: Associação Internacional de Vigilância da Cidadania, Direitos Humanos e Proteção à Vida (Sorocaba); Contribuintes e Consultores Associados (Marília); Instituto Brasileiro de Defesa do Consumidor e do Contribuinte (Bauru); Centro de Defesa do Consumidor e Cidadania – CDCON (São Carlos, Mauá, Catanduva, Santo André e São Paulo).
Demais locais: Instituto Nacional de Defesa do Consumidor – INADEC (Distrito Federal).

[88] Quanto à competência e reunião das causas, o CEBEPEJ informa que cinco ações coletivas foram propostas perante a Justiça Federal e as 21 restantes, perante a Justiça Estadual. Todavia, em virtude das alegações de conexão, da avocação das causas pelo juízo da 32ª vara cível da Justiça Estadual de São Paulo, da manifestação de interesse da Anatel quanto aos casos, de liminar concedida nos autos de conflito de competência instaurado perante o Superior Tribunal de Justiça e de declaração subsequente de incompetência pela 9ª Vara da Justiça Federal de São Paulo, tais processos foram, em muitos casos, encaminhados de um juízo para outro por até quatro vezes. (CEBEPEJ. *Tutela Judicial dos Interesses Metaindividuais*: Ações Coletivas. p. 63-64. Disponível em: https://edisciplinas.usp.br/pluginfile. php/3076099/mod_resource/content/1/Cebepej%2C%20Relatorio%20Pesquisa%20Coletivas_2005.pdf. Acesso em: 25 mar. 2022.)

A situação foi de tal ordem que motivou o Executivo Federal a apresentar à Câmara dos Deputados o Projeto de Lei nº 4.728/04, resultando, dois anos depois, na edição da Lei nº 11.277/06 que acrescentou o art. 285-A ao então vigente CPC.[89]

Administrativamente, a Coordenadoria dos Juizados Especiais de São Paulo celebrou verdadeiro negócio jurídico processual com a Telesp, permitindo a dispensa de juntada de peças processuais, ficando os documentos disponibilizados no sítio eletrônico da empresa e no arquivo da Corregedoria de Justiça. No juizado de Santo Amaro, as sentenças eram proferidas por meio de relação, com anotação do número do livro e folha do registro no verso de cada petição inicial.

Quando a questão chegou ao STJ, o ministro Francisco Falcão determinou o sobrestamento de 66 mil ações sobre o tema,[90] ensejando a posterior pacificação da matéria através da Súmula nº 356 do STJ – é legítima a cobrança de tarifa básica pelo uso dos serviços de telefonia fixa.[91]

Se o entendimento fosse pela abusividade da cobrança, haveria impacto gigantesco no Poder Judiciário para definir o *quantum debeatur* individualizado, já que as empresas telefônicas só deveriam ressarcir aqueles que pagaram a tarifa mínima e não utilizaram os pulsos, devendo calcular a diferença entre a tarifa mínima e o que foi efetivamente utilizado caso por caso.

Sobre a questão, Watanabe advoga que a natureza da relação jurídica é unitária e incindível, pois todos os contratos de concessão de telefonia obedecem à regulamentação da Agência Nacional de Telecomunicações (Anatel) e qualquer modificação na estrutura tarifária somente poderá ser feita de modo global e uniforme para todos os usuários, jamais de forma individual e diversificada. Significa dizer

---

[89] Art. 285-A. Quando a matéria controvertida for unicamente de direito e no juízo já houver sido proferida sentença de total improcedência em outros casos idênticos, poderá ser dispensada a citação e proferida sentença, reproduzindo-se o teor da anteriormente prolatada. §1º Se o autor apelar, é facultado ao juiz decidir, no prazo de 5 (cinco) dias, não manter a sentença e determinar o prosseguimento da ação.

[90] Apenas no Estado de São Paulo tramitavam 95 mil ações individuais contra a Telesp – destas, 52 mil tramitavam no juizado especial cível da capital. Somando todas as ações do sistema dos Juizados Especiais Cíveis, o assunto representava 9,45% do total de processos. (CEBEPEJ. Tutela Judicial dos Interesses Metaindividuais: Ações Coletivas. p. 74-75. Disponível em: https://edisciplinas.usp.br/pluginfile.php/3076099/mod_resource/content/1/Cebepej%2C%20Relatorio%20Pesquisa%20Coletivas_2005.pdf. Acesso em: 25 mar. 2022.)

[91] Segundo representante do Judiciário entrevistado pelo CEBEPEJ, o estímulo ao ajuizamento de ações individuais e coletivas por certas associações foi motivado por interesses políticos, funcionando como mecanismo de reforço para ações políticas paralelas destinadas a extinguir, por via legislativa ou regulatória, a tarifa de assinatura. (Ibid., p. 76)

que qualquer demanda judicial que tenha por objeto a impugnação da estrutura tarifária somente poderá veicular pretensão global que beneficie todos os usuários de modo uniforme e isonômico, não sendo cabíveis ações individuais.[92]

O caso concreto da tarifa mínima desafia ainda uma última questão, para a qual, adianta-se, não é possível dar uma resposta absoluta.

Se a tarifa básica de telefonia era tão ínfima – R$30,00 por mês –, por que houve o ajuizamento de tantas demandas? Sem presunção de completude, a conjugação de diversos fatores é essencial para explicar o fenômeno, em especial: déficit informacional dos consumidores sobre o direito, o valor pleiteado e as reais chances de êxito; a prática antiética de certos advogados na arregimentação de clientela; decisões conflitantes, com demora na pacificação jurisprudencial da questão; indenização retroativa, limitada apenas pela prescrição; possibilidade de serem fixados danos morais, inclusive em valores aumentados pela função punitivo-pedagógica; facilidade pela utilização de peças-modelo, bastando a alteração de pequenos dados na peça processual.

Outro ponto afeto ao lema *Making Justice Count*, ainda que não se encaixe estritamente no custo econômico, diz respeito à morosidade do Poder Judiciário e seus efeitos deletérios em relação ao acesso à justiça, ocasionando perda de bem-estar aos jurisdicionados.

O CNJ, em 2009, encomendou uma rodada de pesquisas para diagnosticar a morosidade da Justiça brasileira,[93] elaborando ao final o trabalho intitulado "Demandas Repetitivas e a Morosidade na Justiça Cível Brasileira".[94] Os estudos preliminares foram elaborados pela FGV-SP, Pontifícia Universidade Católica do Paraná (PUCPR) e do

---

[92] WATANABE, Kazuo. Relação entre demanda coletiva e demandas individuais. *Revista de Processo*, São Paulo, v. 31, n. 139, p. 28-35, 2006.

[93] FUNDAÇÃO GETULIO VARGAS (FGV). *Diagnóstico sobre as causas de aumento das demandas judiciais cíveis, mapeamento das demandas repetitivas e propositura de soluções pré-processuais, processuais e gerenciais à morosidade da Justiça*. São Paulo: FGV, 2010. Disponível em: https://www.cnj.jus.br/wp-content/uploads/2011/02/relat_pesquisa_fgv_edital1_2009. pdf. Acesso em: 25 mar. 2022.
PONTIFÍCIA UNIVERSIDADE CATÓLICA – PARANÁ (PUCPR). *Demandas repetitivas relativas ao sistema de crédito no Brasil e propostas para sua solução*. Disponível em: https://www.cnj.jus.br/wp-content/uploads/2011/02/relat_pesquisa_pucpr_edital1_2009.pdf. Acesso em: 25 mar. 2022.
PONTIFÍCIA UNIVERSIDADE CATÓLICA – RIO GRANDE DO SUL (PUCRS). *Demandas Judiciais e Morosidade da Justiça Cível*. Disponível em: https://www.cnj.jus.br/wp-content/uploads/2011/02/relat_pesquisa_pucrs_edital1_2009.pdf. Acesso em: 25 mar. 2022.

[94] BRASIL. Conselho Nacional de Justiça. *Demandas Repetitivas e a Morosidade na Justiça Cível Brasileira*. Brasília: CNJ, 2011. p. 20. Disponível em: https://www.cnj.jus.br/wp-content/uploads/2011/02/pesq_sintese_morosidade_dpj.pdf. Acesso em: 25 mar. 2022.

Rio Grande do Sul (PUCRS), cada qual com recortes metodológicos próprios.

Na visão da FGV-SP, os diversos canais de incentivo à judicialização – setor público, advocacia privada e mídia – contribuem para a morosidade da justiça cível. O setor público contribui para o travamento da justiça por sua atuação tríplice – legislador, parte e julgador.

O setor público, como parte, é um dos principais clientes da Justiça,[95] respondendo por 17,21% dos casos da Justiça Estadual,[96] percentual que chega a 23,09% se somadas as Justiças Estadual, Federal e Trabalhista.[97]

O Estado de São Paulo ocupa a 11ª posição entre os 100 maiores litigantes da Justiça Estadual, responsável por 1% dos casos. Consolidadas todas as justiças, o Estado bandeirante ocupa a 14ª posição, com índice de 0,77% do total de processos.

No campo legislativo, há grave deficiência na elaboração de leis e regulamentos, o que acaba por favorecer a judicialização escoltada nas brechas normativas; imbuído no papel de Estado-juiz, contribui para o aumento das demandas a constante variação de jurisprudência dos tribunais.

O Judiciário nacional conta com 17 mil magistrados e 280 mil servidores para atender o estoque de 71 milhões de processos – 29 milhões de processos novos por ano –, resultando na taxa de congestionamento de 71,4%. Verdadeiras, mas preocupantes, são as palavras do CNJ:

> A série histórica da movimentação processual do Poder Judiciário permite visualizar o aumento do acervo processual no período, visto que os casos pendentes (70,8 milhões) crescem continuamente desde 2009 e, atualmente, equivalem a quase 2,5 vezes do número de casos novos (28,9 milhões) e dos processos baixados (28,5 milhões). Dessa forma, mesmo que o Poder Judiciário fosse paralisado sem ingresso de novas demandas, com a atual produtividade de magistrados e servidores, seriam necessários quase 2 anos e meio de trabalho para zerar o estoque. Como historicamente o IAD não supera 100%, ou seja, a entrada de processos é superior à saída, a tendência é de crescimento do acervo.

---

[95] BRASIL. Conselho Nacional de Justiça (CNJ). *100 maiores litigantes*. Brasília: CNJ, 2012. Disponível em: https://www.cnj.jus.br/wp-content/uploads/2011/02/100_maiores_litigantes.pdf. Acesso em: 25 mar. 2022.

[96] Foram somados os percentuais do Setor Público Federal, Estadual e Municipal.

[97] Foram somados os percentuais do Setor Público Federal, Estadual, Municipal e dos Conselhos Profissionais.

Além disso, apesar do aumento de 12,5% no total de processos baixados no período 2009-2014, os casos novos cresceram em 17,2%, fato que contribuiu para o acúmulo do estoque de processos (...).

Por outro lado, ao analisar apenas os processos de conhecimento de varas e juizados especiais, tem-se que as taxas de congestionamento das Justiças Estadual e Federal caem, respectivamente, para 66% e 56%, enquanto a taxa de congestionamento do Poder Judiciário na fase de execução é de quase 86%. Assim, verifica-se que o maior gargalo da litigiosidade do Poder Judiciário está na fase de execução, que abrange 51% do acervo.

Ao analisar os dados de 2008, o país possuía taxa de congestionamento de 70%, ocupando a primeira posição no *ranking* mundial,[98] não obstante a produtividade brasileira ser o dobro da média geral.[99]

Dos 20 assuntos mais demandados no Poder Judiciário, 11 envolvem conflitos potencialmente de baixa relevância social, notadamente: (i) rescisão do contrato de trabalho; (ii) obrigações e contratos; (iii) responsabilidade do fornecedor; (iv) responsabilidade civil e dano moral; (v) obrigações e títulos de crédito; (vi) obrigações e inadimplemento; (vii) responsabilidade do empregador e dano moral; (viii) remuneração e verbas indenizatórias; (ix) rescisão do contrato e seguro-desemprego; (x) responsabilidade civil e dano material; (xi) benefícios em espécie e auxílio doença.

Somando as onze categorias em uma única tipologia – contratos e responsabilidade civil –, temos que 32,06% dos processos em trâmite no Judiciário brasileiro são, *a priori*, aptos à teoria da tutela das microlesões.

A advocacia privada também tem seu papel no incentivo à litigiosidade. Para o mercado jurídico, a existência de conflitos significa contratos advocatícios, não havendo razão econômica para que o advogado incentive a redução dos conflitos. Além do número excessivo de advogados, na advocacia privada de massa é frequente a condução deficitária do processo, impondo a reiteração de atos processuais.

O "Estudo comparado sobre recursos, litigiosidade e produtividade: a prestação jurisdicional no contexto internacional"[100] utiliza

---

[98] A média de congestionamento dos países analisados é de 47%, com destaque para: Portugal (67%), Itália (52%), Espanha (48%), França (33%), Dinamarca (5%) e Rússia (3%). (BRASIL. Conselho Nacional de Justiça. Op. cit., p. 24)

[99] No Brasil, cada juiz resolve 1.616 casos por ano, enquanto a média europeia é de 736. Destacam-se: Dinamarca (8.075), Áustria (1.848), Itália (959), Espanha (689), França (553), Portugal (397), Suíça (127). (Idem)

[100] BRASIL. Conselho Nacional de Justiça. Op. cit., 2022.

gráficos para analisar o número de advogados por 100 mil habitantes no Brasil com o restante da América e Europa.

Em 2008, existiam 330 advogados para cada 100 mil habitantes, quantia inferior a apenas a oito países,[101] incluindo Itália (332), Estados Unidos (371), Colômbia (354) e Grécia (350) – a média europeia é de 168 advogados a cada 100 mil habitantes. Chamam a atenção alguns países de relevo internacional que possuíam número bem mais modesto – França (75), Suíça (123), Rússia (43) e Escócia (5). Já no continente americano,[102] a média é de 327 advogados por 1.000 habitantes.

O Brasil também é destaque no índice de advogados por magistrados, com aproximadamente 40 advogados para cada julgador (9ª colocação). Entretanto, quando se verifica o número de juízes por habitantes, a colocação despenca para a 39ª posição dos 46 países analisados, com 8,3 magistrados para cada 100 mil habitantes – sendo a média geral de 14,5/100 mil –, não obstante o país estar próximo da média do continente americano (8,1).

Em resumo, o País possui 8,3 juízes para cada 100 mil habitantes e 330,4 advogados para a mesma quantidade de pessoas. A relação do número de juízes-advogados repercute na carga de trabalho dos magistrados, índice em que o Brasil também se destaca negativamente.[103]

A mídia, a seu turno, muitas vezes aborda as questões jurídicas de forma equivocada, incentivando o ingresso de pretensões descabidas – como ocorreu no caso da fosfoetanolamina sintética[104] e na já citada tarifa básica de telefonia fixa.

Em conclusão, a FGV pontua que a identificação dos fenômenos de litigiosidade deve ser ampliada para a observação do cenário externo ao Judiciário, centrando esforços na regulamentação administrativa e legislativa, reduzindo as zonas regulatórias cinzentas.

No âmbito interno do Judiciário, as causas estão na deficiência no gerenciamento dos recursos humanos e do volume de processos,

---

[101] Os demais países que possuem número de advogados superior ao do Brasil são: San Marino, Luxemburgo, Malta e Andorra. Contudo, esses países contam com população reduzida e, no caso de Luxemburgo, a alta proporção pode decorrer do fato de o País ser a sede da Corte Europeia de Justiça e de outras instituições da União Europeia. (Ibid., p. 12)

[102] Foram analisados Estados Unidos, Brasil, Colômbia, Argentina, Peru e Uruguai, todos com mais advogados do que a média europeia. (Ibid., p. 11)

[103] A carga de trabalho dos juízes brasileiros é de 4.616 processos, inferior apenas à da Dinamarca, com 8.483. Com menos de 2 mil processos, é possível mencionar a Itália (1.989), Espanha (1.333), Portugal (1.186), França (825) e Rússia (518). A média geral é de 1.926 processos para cada pretor. (Ibid. p. 20)

[104] BRASIL. Agência Nacional de Vigilância Sanitária (Anvisa). *Nota sobre fosfoetanolamina como "suplemento alimentar"*. Disponível em: https://bityli.com/nsKGI. Acesso em: 25 mar. 2022.

e na falta de uniformização das decisões e à conduta das partes. As causas de litigiosidade são dinâmicas, variáveis no tempo, no espaço e conforme os interesses e as partes envolvidas, exigindo que as soluções e os filtros atuem em momentos diferentes do trajeto litigioso.

Quanto ao tema específico do consumidor, a instituição propõe: regulamentação mais clara, especialmente das normas bancárias; divulgação das empresas mais demandadas; melhoria dos canais de atendimento extrajudiciais (agências, SAC e ouvidorias); coletivização de demandas e tratamento molecularizado de conflitos; divulgação da "cultura da conciliação"; incremento da capacitação dos recursos humanos do Judiciário.

A PUCPR concentrou o estudo na lide bancária. Cita como exemplo a cidade de Aracaju, na qual, dos 20 maiores demandantes locais, 14 são instituições financeiras (3/4 do total). A universidade propõe medidas voltadas à Administração da Justiça, criação de políticas públicas de transparência nos contratos bancários e alterações legislativas.

Das propostas, destacam-se: realização de audiências públicas com vistas à definição de critérios gerais para posterior implementação nos processos individuais; maior transparência sobre a postura das instituições financeiras em seu relacionamento com clientes, em especial dados quantitativos e qualitativos sobre as demandas; e constituição de mecanismo extrajudicial prévio, mediante inclusão de dispositivo no CPC que exija que a petição inicial de lide bancária seja instruída com a prova da realização de Conciliação extrajudicial.

A PUCRS inovou na abordagem do tema ao estudar o assunto com base em dois planos de análise: o da oferta e o da demanda no âmbito da prestação jurisdicional. Do lado da demanda, motivam o litígio a ausência ou o baixo nível dos custos e a busca de ganho utilizando a ação judicial como instrumento, por exemplo, para postergar as responsabilidades.

A universidade sulista também elaborou propostas, com relevo para: adoção de súmulas vinculantes no STJ; aperfeiçoamento dos *sites* dos tribunais, inclusive para conter a estatística de decisões, sinalizando as chances de êxito da parte (jurimetria); conversão de ação individual em coletiva; fixação de parâmetros claros e objetivos para concessão do benefício da gratuidade de justiça; e sanções conforme a decisão se aproximar da proposta de acordo.

Munido dos trabalhos da FGV-SP, PUCPR e PUCRS, o Departamento de Estudos Judiciais do CNJ elaborou suas próprias conclusões sobre a morosidade da Justiça brasileira.

Afirma o órgão que, diferentemente da realidade nos países desenvolvidos, na qual o processo de consolidação dos direitos processou-se por etapas, por meio das gerações dos direitos, na América Latina a consolidação foi efêmera, ocorrendo curto-circuito histórico na passagem do regime autoritário para os de cunho democrático.[105]

Este súbito aumento da demanda por serviços judiciais não contou com o adequado aparelhamento da estrutura de oferta, gerando, por conseguinte, situação de significativo congestionamento e elevada morosidade na prestação dos serviços judiciais. O efeito inexorável foi o aumento do custo global, entendido como desperdício econômico, de tempo e de qualidade.

Dados sobre as cifras ocultas de litigiosidade e a expectativa de aumento de litígio tornam o quadro de morosidade ainda mais drástico.

Quanto à litigiosidade latente, o Ipea, no documento "Sistema de Informações sobre Percepção Social – suplemento de Justiça (2010)", revela que 63% dos brasileiros que acreditam ter tido um direito subjetivo lesado não procuraram o Judiciário.[106]

O aumento da litigiosidade é preocupação antiga da doutrina especializada.

Em 1958, a primeira professora decana da Universidade de Direito de Miami, M. Minnette Massey, preocupava-se com o crescente aumento dos litígios nas cortes federais dos Estados Unidos, que passara de 38 mil casos/ano em 1941 para 62 mil casos/ano em 1958, com duração média dos processos evoluindo de cinco para nove meses.[107]

No cenário nacional, em uma análise apressada, afirmaríamos que a litigiosidade brasileira é excessiva, sendo uma das principais causas de morosidade da Justiça. Contudo, ao analisar os dados apresentados pelo CNJ[108] e comparativamente com a Europa, o País litiga pouco.

No Brasil, são ajuizados 4,4 mil processos por 100 mil habitantes, levando o País a ter a 6ª menor litigiosidade dos países analisados,[109]

---

[105] SANTOS, Boaventura de Sousa. *Para uma revolução democrática da Justiça de São Paulo.* São Paulo: Cortez, 2007. p. 15. Disponível em: https://journals.openedition.org/rccs/765. Acesso em: 24 mar. 2022.

[106] BRASIL. Conselho Nacional de Justiça. *Demandas Repetitivas e a Morosidade na Justiça Cível Brasileira.* Brasília: CNJ, 2011. Disponível em: https://www.cnj.jus.br/wp-content/uploads/2011/02/pesq_sintese_morosidade_dpj.pdf. Acesso em: 24 mar. 2022.

[107] MASSEY, M. Minnette. Restriction on Federal Jurisdiction – The 1958 Amendment to the Judicial Code. *Miami Law Review*, Estados Unidos, v. 63, 1958. Disponível em: http://repository.law.miami.edu/cgi/viewcontent.cgi?article=3533&context=umlr. Acesso em: 24 mar. 2022.

[108] BRASIL. Conselho Nacional de Justiça. Op. cit., p. 22.

[109] Nas primeiras posições estão: Dinamarca (56.383), Áustria (36.541) e Croácia (33.122). Destacam-se por sua relevância: Rússia (12.084), Itália (10.224), Espanha (8.555), Portugal (6.758) e França (5.244) (Ibid., p. 22).

bem inferior à média de 20,6 mil novos casos para 100 mil habitantes do Velho Continente.

No contexto da América Latina,[110] o quadro se inverte, e o País ocupa a 3ª posição dos países que mais litigam, atrás apenas do Chile (12.829) e da Costa Rica (11.331).

Após todos os dados apresentados, abre-se um pequeno desvio para comentar os casos da Dinamarca e da Bósnia e Herzegovina.

A Dinamarca possui 6,9 juízes por 100 mil habitantes, gasta 0,10% do PIB com o Judiciário,[111] tem a maior carga de trabalho por magistrado (8.483 processos) e o maior índice de litigiosidade (56.383 casos por 100 mil habitantes), mas possui taxa de congestionamento de apenas 5%.

No lado oposto está a Bósnia e Herzegovina, que possui 22,3 juízes por 100 mil habitantes, gasta 0,59% do PIB com o Judiciário (ocupando a 4ª posição do *ranking*), tem carga de trabalho de 501 processos por magistrado e baixo índice de litigiosidade (3.847), mas tem taxa de congestionamento de 68%.

Pelo seu especial poder de síntese, impossível deixar de colacionar as conclusões do DPJ-CNJ:

> Também vale destacar que o estudo elaborado pela PUCRS aponta para a existência de um cenário no Brasil de significativo estímulo à litigância, custos irrisórios, que incitaria a utilização dos serviços judiciais até a exaustão. Essa realidade assemelhar-se-ia ao pressuposto teórico da "tragédia dos comuns", estudado nas ciências econômicas. De acordo com esse conceito teórico, o livre acesso e a dificuldade de exclusão de um recurso comum e finito o condenaria, inexoravelmente, à superexploração. Isso ocorreria porque os benefícios da exploração aumentam para os agentes à medida que utilizam o recurso, ao passo que os custos da utilização são divididos perante todos usuários.
>
> De acordo com a pesquisa da PUCRS, vige atualmente com relação ao Judiciário brasileiro uma situação em que é quase impossível excluir-lhe o acesso, ao passo que os custos de sua utilização são socializados, pois a morosidade e o congestionamento afetam a todos. O artigo 5º da Constituição Federal que assegura o direito de petição a todos, o direito ao contraditório, à ampla defesa, os inúmeros recursos existentes,

---

[110] Foram analisados os dados de 2006 de Chile, Costa Rica, Brasil, Panamá, Guatemala, Argentina, Nicarágua, República Dominicana, El Salvador, Honduras e México (limitado à Justiça Federal mexicana). (Ibid., p. 21)

[111] Considerando que o PIB atual da Dinamarca é de aproximadamente US\$347 bilhões (2014), significa que o Judiciário custa US\$347 milhões anualmente. (WIKIPEDIA. Dinamarca. Disponível em: https://pt.wikipedia.org/wiki/Dinamarca. Acesso em: 24 mar. 2022.)

aliados à ampla utilização dos benefícios da assistência judiciária gratuita, explicariam essa constatação. Some-se a isso ainda a acirrada concorrência no mercado de serviços advocatícios e a pouca propensão desses profissionais à realização de conciliações, que se chegará a uma realidade de utilização excessiva, fácil e desimpedida de um recurso comum, cuja exclusão de acesso é difícil ou quase impossível.

Em geral, as situações de tragédia dos comuns não são solucionadas por meio de aumento dos recursos comuns superutilizados. Esse "paliativo" somente adiaria a situação de exaurimento dos recursos comuns. As soluções passam antes pela atribuição de custos individuais à utilização excessiva dos recursos comuns. Tal ponderação só reitera que soluções de aumento da estrutura dos serviços judiciais, bem como as de cunho processual e gerencial não podem ser pensadas de modo isolado, uma vez que podem envolver um efeito perverso potencializador de demandas diante das quais o Judiciário pode não reunir condições para conferir um tratamento adequado.

(...) Como o aumento de demandas, principalmente na área de consumidor, será cada vez mais difícil de conter nos próximos anos, a pesquisa da FGV-SP levanta uma importante pergunta sobre a qual o Judiciário precisa urgentemente se debruçar: há espaço para uma convivência harmoniosa entre mecanismos de filtragem da litigância judicial e a garantia do acesso à Justiça? O estudo pondera que o acesso à justiça precisa deixar de ser compreendido apenas sob a lógica quantitativa de ações ajuizadas. Eventuais mecanismos de filtragem de conflitos podem representar, além de contenção, a própria solução dos conflitos em esferas distantes do Poder Judiciário, indo ao encontro do acesso à justiça sem um viés necessariamente restritivo (...).

Diante desses desafios, conclui-se que, em face da crise da morosidade judicial, o Judiciário não pode agir mais reativamente ao aumento sistemático da litigância processual. Ações de caráter proativo, capitaneadas pelo Poder Judiciário, incluindo o CNJ, são necessárias para o efetivo combate do problema e passam pelo aperfeiçoamento da gestão judicial, pela legitimação dos mecanismos alternativos de resolução de conflito, pela elaboração de políticas de redução e filtro das demandas judiciais e pela cooperação interinstitucional com órgãos da Administração Pública (no caso presente com INSS, Ministério da Previdência Social e Banco Central) e com instituições privadas ligadas ao maior número de litígios (Bancos, empresas de telefonia etc.).

Não é exagero propor o reconhecimento do Estado de Coisas Inconstitucional em relação à ineficácia do Poder Judiciário na resolução dos conflitos, devendo ser determinada a imediata implementação da Política Pública de Tratamento Adequado dos Conflitos de Interesses, integrando todos os entes federados e a sociedade na missão de concretizar os direitos individuais e coletivos.[112]

2.4 Acesso à Justiça, acesso à ordem jurídica justa e monopólio da jurisdição

O princípio da inafastabilidade da jurisdição insculpido no art. 5º, XXXV, da CF[113] deve ser reinterpretado à luz da nova realidade social – sociedade de massa – e do novo paradigma, no qual as coletividades devem ser coprotagonistas da resolução de seus próprios conflitos.

A doutrina, de forma geral, não traça maiores debates sobre a previsão constitucional de que a lei não excluirá da apreciação do Poder Judiciário lesão ou ameaça a direito, adotando a interpretação tradicional e literal, no sentido de que a norma infraconstitucional não pode, em hipótese alguma, excluir o direito de ação.

Ocorre que o próprio texto constitucional prevê hipóteses de restrição ao acesso à jurisdição: o dissídio coletivo econômico trabalhista exige comum acordo e a frustração da Negociação ou Arbitragem (art. 114, §2º); não cabe *habeas corpus* contra o mérito das punições disciplinares (art. 142, §2º); a ação relativa à disciplina e à competição desportiva só pode ser ajuizada perante o Poder Judiciário após o esgotamento Justiça Desportiva (art. 217, §1º).

A Constituição Brasileira de 1824 já exigia que as partes tentassem a "reconciliação" para que fosse autorizado algum processo, designando juízes de paz para auxiliar os litigantes.[114]

Não obstante a abrangência dada à garantia constitucional, certo é que o acesso à jurisdição ou, mais propriamente, o direito ao pronunciamento de mérito é permeado de requisitos, com destaque para as condições da ação interesse-utilidade e interesse-necessidade.

---

[112] O Estado de Coisas Inconstitucional é nova técnica de jurisdição constitucional por meio da qual o STF declara a inconstitucionalidade não de um ato normativo geral e abstrato, mas de uma situação concreta, a exigir imediata revisão de Políticas Públicas com a cooperação dos três Poderes e dos três níveis da federação (União, Estados e Municípios).

[113] Art. 5º. Todos são iguais perante a lei, sem distinção de qualquer natureza, garantindo-se aos brasileiros e aos estrangeiros residentes no País a inviolabilidade do direito à vida, à liberdade, à igualdade, à segurança e à propriedade, nos termos seguintes: (...) XXXV – a lei não excluirá da apreciação do Poder Judiciário lesão ou ameaça a direito.

[114] Art. 161. Sem se fazer constar, que se tem intentado o meio da reconciliação, não se começará processo algum.
Art. 162. Para este fim haverá juizes de Paz, os quaes serão electivos pelo mesmo tempo, e maneira, por que se elegem os Vereadores das Camaras. Suas attribuições, e Districtos serão regulados por Lei.

Em poucas linhas, o interesse-utilidade é satisfeito quando o processo tem o condão de beneficiar, em algum grau, o interessado. O interesse-necessidade, por sua vez, só é preenchido se o benefício não pode ser obtido por outra forma senão por meio do processo judicial.

Em interpretação reversa, se o processo traz mais prejuízos que benefícios ou se o bem da vida pretendido pode ser obtido de forma mais rápida, fácil ou barata por outra forma que não a jurisdicional, não estão preenchidas as condições da ação, afastando o direito de obter pronunciamento de mérito.

Sendo fornecida uma tutela jurídica mais célere, econômica e simples, ainda que não jurisdicional, não pode o interessado acessar o Poder Judiciário, sob pena de desperdiçar o serviço público.

O Poder Público tem o dever de solucionar os conflitos com justiça, mas não o de solucionar os conflitos através da "Justiça" – trata-se de obrigação de resultado que pode ser atingida por diversos meios, não dependendo exclusivamente do processo judicial.

A constitucionalidade das condições da ação foi enfrentada pelo STF no Recurso Extraordinário nº 631.240,[115] submetido ao regime da repercussão geral. Discutia-se a possibilidade de extinção do processo sem resolução do mérito quando, em ação previdenciária, inexistisse o prévio requerimento administrativo junto ao INSS.

Entendeu o tribunal que é necessário, em regra, o prévio requerimento administrativo do benefício previdenciário para caracterizar a pretensão resistida e o interesse processual.[116] Para os ministros, as condições para o regular exercício do direito de ação são compatíveis com a garantia constitucional – para caracterizar a presença de interesse de agir, é preciso haver necessidade de ir a juízo.

A União Federal, admitida como *amicus curiae*, entre outros fundamentos, aduziu que o Poder Executivo tem maior estrutura e especialização para recebimento, análise e decisão sobre benefícios previdenciários; as decisões administrativas são mais céleres que as judiciais; na via administrativa, a análise fica a cargo de um servidor, enquanto a via judicial exige atuação de diversos agentes públicos e privados (juiz, procurador, advogado privado, defensor público);

---

[115] BRASIL. Supremo Tribunal Federal. Repercussão Geral no Recurso Extraordinário nº 631.240/MG. Pleno. Relator: Min. Joaquim Barbosa. Brasília, 09.12.10.

[116] Além do tema em si, o acórdão é de relevo por utilizar a técnica das sentenças aditivas, estabelecendo regras a serem aplicadas às ações em curso (diferenciando as que foram contestadas e as que foram ajuizadas perante juizados itinerantes) e àquelas que ainda serão ajuizadas.

haverá redução de despesas com recursos humanos e materiais, desafogando o Poder Judiciário; na via extrajudicial, inexiste ônus financeiro ao administrado.

O relator Luís Roberto Barroso, em seu voto, abordou a seguinte questão jurídica: A exigência de alguns requisitos para o regular exercício do direito de ação é compatível com a garantia de amplo acesso ao Poder Judiciário?

Para o ministro, a jurisprudência da corte sempre afirmou que decisões extintivas de processos por ausência de condições da ação não violam a inafastabilidade da jurisdição, porquanto as condições não incidem propriamente sobre o direito de ação – exercido sempre que se provoca o Judiciário –, e sim sobre seu regular exercício (regularidade necessária para obtenção de pronunciamento de mérito).

Ao destrinchar o interesse de agir nos aspectos utilidade, adequação e necessidade, o ministro ensina que esta última nuance consiste na demonstração de que a atuação do Estado-juiz é imprescindível para a satisfação da pretensão do autor. Nessa linha, uma pessoa que necessite de um medicamento não tem interesse em propor ação caso ele seja distribuído de forma gratuita e regular.

Ainda nas palavras do ministro, o interesse de agir é uma condição da ação essencialmente ligada aos princípios da economicidade e da eficiência. Partindo-se da premissa de que os recursos públicos são escassos, o que se traduz em limitações na estrutura e na força de trabalho do Poder Judiciário, é preciso racionalizar a demanda, de modo a não permitir o prosseguimento de processos que, de plano, revelem-se inúteis, inadequados ou desnecessários. Do contrário, o acúmulo de ações inviáveis poderia comprometer o bom funcionamento do sistema judiciário, inviabilizando a tutela efetiva das pretensões idôneas.

Após analisar dados sobre atuação do INSS, o relator aduziu que o Judiciário simplesmente não tem – nem deveria ter – a estrutura necessária para atuar paralelamente ao INSS como instância originária de recepção e processamento de pedidos de concessão de benefícios. A pretendida subversão da função jurisdicional, por meio da submissão direta de casos sem prévia análise administrativa, acarreta grande prejuízo ao Poder Público e aos segurados coletivamente considerados, porque a abertura desse "atalho" à via administrativa gera tendência de aumento da demanda sobre os órgãos judiciais, sobrecarregando-os ainda mais, em prejuízo de todos os que aguardam a tutela jurisdicional.

Acompanhando o relator, o ministro Luiz Fux asseverou que a Justiça não é o melhor meio de composição dos litígios previdenciários, cabendo ao INSS a função prioritária quanto ao tema porque otimiza o relacionamento social – é mais difícil contratar um advogado e ingressar em juízo do que se dirigir ao INSS e obter essa providência. Lembrou que a doutrina já defendia a constitucionalidade da regra que excluía o cabimento de Mandado de Segurança contra ato passível de recurso com efeito suspensivo sem exigência de caução, visto que não há interesse de ingressar em juízo se a parte não tem prejuízo (art. 5º, I, da Lei nº 12.016/09 e art. 5º, I, da Lei nº 1.533/51 – antiga Lei do Mandado de Segurança). Para o votante, a tese do relator, *ad futurum*, teria o condão de esvaziar sobremodo o volume de ações no Judiciário, favorecendo o jurisdicionado e abrindo espaço para a resolução de outros processos.

Gilmar Mendes lembrou que a garantia da inafastabilidade da jurisdição não significa que a lei não possa disciplinar a matéria, até porque, do contrário, o próprio CPC seria inconstitucional, já que estabelece as condições de ação, custas, prazo para recurso, entre outras regras – deve ser verificado se a exigência legal constitui obstáculo à proteção judicial efetiva.

Arremata o constitucionalista aduzindo que o sistema pede proteção judicial efetiva sempre que necessário e tutela extrajudicial sempre que possível. Do voto, oportuno destacar o seguinte trecho:

> Não se trata, em nenhum momento, de dificultar, de forma alguma, o controle judicial de qualquer ato, nem mesmo da omissão por parte das autoridades previdenciárias, mas dizer, fundamentalmente, antes até da proteção judicial, o que importa é a proteção jurídica. Se ela se efetivar, dispensa-se a proteção judicial – proteção judicial, se necessária.

Em sentido contrário, pelo desprovimento do recurso, o ministro Marco Aurélio aduziu que a CF é taxativa quando exige requisitos ao ingresso da ação judicial e a interpretação dada pelo relator coloca em segundo plano a jurisprudência do tribunal, consubstanciando em verdadeiro retrocesso em termos de cidadania – a cidadania encerra o livre ingresso no Judiciário para tornar prevalente um direito.[117]

Em que pese a posição discordante, exposta também pelo Ministério Público Federal, o direito fundamental de acesso à justiça não pode ser interpretado como ônus de acesso à justiça.

---

[117] O STF, por 7 a 2, deu parcial provimento ao RE nº 631.240/MG. Pelo provimento, votaram os ministros Roberto Barroso (relator); Teori Zavascki; Rosa Weber (vencida quanto ao conhecimento); Luiz Fux; Gilmar Mendes; Celso de Mello; Ricardo Lewandowksi; e Dias Toffoli. Foram vencidos os ministros Marco Aurélio e Cármen Lúcia. (BRASIL. Supremo Tribunal Federal. Repercussão Geral no Recurso Extraordinário nº 631.240/MG. Pleno. Relator: Min. Joaquim Barbosa. Brasília, 09.12.10)

CAPÍTULO 2
TUTELA JURÍDICA | 77

Não se pode impor ao interessado o calvário do processo judicial para, ao final, obter uma vitória de Pirro – devemos refletir o quanto o monopólio da jurisdição é essencial para a garantia dos direitos e o quanto impede a concretização desses mesmos direitos fundamentais.

A análise microscópica e individual do litígio passa a falsa ideia de que garantir o acesso incondicionado à jurisdição é sinônimo de concretizar direitos, mas a realidade revela que o acesso sem barreiras é uma das causas de desrespeito aos direitos.

Nos Estados Unidos, as condições da ação, ainda que sem essa terminologia, decorrem da separação dos Poderes. Considerando que cabe ao Poder Judiciário decidir conflitos, e não estabelecer políticas públicas ou criar normas abstratas para aplicação futura, a ação somente é admitida perante um tribunal se houver: (i) indícios de lesão ao direito atual ou iminente (interesse-necessidade); (ii) correção ou evitabilidade da violação em caso decisão favorável (interesse-utilidade); (iii) relação causal entre o direito violado e a conduta praticada pelo réu (legitimidade).[118]

A existência de "filtros" de acesso ao Judiciário é realidade em alguns países, a exemplo do *pre-action condut*[119] do Reino Unido, o qual exige que as partes realizem contato prévio indicando formalmente, por carta ou *e-mail*, os fundamentos, provas e objetivos da disputa.

---

[118] *Generally, federal litigation involves two adverse parties, one of whom is seeking redress for an injury from the other party. This is because Article III, section two of the Constitution limits the jurisdiction of federal courts to live cases and controversies. The rational underlying this limitation is the basic necessity for a separation of powers: the unrepresentative judicial branch should be limited to resolving disputes rather than forming and executing substantive policy decisions. Although the Constitution does not explicitly define what amounts to a "case" or a "controversy," the U.S. Supreme Court has an established judicial doctrine defining when a court has the power to make binding decisions on parties. The requirements arising out of this case law are commonly referred to as "standing requirements," which define when a litigant has standing to appear before a court. To have standing before a federal court, a party must establish three elements. The first is that the party has suffered some "injury in fact": an invasion of a legally protected interest that is concrete and particularized, and "actual or imminent," as in not hypothetical or conjectural. Second, the party must prove that there is a causal connection between the injury and the alleged conduct. This means that the injury must be fairly traceable to the challenged action of the defendant and not the result of independent action by some third party not before the court. Third, the party must show that it is "likely"– as opposed to "speculative"– that the injury will be redressed by a favorable decision. If a party fails to establish any one of these factors, any adjudication by the court violates the dictates of the case or controversy requirement of the Constitution.* (GOODLANDER, John. Cy Pres Settlements: Problems Associated with the Judiciary's Role and Suggested Solutions. *Boston College Law Review*, Estados Unidos, v. 733, p. 3, 2015. Disponível em: http://lawdigitalcommons.bc.edu/bclr/vol56/iss2/7/. Acesso em: 24 mar. 2022.)

[119] REINO UNIDO. Justice. *Practice direction: pre-action condut and protocols.* Disponível em: http://www.justice.gov.uk/courts/procedure-rules/civil/rules/pd_pre-action_conduct#1.1. Acesso em: 24 mar. 2022.

A recusa ou omissão da parte demandada à submissão do caso aos meios alternativos de solução da disputa pode levar à majoração das custas, condenação em custas, ainda que vencedor da ação, restrição dos juros sobre o capital a que tem direito, entre outras medidas.

O procedimento prévio padrão, de adoção geral, coexiste com procedimentos prévios específicos – como o voltado à satisfação do crédito do empresário inadimplido pelo consumidor.[120]

O Ministério da Justiça inglês propõe, entre as diversas medidas prévias à ação judicial, que as partes procurem um advogado (*expert*) neutro para instruí-las conjuntamente, dividindo os custos – o litígio judicial deve ser o último recurso, afirma o órgão.

Na Alemanha, desde 1999, em certas circunstâncias, exige-se como requisito de admissibilidade da ação a tentativa de Conciliação extrajudicial. Recebida a inicial, ainda que tenha havido a tentativa de Conciliação prévia, o tribunal pode propor às partes que se submetam a uma Mediação, suspendendo o processo.[121]

A jurisdição, como todo e qualquer serviço, deve saber qual é seu público e quando ou não atuar.

Nem tudo se resolve por meio do Estado; a sociedade deve andar com suas próprias pernas e, quando possível, cabe ao Estado prestar deferência aos caminhos e soluções adotados pelos particulares.

Além de filtros jurídicos de acesso, a melhoria da educação e da cultura da sociedade deve contribuir para conter o acesso desenfreado ao Judiciário. A conscientização da titularidade dos direitos, sempre positiva, deve vir acompanhada da conscientização dos mecanismos de aplicação do direito, informando que a ação judicial é apenas um dos diversos instrumentos para a adequada tutela jurídica.

Marinoni defende uma concepção ampla do direito de ação, rompendo com a dicotomia ação-dever de resposta jurisdicional. O direito de ação deve corresponder ao dever estatal de viabilizar o efetivo alcance da tutela do Direito Material, sendo voltado, no primeiro momento, contra o Legislador, estabelecendo o dever de preordenar o sistema jurídico com técnicas capazes de efetivar o Direito substancial.[122]

---

[120] REINO UNIDO. Justice. *Pre-action protocol for debt claims*. Disponível em: https://www.justice.gov.uk/courts/procedure-rules/civil/pdf/protocols/pre-action-protocol-for-debt-claims.pdf. Acesso em: 24 mar. 2022.

[121] MOREIRA, José Carlos Barbosa. Breve notícia sobre a reforma do Processo Civil alemão. *Revista dos Tribunais*, São Paulo, v. 28, n. 111, p. 103-112, 2003.

[122] MARINONI, Luiz Guilherme. Aula Magna: Direito Fundamental à Tutela Jurisdicional Efetiva. Disponível em: https://www.youtube.com/watch?v=cJAEJ8QaB_A. Acesso em: 24 mar. 2022.

As clássicas e, por isso, sempre atuais palavras de Cappelletti já alertavam sobre o novo panorama de acesso à justiça:[123]

> Os juízes precisam, agora, reconhecer que as técnicas processuais servem a questões sociais, que as cortes não são a única forma de solução de conflitos a ser considerada e que qualquer regulamentação processual, inclusive a criação ou o encorajamento de alternativas ao sistema judiciário formal, tem um efeito importante sobre a forma como opera a lei substantiva – com que frequência ela é executada, em benefício de quem e com que impacto social. Uma tarefa básica dos processualistas modernos é expor o impacto substantivo dos vários mecanismos de processamento de litígios. Eles precisam, consequentemente, ampliar sua pesquisa para mais além dos tribunais e utilizar os métodos de análise da sociologia, da política, da psicologia e da economia, e, ademais, aprender através de outras culturas. O "acesso" não é apenas um direito social fundamental, crescentemente reconhecido; ele é, também, necessariamente, o ponto central da moderna processualística. Seu estado pressupõe um alargamento e aprofundamento dos objetivos e métodos da moderna ciência jurídica.

Diante do conteúdo avançado da Constituição, uma das preocupações centrais da teoria constitucional brasileira passa a ser incrementar sua força normativa pela via do desenvolvimento da "dogmática da efetividade", exigindo soluções novas para os velhos problemas – no campo das microlesões, a garantia da inafastabilidade da jurisdição, muitas vezes, transmuda-se em verdadeiro ônus ao jurisdicionado. Exige-se – repita-se – uma reinterpretação da garantia constitucional à luz dos desafios do século XXI.

Watanabe informa que desde a década de 1980 o debate sobre o acesso à Justiça vinha sendo atualizado para o debate de acesso à ordem jurídica justa, compreendendo não somente o mero acesso aos órgãos judiciários, mas a proteção de qualquer problema jurídico que impeça o pleno exercício da cidadania.[124]

Aduz que os jurisdicionados têm o direito ao oferecimento pelo Estado de todos os métodos adequados à solução de suas controvérsias, e não apenas do tradicional método adjudicatório. Na eficácia horizontal do direito fundamental, também cabe à sociedade o dever de organizar e oferecer serviços adequados de prevenção e solução dos conflitos de interesses.

---

[123] CAPPELLETTI; GARTH. Op. cit., p. 12-13.
[124] WATANABE, Kazuo. Acesso à Justiça e meios consensuais de solução de conflitos. *In:* ALMEIDA, Rafael Alves de; ALMEIDA, Tania; CRESPO, Mariana Hernandez. *Tribunal Multiportas*. Rio de Janeiro: FGV, 2012. p. 87-94.

Nesse diapasão, a já citada Resolução nº 125/10 do CNJ inova ao criar a Política Pública de Tratamento Adequado dos Conflitos de Interesses, tendente a assegurar a todos o direito à solução dos conflitos por meios adequados à sua natureza e peculiaridade (art. 1º). O Conselho impõe aos órgãos judiciários o dever de, antes da solução adjudicatória mediante sentença, oferecer outros mecanismos de soluções de controvérsias (art. 1º, parágrafo único).

O programa pressupõe a participação, em rede, de todos os órgãos do Poder Judiciário e de entidades públicas e privadas, incluindo as universidades e instituições de ensino (art. 5º). A cultura da pacificação passa a integrar o currículo nas instituições públicas e privadas, fomentando o desenvolvimento de práticas autocompositivas nas empresas e agências reguladoras (art. 6º, VII).

O Conselho determina, ainda, a criação do Centro Judiciário de Solução de Conflitos e Cidadania (CEJUSC), com três seções – fase pré-processual, processual e de cidadania –, a última sendo responsável pela informação e orientação dos jurisdicionados (art. 8º).

O Código de Defesa do Consumidor (CDC), a seu turno, estabelece como princípio da Política Nacional das Relações de Consumo o incentivo à criação pelos fornecedores de mecanismos alternativos de solução de conflitos de consumo.[125]

Nos dizeres do ex-presidente do Tribunal de Justiça de São Paulo: a justiça é obra coletiva. Instiga ao dizer que fazer justiça não significa, inevitavelmente, ingressar em juízo – ao escancarar o acesso à Justiça, o sistema foi tão prestigiado que se tornou quase impossível encontrar a saída.[126]

O rótulo do acesso à ordem jurídica justa ganhou novos coloridos sob as penas de Nancy Andrighi e Gláucia Foley, no artigo "Sistema multiportas: o Judiciário e o consenso".[127] O termo "multiportas",

---

[125] Art. 4º. A Política Nacional das Relações de Consumo tem por objetivo o atendimento das necessidades dos consumidores, o respeito à sua dignidade, saúde e segurança, a proteção de seus interesses econômicos, a melhoria da sua qualidade de vida, bem como a transparência e harmonia das relações de consumo, atendidos os seguintes princípios: V – incentivo à criação pelos fornecedores de meios eficientes de controle de qualidade e segurança de produtos e serviços, assim como de mecanismos alternativos de solução de conflitos de consumo.

[126] NALINI, José Renato. *Medidas extrajudiciais podem tornar o Judiciário eficiente*. Disponível em: https://www.conjur.com.br/2014-mar-09/renato-nalini-medidas-extrajudiciais-podem-tornar-judiciario-eficiente. Acesso em: 24 mar. 2022.

[127] ANDRIGHI, Nancy; FOLEY, Gláucia Falsarella. Sistema multiportas: o Judiciário e o consenso. *In: IBDFAM*, 14 jul. 2008. Disponível em: https://bityli.com/sEnPxI. Acesso em: 24 mar. 2022.

proposto por Frank Sander, indicava que para cada tipo de conflito deveria existir uma sala própria no prédio do Judiciário, nomeadamente sala de Mediação, Arbitragem, *Ombudsman*, entre outras – literalmente, para cada tipo de conflito, uma porta diferente.[128]

Conjugando os conceitos de acesso à ordem jurídica justa com o sistema multiportas, podemos concluir que cada gênero de conflitos requer um tipo específico de tutela jurídica. Por exemplo: conflitos de família tendem a ter melhor resposta na porta da Mediação e Conciliação do que na sala da adjudicação judicial ou arbitral; microlesões também podem se acomodar melhor em ambientes extrajudiciais.

Essa conclusão instiga uma nova pergunta. Considerando o monopólio da jurisdição, é legítima a existência de meios extrajudiciais e extraestatais de resolução de conflitos?

A resposta é positiva.

É legítima a existência de meios extrajudiciais e extraestatais de resolução de conflitos, pois inexiste o monopólio público da resolução da crise de certeza.

A instituição Judiciária, com função típica de resolução de conflitos de forma definitiva por meio da adjudicação e com potencial de formar coisa julgada, é exclusividade do Poder Público, mas a função de resolver conflitos, em termos amplos, não é reservada apenas ao Estado.

Barroso, na sustentação oral na ADPF nº 46 – que tratava sobre o monopólio da Empresa de Correios e Telégrafos –, esclareceu o fundamento teleológico que legitima a fixação de monopólios pela CF. Em suas palavras, o serviço público pode ser prestado por empresas privadas sob o regime de delegação formal – concessão, permissão ou autorização – ou sob o regime de concorrência independentemente de delegação formal – como ocorre na saúde e na educação.

A distinção entre a delegação formal e a concorrência está na escassez do recurso público no primeiro caso e no sistema do "quanto mais, melhor", no segundo. Havendo escassez, a prestação do serviço público pelo particular exige delegação formal; em sendo possível coexistir número indeterminado de agentes privados em ambiente de competição saudável, o regime é o da concorrência.

Exemplifica o atual ministro: o serviço de telecomunicação depende de espaço de trâmite em ondas eletromagnéticas, espaço

---

[128] Para o histórico do sistema multiportas no sistema norte-americano, *cf.* GABBY, Daniela Monteiro. *Mediação & Judiciário*: condições necessárias para a institucionalização dos meios autocompositivos de solução de conflitos. 2011. Tese (Doutorado em Processo Civil) – Universidade de São Paulo, São Paulo, 2011.

público limitado, por isso a necessidade de licitação para delegação ao particular. Já na saúde, quanto mais clínicas, hospitais e médicos, melhor, não se exigindo delegação formal, mas mero controle técnico do serviço – preenchidos os requisitos gerais de funcionamento, a atividade será admitida.[129]

Transportando o raciocínio para o serviço de resolução de conflitos – não há uma limitação natural na oferta do serviço; em verdade, quanto mais agências e operadores responsáveis pela solução do conflito, melhor. Inclusive, essa é a lógica do CNJ ao expandir a função de resolução dos conflitos por meio da Conciliação e Mediação às agências reguladoras e empresas privadas – não se esquecendo da Arbitragem, que independe de autorização do Poder Público para funcionar.

Traçando um paralelo, o serviço de Segurança Pública deve ser desempenhado pelo Poder Público, o que não afasta a existência de empresas privadas de segurança, pois quanto mais agentes de proteção dos bens jurídicos, melhor.

Em suma, a resolução da crise de certeza não é monopólio do Estado.

Mais espinhosa é a discussão sobre o monopólio do Judiciário para resolução da crise de satisfação. Formado o título executivo, é possível que o agente extrajudicial – público ou privado – utilize meios coercitivos de satisfação da obrigação?

Novamente a resposta é positiva, ao menos em regra.

Não existe um único meio de coerção, devendo ser separados os meios de pressão psicológica (coercitivos) e os de expropriação (sub-rogatórios).

Como exemplo típico de pressão psicológica, está, no âmbito processual, a astreinte – multa isolada ou periódica destinada a efetivar a tutela específica da obrigação (art. 537 do CPC). Em que pese as diferenças entre os institutos, no âmbito extrajudicial também se afigura legítima a fixação de multa pelo inadimplemento da obrigação – cláusula penal moratória (art. 411 do CC) – ou pela reiterada violação das normas do condomínio edilício (art. 1.337 do CC).

Não há nenhum dispositivo no ordenamento jurídico que reserve ao Poder Público a exclusividade na fixação de multas cominatórias; pelo contrário, a multa, dentro dos limites legais, pode ser pactuada mesmo na relação entre particulares.

---

[129] BARROSO, Luís Roberto. *Correios*: Sustentação oral do Prof. Luís Roberto Barroso. Disponível em: https://www.youtube.com/watch?v=OcN0RGUIb7o. Acesso em: 24 mar. 2022.

Outros mecanismos de cunho essencialmente econômico, de natureza coercitiva, podem ser fixados de forma extrajudicial, a exemplo do protesto do título com restrição de crédito do devedor ou ofício a entidade para que não veicule propaganda abusiva ou retire determinado conteúdo do *site* da internet.

Situação diversa ocorre com os instrumentos sub-rogatórios, nos quais há invasão da propriedade do devedor recalcitrante. A regra, no ordenamento jurídico nacional, é o monopólio público.

Abrem-se parênteses. O monopólio de determinada atividade pelo Estado não é fim em si, mas instrumento voltado à finalidade legítima.

Dentro da estrutura necessária para a consecução do fim-último está o regime jurídico dos servidores públicos que, por terem estabilidade no cargo, têm o poder-dever de agir independentemente da vontade do gestor de plantão. Em outras palavras, enquanto o agente privado busca essencialmente o lucro e sua conduta pode ser corrompida em busca de ganhos financeiros para seu empregador, o servidor público não tem nenhuma vantagem pessoal com o desempenho de sua função com retidão – mesmo nos casos em que a decisão venha a prejudicar financeiramente o Erário. Estando correta dentro das bases legais, não deve ser outra a postura do servidor – ainda que a ação gere prejuízo financeiro ao Poder Público.

O uso legítimo da força, em regra, é reservado ao Poder Público justamente porque os agentes não têm outro interesse senão o de cumprir a lei. A partir do momento no qual o salário do agente variar conforme o lucro obtido para o Poder Público, começará a ruir a presunção de legitimidade em sua atuação.

Soa inconstitucional, por exemplo, norma que confira adicional aos vencimentos do oficial de justiça conforme o valor dos bens penhorados ou do *parquet* conforme os anos de condenação obtidos no processo penal. O aumento de produtividade – que pode ser objeto de remuneração diferenciada – não pode se confundir com a satisfação pura e simples do interesse secundário do Estado.

O Estado não tem interesse legítimo no excesso de exação, no excesso de prisão e no excesso de infrações. O Estado Democrático de Direito tem o interesse exclusivo na aplicação da normatividade positiva, respeitados os direitos fundamentais.

Em suma, permitir que o agente privado invada a residência ou a conta-corrente do devedor e penhore os bens que ali se encontrem não se adéqua, pelo menos por ora, à cultura jurídica brasileira.

Não obstante, a sociedade está em constante mudança, e assuntos que antes eram indiscutivelmente exclusivos do Estado começam a ser delegados aos particulares. Exemplos não faltam, a começar pela Parceria Público-Privada (PPP) para construção e administração de presídios brasileiros,[130] fato que enseja idas e vindas no contexto norte-americano.[131,132] A própria atividade militar americana, especialmente a desenvolvida em território estrangeiro, é compartilhada com milícias privadas, como ocorreu com a empresa Blackwater Worldwide na guerra do Iraque.

Mais próxima à realidade brasileira está a segurança nos ambientes públicos ou de acesso ao público. Há diferença de legitimidade na atividade policial de abordagem e revista corporal na via pública daquela efetivada por agentes privados em espaços abertos ao público, tais como estádios de futebol e casas de *show*?

Não só. Inexiste diferença ontológica entre a exclusão de um sócio de uma sociedade por decisão judicial daquela determinada por assembleia entre os demais consortes. O CC expressamente permite que os sócios, *sponte propria*, tomem a quota do sócio remisso, excluindo-o da sociedade (art. 1.058).

Não se pode excluir a possibilidade de que determinada atividade monopolizada pelo Estado venha a ser, no futuro, compartilhada com a iniciativa privada. Exige-se apenas que a finalidade pública seja atendida com maior qualidade, garantido o respeito irrestrito aos direitos constitucionais.

Se um presídio administrado pela iniciativa privada, através de PPP, mostrar-se mais econômico, eficiente e com maior respeito aos apenados, devemos preferir os presídios públicos por força do dogma do monopólio público do poder de polícia?

Como a complexidade da vida não cabe nos livros, um interessante caso ocorreu no Procon de Minas Gerais – órgão integrante do Ministério Público.

---

[130] PRESÍDIO em regime de PPP em Minas divide opiniões de especialistas. *In: G1*, Minas Gerais, 13 jan. 2017. Disponível em: https://g1.globo.com/minas-gerais/noticia/presidio-em-regime-de-ppp-em-minas-divide-opinioes-de-especialistas.ghtml. Acesso em: 24 mar. 2022.

[131] CORREIA, Alessandra. Por que os EUA decidiram deixar de usar prisões privadas. *BBC Brasil*, 27 ago. 2016. Disponível em: http://www.bbc.com/portuguese/internacional-37195944. Acesso em: 24 mar. 2022.

[132] EUA voltarão a ter prisões federais administradas pela iniciativa privada. *O Estado de São Paulo*, 24 fev. 2017. Disponível em: http://internacional.estadao.com.br/noticias/geral/eua-voltarao-a-ter-prisoes-federais-administradas-pela-iniciativa-privada,70001678088. Acesso em: 24 mar. 2022.

O órgão decidiu proibir a venda do celular Moto X, 2ª geração, no território mineiro diante do vício de qualidade por fragilidade.[133]

Considerando que o Ministério Público não tem o poder de sancionar administrativamente quem quer que seja, apenas podendo expedir recomendações (art. 27 da Lei nº 8.625/93), houve discussão sobre a legítima suspensão da venda do celular aplicada pelo Procon (art. 56, VI, CDC) enquanto órgão do MP/MG.

Desvencilhando da questão, ainda que o Procon fosse entidade autônoma, como o é no Estado de São Paulo, a dificuldade está em distinguir ontologicamente a decisão do Procon daquela que seria tomada em sede de processo judicial.

Em outros termos, se o Procon pode, por conta própria, proibir a venda do produto e aplicar multa em caso de descumprimento da decisão administrativa, qual é a diferença entre a decisão administrativa e a decisão judicial que imponha a mesma obrigação?

Poderíamos afirmar que a decisão administrativa não faz coisa julgada e pode ser revista pelo Poder Judiciário, mas essa característica não é o bastante para tachar de inconstitucional norma que atribua ao Procon o poder de execução de suas decisões por meio da sub-rogação, tanto é que o próprio CDC atribui à autoridade administrativa a competência para, entre outras medidas, apreender produto, cassar o registro do empresário e suspender a atividade (art. 56 do CDC).

O grau de exclusividade das atribuições e dos poderes do Judiciário não são um dado, mas um construído, daí por que o plexo de competências pode variar no espaço e no tempo. Questões que antes eram sujeitas à reserva de jurisdição, inclusive com participação do Ministério Público como *custos legis*, hoje podem ser resolvidas no cartório extrajudicial, inexistindo monopólio público da função de dizer o Direito.

---

[133] MINAS GERAIS (Estado). Ministério Público do Estado de Minas Gerais. *Procon-MG proíbe a venda do celular Moto X (2ª Geração) em Minas Gerais*. Disponível em: https://www.mpmg. mp.br/portal/menu/comunicacao/noticias/procon-mg-suspende-vendas-do-celular-moto-x-2-geracao-em-minas-gerais.shtml. Acesso em: 24 mar. 2022.

CAPÍTULO 3

TUTELA JURISDICIONAL DAS MICROLESÕES

3.1 Procedimentos especiais de microlesão

O sistema processual brasileiro possui procedimentos, técnicas e órgãos próprios para tutela de algumas espécies de direito, conforme sua natureza e relevância. O procedimento padrão é o comum que coexiste com os procedimentos especiais de jurisdição contenciosa e os procedimentos especiais de jurisdição voluntária.[134]

Ao lado dos procedimentos codificados, o sistema processual apresenta diversos outros procedimentos em legislação esparsa, com destaque para a Ação Popular (Lei nº 4.717/65), Lei de Execução Fiscal (Lei nº 6.830/80), Ação Civil Pública (Lei nº 7.347/85), Ação Direta de Inconstitucionalidade e Ação Direta de Constitucionalidade (Lei nº 9.868/98), Arguição de Descumprimento de Preceito Fundamental (Lei nº 9.882/99), Habeas Data (Lei nº 9.507/97), Mandado de Segurança (Lei nº 12.016/09), Mandado de Injunção (Lei nº 13.300/16), entre outros.

Os procedimentos elencados são especializados por força da natureza jurídica do Direito Material discutido: ilegalidade da Administração Pública; execução fiscal; direito coletivo; controle de constitucionalidade; acesso à informação pessoal; etc.

Cabe ao microssistema dos Juizados Especiais (Leis nº 9.099/95, 10.259/01 e 12.153/09) fornecer tutela diferenciada em razão do valor do Direito Material discutido, decidindo as lesões individualizadas de baixa dimensão.

---

[134] Procedimento Comum: arts. 318 a 512, CPC. Procedimento Especial de Jurisdição Contenciosa: arts. 539 a 718, CPC. Procedimento Especial de Jurisdição Voluntária: arts. 719 a 770, CPC.

A Lei nº 7.244/84 inaugurou o sistema dos Juizados Especiais, proposta pelo Ministro do Programa Nacional de Desburocratização após passar por uma comissão de eminentes juristas.[135]

A exposição de motivos do projeto de lei, já naquela época, antevia os entraves que se aprofundariam com a sociedade de massa do século XXI. Entre os argumentos utilizados para o convencimento do Congresso Nacional destaca-se a necessidade de dar o adequado tratamento às causas de reduzido valor econômico, ante a inaptidão do Judiciário para a solução barata e rápida dessa espécie de controvérsia.[136]

Sobre a dispensa de advogados em primeira instância, a exposição de motivos afirma que não se desconhece o valor da defesa técnica, mas certo é que a obrigatoriedade de tal assistência, nas causas de pequeno valor econômico e reduzida complexidade jurídica, pode impedir o ingresso da parte em juízo, afrontando o preceito constitucional que assegura o livre acesso ao Judiciário para a satisfação de direitos individuais injustamente lesados.

As pequenas lesões de direitos sacrificam, indistintamente, os pobres e os mais afortunados.

Quando a parte é hipossuficiente, é a ela assegurado o direito a assistência judiciária gratuita. Todavia, a parte que não se enquadra no conceito de hipossuficiente, mas é, na prática, pobre, passa a não ter condições de acesso ao Judiciário – especialmente para tutela de pequenas lesões.

Nesse caso, os honorários contratuais do advogado superam a própria pretensão da parte, muitas vezes inexistindo interesse do profissional para atuar apenas para o recebimento de honorários sucumbenciais – que podem sequer existir caso a demanda seja encerrada no primeiro grau de jurisdição no Juizado Especial.

Com a nova ordem constitucional, a criação de juizados especiais tornou-se verdadeiro mandado constitucional de legislação, sendo

---

[135] Participaram da Comissão: Nilson Vital Naves (Gabinete Civil da Presidência da República); Kazuo Watanabe e Cândido Rangel Dinamarco (Associação Paulista de Magistrados); Luiz Melíbio Machado (Associação dos Juízes do Rio Grande do Sul); Paulo Salvador Frontini e Mauro José Ferraz Lopes (Ministério Público de São Paulo e Rio de Janeiro, respectivamente); e Ruy Carlos de Barros Monteiro (Ministério da Desburocratização).

[136] BRASIL. Câmara dos Deputados. *Projeto de Lei nº 1.950/83*: Dispõe sobre a criação e funcionamento do Juizado Especial de Pequenas Causas. Disponível em: http://www.camara.gov.br/proposicoesWeb/prop_mostrarintegra;jsessionid=BD1E001BDF04A58 40CA323694552E800.proposicoesWebExterno1?codteor=1164985&filename=Dossie+-PL+1950/1983. Acesso em: 24 mar. 2022.

vedada a extinção pura e simples dos juizados diante do resíduo de aplicabilidade da norma de eficácia limitada (art. 98, I CF).[137]

Dispõe o texto constitucional que a União e os Estados criarão juizados especiais, providos por juízes togados, ou togados e leigos, competentes para conciliação, julgamento e execução de causas cíveis de menor complexidade, mediante procedimentos oral e sumaríssimo, permitindo o julgamento dos recursos por turmas compostas por juízes de primeiro grau. Especificamente sobre os juizados especiais da Fazenda Pública, o texto constitucional se limita a determinar a criação dos juizados federais (art. 98, §1º, CF).

Note-se que, apesar de certa controvérsia jurídica, os juizados especiais cíveis são voltados à resolução de causas de menor complexidade em razão do valor e da matéria (art. 3º da Lei nº 9.099/95), enquanto ao juizado da Fazenda compete a resolução de controvérsias de baixo valor, independentemente da complexidade (art. 3º, *caput*, Lei nº 10.259/01 e art. 2º, *caput*, da Lei nº 12.153/09).[138]

As principais características que diferenciam o procedimento sumaríssimo são:

(i) admissão de julgamento por equidade (art. 6º);
(ii) dispensa de assistência de advogado para causas em primeiro grau de até 20 salários mínimos (art. 9º);
(iii) admissibilidade de mandato verbal ao advogado (art. 9º, §3º);
(iv) preposto da pessoa jurídica não precisa ter vínculo empregatício (art. 9º, §4º);
(v) inadmissibilidade de intervenção de terceiro (art. 10);
(vi) realização dos atos processuais em horário noturno (art. 12);
(vii) pedido escrito ou oral à Secretaria do Juizado (art. 14);
(viii) utilização de fichas ou formulários para a transcrição do pedido oral (art. 14, §3º);
(ix) imediata sessão de conciliação se as partes tiverem no local (art. 17);
(x) citação da pessoa jurídica no encarregado da recepção (art. 18, II);
(xi) possibilidade de escolha de Árbitro entre os juízes leigos (art. 24, §2º);

---

[137] As normas de eficácia limitada, mesmo sem a complementação pela legislação infraconstitucional, possuem algum grau de normatividade (eficácia interpretativa e de limitação do retrocesso). Assim, ainda que exija complemento infraconstitucional para ter sua aplicabilidade máxima, o dispositivo constitucional, por si só, veda a extinção *tout court* do microssistema dos juizados especiais.

[138] BRASIL. Superior Tribunal de Justiça. AgRg no CC nº 104.714/PR. 1ª Seção. Relator: Min. Herman Benjamin. Brasília, 12.08.09. TRF-3 Súmula nº 20: A competência dos Juizados Especiais Federais é determinada, unicamente, pelo valor da causa, e não pela complexidade da matéria (art. 3º da Lei nº 10.259/01). (BRASIL. Tribunal Regional Federal da 3ª Região. *Turmas Recursais do JEF divulgam a aprovação de 37 Súmulas*. Disponível em: http://web.trf3. jus.br/noticias/Noticias/Noticia/Exibir/274659. Acesso em: 24 mar. 2022.)

(xii) contestação escrita ou oral (art. 30);

(xiii) admissão de pedido contraposto somente se fundado nos mesmos fatos que constituem o objeto da controvérsia (art. 30);

(xiv) limitação do número de testemunhas – até três testemunhas (art. 34);

(xv) presidência da instrução e projeto de sentença por juiz leigo (arts. 37 e 40);

(xvi) dispensa de relatório da sentença;

(xvii) obrigatoriedade de sentença condenatória líquida, ainda que o pedido seja genérico (art. 38, parágrafo único);

(xviii) recurso para o próprio juizado e decidido por colegiado de juízes de primeiro grau (art. 41);

(xix) inadmissibilidade de Recurso Especial contra acórdão do Colégio Recursal;

(xx) inadmissibilidade de Ação Rescisória (art. 59).

Para além das peculiaridades da etapa de cognição, a fase de cumprimento de sentença também possui especificidades, notadamente: (i) cálculos efetuados por servidor judicial (art. 52, II); (ii) dispensa de publicação de edital quando se tratar de alienação de bens de pequeno valor (art. 52, VIII); (iii) Audiência de Conciliação para definição da melhor forma de quitação, inclusive admitindo parcelamento ou dação em pagamento (art. 53, §1º e 2º); (iv) extinção do processo se não encontrado o devedor ou bens penhoráveis (art. 53, §4º).

No âmbito dos juizados especiais do Poder Público – federal e estadual –, as diferenças ficam por conta: (i) da competência absoluta da vara do juizado especial (art. 3º, §4º, do Juizado Especial Federal – JEF); (ii) do cabimento de Agravo de Instrumento tão somente para decisões cautelares ou antecipatórias de tutela (art. 5º, JEF); (iii) da ausência de prazo diferenciado para os entes públicos (art. 9º, JEF); (iv) da autorização para acordo envolvendo o Poder Público (art. 10, parágrafo único, JEF); (v) do dever do Poder Público de juntar as provas documentais de que dispõe (art. 11, JEF); (vi) do pagamento dos honorários do técnico pelo orçamento do tribunal, com posterior ressarcimento (art. 12, §1º, JEF); (vii) pedido de uniformização de interpretação de normas de Direito Material (art. 14, JEF);[139] (viii) aplicação mais ampla do princípio

---

[139] Apesar de a lei ser expressa ao admitir o Pedido de Interpretação apenas se houver divergência sobre questões de Direito Material, o Tribunal de Justiça de São Paulo, por meio da Res. 553/11, admite também o incidente para a divergência na interpretação de normas processuais (art. 3º). (CONJUR. *TJ paulista cria Turma de Uniformização nos Juizados*. Disponível em: https://www.conjur.com.br/2011-out-22/tj-sao-paulo-cria-turma-uniformizacao-juizados-especiais. Acesso em: 24 mar. 2022.)

da *perpetuatio jurisdicionis*, não redistribuindo as ações ajuizadas antes da criação do juizado especial, a despeito da competência absoluta (art. 25, JEF).

O continente europeu adota amplamente procedimentos diferenciados em razão do valor da demanda.

O Regulamento do Parlamento Europeu nº 861/07[140] trata do procedimento de conhecimento para ações de pequeno montante no contexto geral do continente[141] e, com exceção da Dinamarca e Holanda, cada país do bloco europeu tem seu próprio procedimento para ações de pequena dimensão.[142]

Em Portugal, são estabelecidos dois procedimentos: (i) ação especial para obrigações pecuniárias decorrentes de contrato; (ii) injunção, voltado a atribuir força executiva ao débito de pequeno montante.

Em ambos os casos, o valor do Direito Material não pode superar €15.000,00. Destaca-se a redação do art. 2º, II, do recente CPC português ao admitir, em uma interpretação literal, que a lei exclua do Poder Judiciário a análise de lesões aos direitos.[143]

Ainda na Península Ibérica, a Espanha tem procedimento oral limitado a €6.000,00, exigindo a presença de advogado apenas se demanda superar €2.000,00. A prova oral deve ser realizada em audiência una, admitido recurso somente se a condenação extrapolar €3.000,00, caso em que não se admite novo recurso.[144]

Na Itália, a competência para julgamento das ações de pequena monta é do juiz de paz. O teto do procedimento varia conforme a natureza jurídica do litígio, sendo em regra de €5.000,00, podendo chegar a €20.000,00 em ações de acidentes ou mesmo não ter valor máximo em ações de direito de vizinhança (art. 7º do CPC italiano).[145]

---

[140] UNIÃO EUROPEIA. Jornal Oficial da União Europeia. *Regulamento nº 861 de 11 de julho de 2007 estabelece um processo europeu para ações de pequeno montante*. Disponível em: https://eur-lex.europa.eu/legal-content/PT/ALL/?uri=CELEX%3A32007R0861. Acesso em: 24 mar. 2022.

[141] O procedimento vincula todos os países do bloco, com exceção da Dinamarca. Pequeno montante é o valor de até €2.000,00 (R$10.876,80, cotação em 22 mar. 2022).

[142] Para uma análise geral do sistema de tutela de ações de pequeno montante, *ver* European Justice (EUROPA. European E-justice. *Custas*. Disponível em: https://e-justice.europa.eu/content_costs_of_proceedings-37-pt.do?init=true. Acesso em: 24 mar. 2022.)

[143] Garantia de acesso aos tribunais: (…) II – A todo o direito, exceto quando a lei determine o contrário, corresponde a ação adequada a fazê-lo reconhecer em juízo, a prevenir ou reparar a violação dele e a realizá-lo coercivamente, bem como os procedimentos necessários para acautelar o efeito útil da ação.

[144] EUROPA. European E-justice. *Acções de pequeno montante*: Espanha. Disponível em: https://e-justice.europa.eu/content_small_claims-42-es-pt.do?member=1. Acesso em: 24 mar. 2022.

[145] IPSOA. *Codice di Procedura Civile*. Disponível em: http://www.ipsoa.it/codici/cpc/l1/t1. Acesso em: 24 mar. 2022.

Decisões até €1.100,00 admitem recurso apenas se houver violação ao Direito Processual, Constitucional ou Europeu, sendo irrecorrível a decisão tomada por juízo de equidade.[146]

A Alemanha permite que, em ações envolvendo até €600,00, o tribunal decida aplicando os princípios da equidade e razoabilidade, inclusive adequando o *iter* procedimental. O sistema de colheita de provas é modificado, admitindo a colheita de depoimento de peritos, testemunhas e partes por telefone ou por escrito.

Com efeito, o grande diferencial do sistema alemão é a impossibilidade, em regra, de interpor recurso contra a sentença, revelando jurisdição em grau único.[147]

Na Inglaterra, o critério objetivo para a *small claims track* é de £10.000,[148] mas o juiz pode aplicar o rito especial em ações com valores superiores se entender adequado ou deixar de aplicar em valores inferiores quando a causa for complexa ou estiver diante de partes incapazes de defenderem bem seus direitos sem a assistência de advogado.

No rito da *small track*, é obrigatório o uso de formulários,[149] sendo dispensada a designação de audiência em caso de concordância das partes.[150]

---

[146] EUROPA. European E-justice. *Acções de pequeno montante*: Itália. Disponível em: https://e-justice.europa.eu/content_small_claims-42-it-pt.do?member=1. Acesso em: 24 mar. 2022.

[147] A admissibilidade do recurso é excepcional e depende da deliberação (aceitação) do juízo *a quo*, sendo automaticamente admitido quando há divergência jurisprudencial. (EUROPA. European E-justice. *Acções de pequeno montante*: Alemanha. Disponível em: https://e-justice.europa.eu/354/PT/small_claims?GERMANY&clang=pt. Acesso em: 24 mar. 2022.)

[148] As CPR contemplam três modelos procedimentais: o *small claims track*, o *fast track* e o *multi track* (Rule 26.1 (2)). Em regra, a adoção de cada qual depende do valor da causa: o *small claims track* aplica-se a causas de valor não superior a 5.000 libras (Rule 26.8.1 (1) (a)); o *fast track*, a causas de valor entre esse limite e 15.000 libras (Rule 26.6 (4)); o *multi track*, às causas restantes. O valor, porém, nem sempre constitui o fator decisivo: o tribunal pode determinar a aplicação do *multi track* a causas de valor inferior a 15.000 libras, levando em conta outros aspectos; ademais, não está obrigado a aceitar o valor declarado pela parte. Para causas sem valor patrimonial determinado, cabe ao órgão judicial designar o procedimento que entenda conveniente, à luz de critérios vários, como a natureza da providência pleiteada, a provável complexidade dos fatos e das provas, o número de partes e a importância do pleito para terceiros (Rule 26.7 (2) e 26.8 (1)). Há, pois, considerável flexibilidade na escolha do procedimento, a qual é sempre objeto de decisão expressa, impugnável pela parte que dela discorde. (MOREIRA, José Carlos Barbosa. A revolução processual inglesa. *Revista dos Tribunais*, São Paulo, v. 29, n. 118, p. 75-88, 2004)

[149] Chama atenção a necessidade de indicar se a ação é fundada ou inclui qualquer questão envolvendo o Human Rights Act 1998, devendo o autor declarar acreditar que os fatos narrados são verdadeiros. (REINO UNIDO. Justice. *Claim Form*. Disponível em: https://formfinder.hmctsformfinder.justice.gov.uk/n1-eng.pdf. Acesso em: 24 mar. 2022.)

[150] REINO UNIDO. Justice. *Part 27*: the small claims track. Disponível em: http://www.justice.gov.uk/courts/procedure-rules/civil/rules/part27. Acesso em: 24 mar. 2022.

Nos Estados Unidos, especificamente na cidade de Nova York, foi criado tribunal para ações de pequena monta – New York City Small Claims Court[151] –, voltado ao julgamento de ações envolvendo estritamente inadimplemento de até US$5.000,00,[152] cujas custas são reduzidas, mormente ao se considerar o alto custo da justiça americana, com valores iniciais entre US$15,00 e US$20,00.[153]

Além da *Small Claim Court*, a cidade de Nova York também conta com a Corte Civil, com competência para até US$25.000,00.

Os diferenciais de ambas as cortes são o serviço auxiliar de intérprete, que na metrópole multicultural é especialmente relevante para que as partes possam chegar ao entendimento mútuo, bem como o funcionamento em horário noturno.[154]

---

[151] ESTADOS UNIDOS. NY Courts. *Your guide to small claims & commercial small claims in: New York City, Nassau County and Suffolk County*. Disponível em: https://www.nycourts.gov/COURTS/nyc/SSI/pdfs/smallclaims.pdf. Acesso em: 24 mar. 2022.

[152] *The Small Claims Court has monetary jurisdiction up to $ 5,000.00. Claims for more than $ 5,000.00 may not be brought in Small Claims Court. They must be started in the Civil Part of the court or in a different court. A claim for damages for more than $ 5,000.00 cannot be "split" into two or more claims to meet the $ 5,000.00 limit (that is, bringing one $ 5,000.00 claim and another $ 1,500.00 claim to recover damages for $ 6,500.00). The kinds of cases filed in the Small Claims Court vary, but a case must seek money only. For example, a suit cannot be brought in Small Claims Court to force a person or business to fix a damaged item, fulfill a promise made in an advertisement, or seek money for pain and suffering. Some of the kinds of cases most often filed in the Small Claims Court include the following:*
1. Damage caused to automobiles, other personal property, real property or person; 2. Failure to provide proper repairs, services, merchandise, or goods; 3. Failure to return security, property, a deposit, or money loaned. 4. Failure to pay for services rendered, salary, an insurance claim, rent, commissions, or for goods sold and delivered; 5. Breach of lease, contract, warranty or agreement; 6. Loss of luggage, property, time from work, or use of property; 7. Bounced or stopped check. (ESTADOS UNIDOS. NY Courts. *New York City Small Claims Court: In General*. Disponível em: https://www.nycourts.gov/COURTS/nyc/smallclaims/general.shtml. Acesso em: 23 mar. 2022.)

[153] ESTADOS UNIDOS. NY Courts. *City Small Claims Court*: Court Fees in the New York City Civil Court. Disponível em: https://www.nycourts.gov/COURTS/nyc/smallclaims/fees.shtml. Acesso em: 23 mar. 2022.

[154] Quando de sua criação, em 1934, a corte tinha competência para litígios de até US$50,00, que, nos valores atualizados (2004), foram elevados para US$5.000,00. (ESTADOS UNIDOS. NY Courts. *New York City Small Claims Court*: Court Services. Disponível em: https://www.nycourts.gov/COURTS/nyc/smallclaims/services.shtml. Acesso em: 23 mar. 2022.)

3.2 *Compulsory Arbitration*

No Arizona, foi instituída a *Compulsory Arbitration* (Arbitragem Compulsória), na qual o litígio de até US$50.000,00 é obrigatoriamente submetido ao juízo arbitral – sem força vinculante.[155]

O árbitro é escolhido dentre os nomes cadastrados no tribunal, e cada parte tem direito a um *strike* (recusa não fundamentada) contra o sorteado. Definido o árbitro, a audiência é designada para ocorrer entre 60 e 120 dias, com decisão em dez dias. Da decisão cabe recurso de Apelação para o juízo estatal de primeiro grau, sendo devolvidas as matérias de fato e de Direito. Recebidos os autos, o juízo pode prosseguir com o rito recursal ou determinar a submissão a outro meio alternativo de resolução de litígios.

O Tribunal do Arizona informa que as audiências são realizadas no conselho de classe dos advogados do estado ou no escritório privado do árbitro, devendo o procedimento, incluindo Arbitragem e julgamento da Apelação, terminar em 270 dias.

Nas palavras do tribunal, o árbitro deve considerar que o propósito da Arbitragem é prover uma eficiente e barata[156] solução para microlesões e a Arbitragem compulsória tem a intenção de baixar os custos para os litigantes, permitindo que o tribunal utilize os recursos mais eficazmente.[157]

Além de tribunais especiais e regras específicas para o ajuizamento de ações envolvendo microlesões, alterações na forma como a decisão é produzida são igualmente relevantes para a pacificação do conflito, reduzindo o número de recursos interpostos.

Como diferencial do sistema estão a obrigatoriedade (e não voluntariedade) do procedimento arbitral, o pré-cadastro dos árbitros no tribunal, o direito à recusa não fundamentada e o recurso para o juízo de primeiro grau. Há hibridização do procedimento arbitral com o estatal, conjugando os benefícios de cada instituto.

---

[155] FERNANDEZ, Christian. Arizona's Compulsory Arbitration Program: is it time for a reform? *Arizona State Law Journal*. Disponível em: https://arizonastatelawjournal.org/2019/11/19/arizonas-compulsory-arbitration-program-is-it-time-for-a-reform/. Acesso em: 23 mar. 2022.

[156] O custo da Arbitragem Compulsória é US$26 por processo mais US$75 por dia de audiência. (ESTADOS UNIDOS. *The Judicial Branch of Arizona. Arbitration Guide*. Disponível em: https://www.superiorcourt.maricopa.gov/SuperiorCourt/CivilDepartment/Arbitration/index.asp.Acesso em: 23 mar. 2022.)

[157] ESTADOS UNIDOS. *The Judicial Branch of Arizona. Questions and Answers*. Disponível em: https://www.superiorcourt.maricopa.gov/SuperiorCourt/CivilDepartment/docs/Arbit Packet.pdf. Acesso em: 23 mar. 2022.

3.3 Modelo de Stuttgart e limitação do recurso

Novamente na Alemanha foi instituído o Modelo de Stuttgart,[158] construção legislativa e jurisprudencial que modificou o sistema de sucessivas audiências e rompeu com a figura do juiz inerte, concebendo unidade funcional entre o juiz, as partes e os advogados.[159]

Algumas características básicas desse modelo tornaram-se obrigatórias na Alemanha por meio da reforma do CPC de julho de 1977.[160] Ao juiz foi concedido o poder-dever de perguntar, investigar e esclarecer – com respeito ao princípio de cooperação processual máxima (*kooperationmaxime*) e boa-fé objetiva.

---

[158] A estrutura do processo no modelo ítalo-canônico pode ser interpretada como uma forma de aderência à tradição da racionalidade escolástica. A separação do *fact finding* (processo de descoberta sobre a verdade dos fatos), que se dá perante um juiz instrutor, e da decisão, que é formada por um órgão colegiado que normalmente não inclui o juiz que colheu a prova, materializa a ideia de "justiça cega". A crença de que seja suficiente que o juiz que decide tenha conhecimento dos fatos por meio do relatório feito pelo juiz da instrução e que não haja necessidade de participação imediata do julgador, no processo de colheita das provas, expressa integral confiança na racionalidade do ser humano. Entretanto, deve-se mencionar que este modelo dificilmente é posto em prática em sua forma pura (...). A introdução deste modelo está intimamente ligada ao nome de um grande processualista, Fritz Baur. Com o objetivo de corrigir deficiências do sistema, que muito frequentemente envolviam uma sequência de audiências, que geravam custos e retardamento desnecessário, Fritz Baur sustentava que os processos deveriam ser resolvidos em uma única e bem preparada audiência principal, e para isso houve certa inspiração do processo penal. Os vários meios que ele propôs, cujo objetivo seria o de assegurar que houvesse preparação suficiente, foram testados nas Cortes de Stuttgart e em outros lugares e se revelaram eficientes. Por esta razão, esta nova forma de abordagem alemã é conhecida por modelo de Stuttgart, e foi objeto de estudo e reconhecimento de suas qualidades sob muitos aspectos. Claro que o modelo alemão não é assim tão diferente de todos os outros. Ao contrário, é próximo ao modelo procedimental preferido para as arbitragens internacionais: procedimentos sem júri, sem uma sequência de audiências, mas com uma fase preparatória eficiente e árbitros que administram o procedimento. Não surpreende que Espanha e Inglaterra, quando reformaram seus códigos, tenham-se inspirado neste modelo. Pode bem ocorrer que esta inspiração se transforme numa tendência. É interessante observar que os ALI/Unidroit Princípios de Direito Processual Civil Transnacional e o CPC modelo para Iberoamérica, embora não tenham feito expressamente esta escolha, preferem este modelo. (STÜRNER, Rolf. Processo Civil Comparado – Tendências recentes e fundamentais. *In: Revista de Processo*, São Paulo, v. 36, n. 200, p. 203-234, 2011)

[159] FELICIANO, Guilherme Guimarães. *O modelo de Stuttgart e os Poderes assistenciais do juiz*: origens históricas do "processo social" e as intervenções intuitivas no Processo do Trabalho. Disponível em: https://www.cidp.pt/revistas/ridb/2014/04/2014_04_02717_0275 2.pdf. Acesso em: 23 mar. 2022.

[160] Esse método de procedimento envolve as partes, advogados e juízes, em um diálogo oral e ativo sobre os fatos e sobre o direito. Ele não apenas acelera o procedimento, mas também tende a resultar em decisões que as partes compreendem e frequentemente aceitam sem recorrer. Algumas características básicas desse modelo, até então opcionais, tornaram-se obrigatórias para todos os Landgericht alemães com a reforma do Código de Processo Civil, em vigor desde 19 de julho de 1977. (CAPPELLETTI; GARTH. Op. cit., p. 29)

Entre as inúmeras contribuições do modelo tedesco,[161] tem maior pertinência à tutela da microlesão a técnica de julgamento por meio da qual o juiz e as partes discutem a melhor decisão a ser tomada.

Na prática, encerrada a audiência de instrução e julgamento, o julgador elabora minuta de sentença e a apresenta às partes, que poderão discutir e apresentar novos argumentos contra a decisão ainda em construção.

Ensinam Cappelletti e Garth que o modelo não apenas acelera o procedimento, mas tende a resultar em decisões que as partes compreendem e frequentemente aceitam sem recorrer. Em contraponto, Pimenta afirma que, em nosso sistema processual, seu uso seria inaceitável por configurar claro prejulgamento da causa pelo órgão jurisdicional.

O modelo é expressamente previsto na lei processual alemã e contém evidentes vantagens; afinal, o "projeto de sentença" só é apresentado às partes após o encerramento da instrução processual realizada em pleno contraditório e seguida da deliberação do órgão julgador (que, como regra, é colegiado no primeiro grau de jurisdição). Em contrapartida, aos litigantes ainda será oferecida uma última oportunidade de optarem pelo caminho da conciliação, antes que seja proferida a decisão final.[162]

Sem sombra de dúvida, o sistema de antecipação da "minuta da decisão" é polêmico, especialmente diante da praxe consagrada de o magistrado decidir sem dar pistas às partes de como será sua decisão.

Contudo, estranha é a sentença final não poder ser antevista pelas partes – o correto, em verdade, é que a parte saiba exatamente qual é seu direito e qual é o posicionamento do magistrado a respeito da sua pretensão, e não ser surpreendida pela decisão judicial.

O pré-julgamento inconstitucional ocorre quando a decisão é tomada antes da colheita das provas e dos argumentos da parte. Em

---

[161] *En Alemania, apereció, en 1967, el famoso 'proceso-modelo de Stuttgart', en el 'Landgericht' de dicha ciudad. (...) En él, se ampliaba el 'procedimiento preliminar', incluyendo en él, no solo el tratamento de los presupuestos procesales, sino tambien; la fijación de la materia litigiosa; la enérgica dirección del juez delegado del tribunal (...). La concentración que ello suponía era grande, y el curso de los procesos se aceleró sensiblemente, aunque la 'aceleración' no fuera un 'objetivo independiente'; los abogados, se percataron de la importancia de la innovación, y colaboraron. Este modelo se ha extendido a otros tribunales alemanes.* (GUILLÉN, Victor. *La humanización del proceso*: lenguaje, formas, contacto entre los jueces y las partes desde Finlandia hasta Grecia. São Paulo: Revista dos Tribunais, 1979. v. 14.)

[162] PIMENTA, José Roberto Freire. A conciliação judicial na Justiça do Trabalho após a Emenda Constitucional nº 24/99: aspectos de Direito Comparado e o novo papel do Juiz do Trabalho. *Rev. Trib. Reg. Trab. 3ª Reg.*, Belo Horizonte, v. 32, n. 62, p. 43, nota 21, 2000. Disponível em: http://www.trt3.jus.br/escola/download/revista/rev_62/Jose_Pimenta.pdf. Acesso em: 23 mar. 2022.

outros termos, o projeto de sentença antes de configurar pré-julgamento evita a decisão surpresa.

Poderia ser argumentado que a exteriorização da pré-compreensão do magistrado poderia influenciar o viés de confirmação (*confirmation bias*), ou seja, uma vez que o julgador informe como pretende decidir, tentará ao máximo colher provas e argumentos favoráveis à confirmação da pré-compreensão. Todavia, a exteriorização do posicionamento do magistrado permite à parte saber a intenção antes oculta e, com base nessa informação, demonstrar o equívoco da pré-compreensão.

É salutar a estruturação de sistema processual que busque evitar o "decisionismo jurídico", mas no campo das ciências sociais, especialmente na área do Direito, no qual o mesmo argumento pode ser utilizado para um lado ou para o outro por pessoas igualmente bem-intencionadas, é extremamente difícil impedir o mau uso do poder decisório.

O juiz tendencioso irá decidir conforme sua pré-compreensão independentemente de ser obrigado a exteriorizar previamente sua intenção de voto.

A vedação à decisão não surpresa consagrada no art. 10 do novo CPC – o juiz não pode decidir, em grau algum de jurisdição, com base em fundamento a respeito do qual não se tenha dado às partes oportunidade de se manifestar, ainda que se trate de matéria sobre a qual deva decidir de ofício – não pode ser restrita aos fundamentos da decisão, devendo também alcançar a parte dispositiva.

Exemplifico. O dispositivo legal confere às partes oportunidade de manifestação sobre fundamentos que serão levados em consideração pelo magistrado antes de decidir – se o juiz constata de ofício a aparente ocorrência de prescrição, deve intimar as partes para manifestação. Nesse momento, os litigantes sabem que esse ponto será levado em consideração pelo juízo, mas não saberão se o entendimento do magistrado é pela prescrição trienal, quinquenal, imprescritibilidade, se houve suspensão, interrupção ou qualquer outra causa que influencie na decisão.

Em vez de o magistrado despachar aduzindo "digam as partes sobre a prescrição", a boa-fé objetiva e o princípio da cooperação, nos moldes do modelo de Stuttgart, exigem que o despacho tenha conteúdo próximo a: "considerando que o entendimento deste magistrado é pela prescrição trienal e não se verificando qualquer causa suspensiva ou impeditiva, digam as partes".

Não há qualquer prejulgamento ou violação ao princípio dispositivo; pelo contrário, a parte favorecida pelo reconhecimento da prescrição poderá apresentar novos argumentos para reforçar o entendimento do magistrado, enquanto a parte prejudicada argumentaria em sentido contrário – inclusive suscitando o *overruling* e *distinguish*. O que causa espécie é o juiz decidir e a parte prejudicada levar os argumentos contrários ao tribunal, quando deveria levar a alegação primeiramente ao juízo sentenciante.

Mutatis mutandis, o efeito regressivo do recurso e a intimação do embargado para contrarrazões aos Embargos de Declaração com potencial efeito infringente são formas próximas ao modelo alemão.

O recurso com efeito regressivo permite ao juízo *a quo* modificar a decisão, gerando a perda do objeto do recurso – na prática, sabe-se que a decisão é mantida pelo juízo recorrido, mas o sistema permite sua revisão se os novos argumentos forem suficientes para afastar a pré-compreensão.[163]

Da mesma forma ocorre nos Embargos de Declaração com efeitos infringentes. O magistrado, antevendo a possibilidade de dar provimento ao recurso, intima o embargado para se manifestar – o embargado sabe que a chance de modificação da decisão é alta, já que, se a intenção do magistrado fosse manter do despacho impugnado, não precisaria abrir vistas ao recorrido.

Em ambos os casos – recurso com efeito regressivo e Embargos de Declaração com efeito infringente –, o juízo profere decisão potencialmente definitiva, mas, diante dos novos argumentos trazidos pela parte insatisfeita, tem o poder-dever de alterar a decisão anterior caso convencido do erro cometido.

O *iter* tradicional "manifestação – decisão – recurso ao tribunal" é alterado para "manifestação – proposta de decisão – manifestação – decisão definitiva – recurso ao tribunal, se for o caso".

Difícil compatibilizar o desejo uníssono da doutrina e do próprio Judiciário na pacificação do entendimento e a obrigação de uniformizar a jurisprudência, mantendo-a estável, íntegra e coerente (art. 926 do CPC) com a impossibilidade de antever a decisão a ser proferida no caso concreto.

Não há justificativa razoável para defendermos que a parte deve saber o entendimento dos tribunais em casos análogos, mas não pode

---

[163] Pré-compreensão porque o efeito regressivo tem cabimento típico em recursos contra decisões interlocutórias ou definitivas proferidas no início do processo (*v.g.* indeferimento da inicial) e, em regra, em cognição sumária.

saber, antecipadamente, o entendimento do magistrado que irá julgar seu caso concreto.

No âmbito das microlesões, especialmente em litígios envolvendo danos morais, o princípio da decisão não surpresa deve garantir à parte o conhecimento prévio sobre o padrão indenizatório da jurisprudência e do juízo da causa.

Os parâmetros devem ser amplamente divulgados de forma que a parte prejudicada conheça a existência e a extensão do seu direito, bem como o autor do dano saiba quais são as consequências de seu ato ilícito – incentivando a não reiteração do ato e a celebração do acordo.

Proferida a sentença de mérito, é possível ainda pensar em limitações aos recursos contra as decisões de primeiro grau.

Como visto anteriormente, a Lei de Execução Fiscal limita o cabimento do recurso quando a decisão de primeiro grau for de até 50 ORTN, estabelecendo que a impugnação será por Embargos Infringentes dirigidos ao próprio juízo sentenciante e, contra a nova decisão, somente caberá Recurso Extraordinário.

Em outros casos, não há propriamente limitação do cabimento do recurso, mas barreiras jurídicas e econômicas à sua interposição. A exclusão do efeito suspensivo automático da Apelação é exemplo de barreira jurídica por impor ao vencido o ônus do tempo do processo, inexistindo motivos para que este queira prolongar a via-crúcis se não tiver razão.

Economicamente, desestimulam a interposição de recursos: o depósito recursal trabalhista[164]; nos Juizados Especiais, a condenação do recorrente em custas e honorários sucumbenciais, bem como a necessidade de advogado na fase recursal; e a exasperação dos honorários recursais no CPC.

Diversos países europeus possuem restrições para o cabimento do recurso contra a decisão de primeiro grau sem que haja qualquer crise fundada na violação ao duplo grau de jurisdição, contraditório ou qualquer garantia fundamental.

---

[164] Art. 899. Os recursos serão interpostos por simples petição e terão efeito meramente devolutivo, salvo as exceções previstas neste Título, permitida a execução provisória até a penhora. §1º Sendo a condenação de valor até 10 (dez) vezes o salário-mínimo regional, nos dissídios individuais, só será admitido o recurso inclusive o extraordinário, mediante prévio depósito da respectiva importância. Transitada em julgado a decisão recorrida, ordenar-se-á o levantamento imediato da importância de depósito, em favor da parte vencedora, por simples despacho do juiz. §2º Tratando-se de condenação de valor indeterminado, o depósito corresponderá ao que for arbitrado, para efeito de custas, pela Junta ou Juízo de Direito, até o limite de 10 (dez) vezes o salário-mínimo da região.

A Convenção Europeia de Direitos Humanos garante o princípio do duplo grau de jurisdição apenas em matéria penal e, mesmo assim, admite a restrição em relação às infrações criminais de menor potencial ofensivo, conforme previsto no art. 2º do Protocolo nº 7 de Estrasburgo.[165]

Alemanha, Inglaterra,[166] Portugal, Espanha e França restringem o cabimento do recurso, seja por meio de procedimento mais complexo (aceitação do órgão *a quo*), seja estabelecendo restrição ao conteúdo do recurso (*v.g.* admitido apenas se violadas determinadas normas).

Em Portugal, só é admitido recurso se o valor da causa superar €5.000,00 e a sucumbência for superior a €2.500,00;[167] na Espanha, exige-se condenação superior a €3.000,00.[168] Na Alemanha, a condenação inferior a €600,00 é irrecorrível.

Na França, o procedimento sumário, para débitos de até €10.000,00, bifurca o rito recursal. Se a condenação for até €4.000,00, caberá apenas recurso de cassação; sendo superior a esse valor, admite-se o recurso de Apelação.

O recurso à *Court de Cassation*, diversamente da Apelação, tem fundamentação vinculada a um dos seguintes alicerces: (i) violação de direitos fundamentais; (ii) violação do procedimento (*v.g.* falta de fundamentação); (iii) divergência entre decisões sobre o caso.[169]

---

[165] Art. 2º Direito a um duplo grau de jurisdição em matéria penal: 1. Qualquer pessoa declarada culpada de uma infracção penal por um tribunal tem o direito de fazer examinar por uma jurisdição superior a declaração de culpabilidade ou a condenação. O exercício deste direito, bem como os fundamentos pelos quais ele pode ser exercido, são regulados pela lei. 2. Este direito pode ser objecto de excepções em relação a infracções menores, definidas nos termos da lei, ou quando o interessado tenha sido julgado em primeira instância pela mais alta jurisdição ou declarado culpado e condenado no seguimento de recurso contra a sua absolvição. (EUROPA. *Convenção Europeia dos Direitos do Homem*. Disponível em: http://www.echr.coe.int/Documents/Convention_POR.pdf. Acesso em: 23 mar. 2022.)

[166] *If the losing party wishes to appeal against the judge's decision, he or she will need permission to do so. If that party/litigant attends the hearing at which the decision is made, he or she can ask the judge for permission at the end of the hearing. The litigant who wishes to appeal must have proper grounds (or reasons) to appeal. He or she cannot simply object to a judge's decision because he or she thinks the wrong decision was made.* (EUROPA. European E-justice. *Small claims*: England and Wales. Disponível em: https://e-justice.europa.eu/content_small_claims-42-ew-pt.do?clang=en#toc_1_9. Acesso em: 23 mar. 2022.)

[167] EUROPA. European E-justice. *Acções de pequeno montante*: Portugal. Disponível em: https://e-justice.europa.eu/content_small_claims-42-pt-pt.do?member=1#toc_1_9. Acesso em: 23 mar. 2022.

[168] EUROPA. European E-justice. *Demandas de escasa cuantía*: Espanha. Disponível em: https://e-justice.europa.eu/content_small_claims-42-es-pt.do?clang=es#toc_1_9. Acesso em: 23 mar. 2022.

[169] Não se trata de divergência jurisprudencial, mas contradição entre julgados relativos ao mesmo caso. Por exemplo, se uma sentença entende que o contrato é válido, haverá divergência se em litígio futuro outro juízo entender pela nulidade do contrato. (FRANÇA. Service-Public. *Contester um jugement*: recours de Cassation. Disponível em: https://www.service-public.fr/particuliers/vosdroits/F1382. Acesso em: 23 mar. 2022.)

Em síntese, as técnicas processuais do Velho Continente voltadas às demandas de pequeno montante envolvem: (i) obrigatoriedade de submissão a um dos equivalentes jurisdicionais;[170] (ii) utilização de formulários para ajuizamento da ação[171] ou memoriais;[172] (iii) dispensa de advogado; (iv) ausência de assistência jurídica pública; (v) rito diferenciado para colheita de prova; (vi) limitação de prova;[173] (vii) oralidade e concentração de atos processuais; (viii) decisão por equidade; (ix) dispensa de relatório e, excepcionalmente, de fundamentação; (x) julgamento em sala de audiência, tribunal ou na sala do magistrado;[174] (xi) sentença dialogada (modelo de Stuttgart); (xii) limitação de recurso; (xiii) limitação do efeito suspensivo do recurso; (xiv) limitação de técnica de satisfação;[175] (xv) adoção de técnica monitória; (xv) procedimento por meio da internet.[176]

3.4 *Money Claim Online*

A técnica de procedimento por meio da internet mostra-se especialmente interessante na resolução de microlesões.

Ainda que os Estados brasileiros adotem o sistema eletrônico para os processos judiciais, no Reino Unido todo o procedimento pode se dar por meio da internet e entre as partes, sem intervenção judicial, audiência e deslocamentos – a atuação judicial só incide se frustrado o procedimento *online*.[177]

---

[170] Na Inglaterra, a ausência de submissão prévia ao Alternative Dispute Resolution pode levar à condenação da parte em custas, ainda que vencedora da contenda.

[171] Na Espanha, o formulário pode ser baixado na internet. (ESPANHA, Boletín oficial del Estado. *Modelo normalizado de solicitude de conciliación*: artículo 141.1 de la ley 15/2015, de 2 de julio, de jurisdicción voluntaria. Disponível em: https://www.boe.es/boe/dias/2016/01/28/pdfs/BOE-A-2016-783.pdf. Acesso em: 23 mar. 2022.)

[172] No original, *skeleton argument* (esboço da argumentação).

[173] Além da limitação das espécies de prova (*i.e.*, não cabimento de prova pericial), é possível a limitação do contraditório sobre a prova. Na Inglaterra, o *small claim track* permite ao juízo limitar o tempo e o objeto do *cross-examination* (direito de uma parte fazer perguntas à testemunha arrolada pela outra).

[174] *A hearing that takes place at the court will generally be in the judge's room but it may take place in a courtroom*. (REINO UNIDO. Justice. *Part 27*: the small claims track. Disponível em: http://www.justice.gov.uk/courts/procedure-rules/civil/rules/part27. Acesso em: 23 mar. 2022.)

[175] No procedimento inglês, se o valor da condenação for inferior a £600,00, não é possível obter mandado de penhora dos bens da residência do devedor.

[176] REINO UNIDO. HM Courts & Tribunal Service. *Money Claim Online*. Disponível em: https://www.moneyclaim.gov.uk/web/mcol/welcome. Acesso em: 23 mar. 2022.

[177] REINO UNIDO. HM Courts & Tribunal Service. *Money Claim Online (MCOL)*: User Guide for Claimants. Disponível em: https://www.gov.uk/government/uploads/system/uploads/attachment_data/file/609046/MCOL_Userguide_for_Claimants_April_2017.pdf. Acesso em: 23 mar. 2022.

O procedimento da MCOL (*Money Claim Online*) exige a *pre-action conduct*, consistindo na comprovação de que o interessado tentou resolver o litígio extrajudicialmente. Para tanto, o governo inglês disponibiliza solução tecnológica por meio da qual o reclamante pode registrar sua queixa e esta é transmitida diretamente ao reclamado, sem juízo prévio de admissibilidade pelo Judiciário.

O procedimento é similar à técnica monitória: se o réu aceitar a cobrança ou não contestar, o autor poderá requerer uma ordem de pagamento sem necessidade de cognição judicial.

A técnica tem restrições legais, não sendo permitido litisconsórcio ativo, o litisconsórcio passivo deve ser limitado a dois réus, o valor não pode ultrapassar ©£100.000,00 e há objeto delimitado – obrigação de pagar quantia certa. De outro lado, as custas judiciais são mais baratas do que o processo tradicional e são pagas no cartão de crédito ou débito.[178]

Os diferenciais do sistema inglês são: a existência de perfil/página individualizada para o reclamante, na qual podem ser consultadas as reclamações em curso e as respostas dadas; a simplicidade da "petição inicial", que não pode ter mais de 1.080 caracteres[179]; e o trâmite direto da mensagem para o réu, sem passar pelo crivo jurisdicional.

O instrumento *online* de resolução de controvérsias – como etapa prévia ao litígio judicial ou meio alternativo de resolução de disputa – motivou a Comissão Europeia a lançar *site* específico voltado à *Online Dispute Resolution*, permitindo que consumidores e fornecedores resolvam crises decorrentes de negócios jurídicos formalizados por meio da internet[180] por diversos ADR – Conciliação, Mediação, Arbitragem, *Ombudsman, Consumer Complaint Board*.

A ferramenta é destinada aos litígios entre consumidores-fornecedores domiciliados na União Europeia, cabendo às entidades de resolução de litígios pré-selecionadas dar andamento à reclamação.[181]

---

[178] REINO UNIDO. GOV.UK. *Make a court claim for money*: court fees. Disponível em: https://www.gov.uk/make-court-claim-for-money/court-fees. Acesso em: 23 mar. 2022.

[179] A fundamentação excedente deve ser encaminhada diretamente ao réu por carta ou *e-mail*.

[180] O objetivo é resolver litígios decorrentes de contratos formalizados na internet, especialmente entre contratantes de países diferentes.

[181] São inúmeras as entidades de cada país. Ilustrativamente, Portugal tem doze entidades aprovadas pela Comissão Europeia, incluindo: (i) Centro de Arbitragem do Setor Automóvel (CASA); (ii) Centro de Arbitragem da Universidade de Lisboa; (iii) Centro de Arbitragem de Conflitos de Consumo de Lisboa; (iv) Entidade Reguladora dos Serviços Energéticos (ERSE); (v) Provedor do Cliente das Agências de Viagens e Turismos. A Alemanha, por sua vez, tem quase trinta instituições, algumas dedicadas à técnica do *ombudsman*: (i) Ombudsman for the German association of independent asset managers; (ii) Insurance Ombudsman; (iii) Ombudsman for non-financial assets and investment funds;

A ferramenta informatizada permite o tratamento estatísticos dos reclamantes e reclamados por nacionalidade e por setor da economia.[182]

Na realidade brasileira, algumas técnicas estrangeiras são bem-vindas, podendo ser adaptadas à realidade nacional sem maiores complexidades, quais sejam: (i) prévia submissão a um dos equivalentes jurisdicionais; e (ii) procedimento por meio da internet.

Como se verá adiante, no capítulo das técnicas extrajudiciais, o governo brasileiro lançou o *site* "consumidor.gov.br" para receber reclamações contra empresas previamente cadastradas, cabendo ao *site* intermediar a reclamação e a resposta das empresas, publicando dados sobre a qualidade do atendimento.

Todavia, inexiste sistema *online* de "ajuizamento de ação", por meio do qual o interessado tenha acesso à plataforma com perfil individualizado, contendo as reclamações ajuizadas e as respostas dos réus com posterior envio da controvérsia, se necessário, ao Poder Judiciário.

O sistema do Portal de Justiça Eletrônico (PJE)[183] pode ser adaptado para servir de mecanismo *online* de tutela extrajudicial das microlesões – como etapa prévia ou sistema alternativo de resolução de litígios.

Os consumidores criariam um perfil no sistema, fazendo as reclamações por meio do portal, com trâmite direto ao fornecedor, que, sendo pessoa jurídica, deve ser obrigado a ter um perfil cadastrado no sistema.

Sendo a resposta favorável ao consumidor, o sistema produz automaticamente título executivo em favor do reclamante, que, em caso de inadimplemento, por simples opção no sistema, distribui a execução.

Sendo a resposta negativa, o reclamante pode desistir da pretensão, propor outro meio alternativo de resolução do litígio ou, ainda, optar pela imediata distribuição da petição inicial. Neste último caso, abre-se oportunidade para emenda da inicial, permitindo ao advogado contratado elaborar peça com redação adequada à técnica jurídica, protocolando-a por meio do mesmo sistema da reclamação, aproveitando os documentos já produzidos na etapa extrajudicial.

(iv) Ombudsman for the German Investment Funds Association; (v) Ombudsman for Private Health and Long-Term Care Insurance; (vi) Real Estate Ombudsman for IVD/VPB – Property acquisition and management; (vii) Ombudsman for Private Banks. (EUROPA. Online Dispute Resolution. Dispute resolution bodies. Disponível em: https://ec.europa.eu/consumers/odr/main/?event=main.adr.show. Acesso em: 23 mar. 2022.)

[182] Os maiores litígios envolvem roupas e calçados (9,93%) e companhias aéreas (15,69%). (EUROPA. Online Dispute Resolution. *Reports and statistics: number of complaints by country*. Disponível em: https://ec.europa.eu/consumers/odr/main/?event=main.statistics. show#ComplaintSectors. Acesso em: 23 mar. 2022.)

[183] BRASIL. Conselho Nacional de Justiça. *PJe*. Disponível em: http://www.cnj.jus.br/wiki/index.php/P%C3%A1gina_principal. Acesso em: 23 mar. 2022.

O perfil dos usuários – reclamante e reclamado – conferiria ao Judiciário dados estatísticos mais precisos sobre a taxa de resolução extrajudicial das controvérsias, assuntos mais demandados e valores controvertidos. O juiz do caso concreto, além das provas já produzidas, poderia analisar também a boa-fé objetiva das partes, influenciando na definição das custas processuais e, eventualmente, na sanção por litigância de má-fé.

Do lado do réu-empresa, a vantagem fica por conta do sistema informatizado e gratuito de gestão dos litígios, permitindo ao empresário extrair o panorama das ações pendentes, modificando as condutas mais impugnadas pelos consumidores.

Para que o sistema tenha a eficácia imaginada, é imprescindível a centralização do PJE, encerrando a divisão de *login* para cada ente federado, órgão judiciário e grau de jurisdição.[184] A interface deve ser testada e aprovada pelos consumidores do serviço jurisdicional, sendo de acesso simplificado para qualquer pessoa.

Em verdade, devem ser concretizados os objetivos do PJE 2.0: (i) definir modelo arquitetural em médio e longo prazo, com atributos de qualidade como testabilidade, manutenibilidade, escalabilidade e segurança; (ii) unificar as versões nos diversos segmentos de Justiça; (iii) tornar o sistema mais amigável e acessível; (iv) facilitar a construção e a evolução colaborativa do sistema.

O novo juiz, do novo CPC, deve ter conduta ativa no gerenciamento do processo, adaptando o procedimento legislado ao caso concreto.

O *iter* processual preestabelecido é apenas o ponto de partida que deve ser adaptado às necessidades da tutela jurídica do caso concreto – a instituição do *case management*[185] é essencial para que o processo caminhe em direção à sua função instrumental.

---

[184] Em que pese as constantes atualizações, a interface continua complexa e exige acesso específico para cada órgão do Poder Judiciário de cada Estado, às vezes acesso específico para cada grau de jurisdição. No Estado de São Paulo, o PJe permite o acesso ao TJMSP, TRF-3, TRT-2, TRT-15, exigindo acesso específico para cada grau de cada um dos ramos das Justiças. O Poder Judiciário Estadual utiliza outro sistema (Sistema de Administração da Justiça – SAJ) com plataforma de acesso totalmente diferente do PJe.

[185] O art. 139, VI, do CPC permite que o juiz altere a ordem da produção dos meios de prova, dilate os prazos processuais e adéque o procedimento às necessidades do conflito, de modo a conferir maior efetividade à tutela do direito. O *case management* pressupõe gerenciamento judicial antecipado e contínuo do litígio, definição de etapas e de prazos, delimitação das provas e dos métodos de solução.

3.5 Tribunal de Paz e juiz leigo

Portugal instituiu um Tribunal de Paz – equivalente jurisdicional de natureza pública – consistindo em convênio administrativo entre o Ministério da Justiça e os Municípios ou Entidades Públicas de Reconhecido Mérito[186] com o objetivo de julgar litígios cíveis de até €15.000,00.[187] Segundo os dados da Direção-Geral da Política de Justiça de Portugal, estão em funcionamento 25 Tribunais de Paz, com abrangência de 3,4 milhões de habitantes.[188]

O juiz de paz é servidor público titular de mandato de cinco anos, excepcionalmente renovável, devendo ser escolhido por concurso público em regra[189] – exige-se nível superior em Direito e mais de 30 anos de idade. A remuneração é inferior ao do juiz de carreira, sendo de €2.549,00 nos três primeiros anos e €3.442,00 a partir de então.[190]

Algumas peculiaridades do sistema merecem destaque: as custas são fixas em €70,00; não se admite recurso contra a decisão condenatória inferior a €2.500,00; a decisão cível pode atingir processos criminais de pequeno potencial ofensivo;[191] é possível utilizar o serviço de Mediação, ainda que a ação não seja de competência do julgado de paz – a limitação da competência jurisdicional pelo valor da ação não influencia a competência para o serviço de Mediação.

A nota introdutória do Relatório de 2016 do Conselho dos Julgados de Paz é feliz ao afirmar que os Julgados de Paz, apesar de provindos

---

[186] O Decreto-Lei nº 41/17 instiui o Tribunal de Paz do Oeste por meio de convênio entre o Estado e a Comunidade Intermunicipal do Oeste, com repartição dos custos e taxas entre as esferas de governo (art. 2º, item 5). (PORTUGAL. Diário da República Eletrônico. *Decreto-Lei nº. 41/2017, de 5 de abril*. Disponível em: https://dre.pt/application/conteudo/106829419. Acesso em: 23 mar. 2022.)

[187] O Tribunal de Paz é regulado pela Lei nº 78/01 que, em seu art. 6º, dispõe que a execução dos julgados deve ser feita perante juízos de direito de 1ª instância. (PORTUGAL. Diário da República Eletrônico. *Lei nº 78/2001 de 13 de julho*: Julgados de Paz: organização, competência e funcionamento. Disponível em: https://dre.pt/dre/detalhe/lei/78-2001-388220. Acesso em: 23 mar. 2022.)

[188] Em 2021, a população de Portugal era de 10,3 milhões de pessoas. (WIKIPEDIA. Portugal. Disponível em: https://pt.wikipedia.org/wiki/Portugal. Acesso em: 23 mar. 2022.)

[189] São dispensados do concurso público: (i) ex-magistrados e ex-membros do Ministério Públicos; (ii) professores universitários com nível de mestrado ou doutorado.

[190] Valores de 2013. (LIMA, Licínio. Juízes exigem autonomia salarial. *ASJP*, 4 fev. 2013. Disponível em: http://www.asjp.pt/2013/02/04/juizes-exigem-autonomia-salarial/. Acesso em: 23 mar. 2022.)

[191] Dispõe o art. 9º, item 3, da Lei nº 78/01, que a apreciação de um pedido de indenização cível torna preclusa a possibilidade de instaurar o procedimento criminal para: (i) ofensas corporais simples; (ii) difamação, injúria; (iii) furto simples; (iv) dano simples; (v) alteração de linha divisória; (vi) estelionato para obtenção de alimentos ou serviços.

de tempos passados, são, hoje, produto do pós-modernismo jurídico-cultural, privilegiando o particular, o pequeno, a perspectiva micro, o caso, a autorregulação, o subjetivo e o compromisso.[192] Outrossim, o relatório constata a dificuldade de estruturação dos juizados e a nomeação de juízes,[193] sem contar com o posicionamento jurisprudencial majoritário no sentido de que o procedimento de paz é facultativo, o que tem levado à redução dos casos distribuídos.[194]

Dos processos distribuídos em 2016, 41% foram resolvidos por acordos e 34% tiveram o pedido apreciado, sendo o restante extinto sem resolução do mérito.

Apesar de o número de processos julgados sem revelia do réu ter atingido a marca de 2.877, foram interpostos apenas 139 recursos (4,8%), dos quais 127 já haviam sido julgados naquele mesmo ano.

Ainda em 2016, 29% das ações ajuizadas tiveram valor da causa até €750,00; o litígio típico envolvia particular-particular, com 42% do total de autores e 63% do total de réus.[195]

Desde a instalação dos primeiros Tribunais de Paz, em 2012, foram distribuídos 99.885 processos, sendo julgadas 95.543 causas – o tempo médio do processo judicial é de 92 dias.

Registre-se que, apesar das dificuldades narradas na nota de introdução do Relatório de 2016, o estudo apresentado pelo Conselho dos Julgados de Paz é extremamente completo e didático.

Da experiência portuguesa, podemos aproveitar o serviço público de Mediação e Conciliação instituído de forma autônoma em relação à ação judicial.

No Brasil, o procedimento sumaríssimo dos juizados especiais prevê Audiência de Conciliação, mas esta é umbilicalmente ligada à ação judicial, só podendo utilizar o serviço se já houver ação em trâmite – o que influencia a animosidade das partes no momento da conciliação.

---

[192] PORTUGAL. Conselho dos Julgados de Paz. *Relatório Anual 2016*: 16º Relatório Anual do Conselho dos Julgados de Paz referente ao ano de 2016. p. 3. Disponível em: http://www.conselho-dosjulgadosdepaz.com.pt/ficheiros/Relatorios/Relatorio2016.pdf. Acesso em: 23 mar. 2022.

[193] Foram realizados três concursos desde 2001, situação especialmente grave diante da temporariedade do mandato do magistrado (PORTUGAL. Conselho dos Julgados de Paz. *Documentação*: Concursos. Disponível em: http://www.conselhodosjulgadosdepaz.com.pt/concursos.asp. Acesso em: 23 mar. 2022.)

[194] Entre 2012 e 2016, houve redução de 28% dos processos distribuídos anualmente (passando de 11.307 para 8.104 processos). (PORTUGAL. Conselho dos Julgados de Paz. *Relatório Anual 2016*: 16º Relatório Anual do Conselho dos Julgados de Paz referente ao ano de 2016. p. 11 Disponível em: http://www.conselhodosjulgadosdepaz.com.pt/ficheiros/Relatorios/Relatorio2016.pdf. Acesso em: 23 mar. 2022.)

[195] Empresas, condomínio e seguradora respondem pelo número restante.

Ao revés, em Portugal, além de a Mediação ter natureza de etapa prévia ao julgamento da contenda, é também um serviço autônomo que pode ser utilizado pelas partes, ainda que inexista ação judicial ou mesmo que o valor da ação supere a competência do Tribunal de Paz.

Outra experiência que pode ser trazida para o Brasil diz respeito à expansão e estruturação da carreira de juiz de paz ou, nas palavras da Lei nº 9.099/95, do juiz leigo.

A figura do juiz leigo tem assento constitucional (art. 98, I, da CF), sendo referido nos arts. 7º da Lei nº 9.099/95 e 15 da Lei nº 12153/09 e regulamentado, no âmbito infralegal, pela Resolução CNJ nº 174/13.[196]

A primeira crítica à estruturação do juiz leigo nacional, que também pode ser feita ao sistema jurídico português, diz respeito ao requisito de experiência mínima do candidato.

Para ser juiz leigo dos Juizados Especiais Cíveis, é necessário ter experiência mínima de dois anos de advocacia.[197] Após dois anos de atividade como advogado militante, é improvável que o causídico suspenda a atividade para atuação como juiz leigo – o que faz com que boa parte das vagas seja preenchida por alunos de escolas de magistratura ou de cursos de pós-graduação, que aproveitam o tempo para fins de experiência profissional (requisito para acesso aos cargos de juiz, promotor e defensor).

O Projeto de Lei nº 1.320/11 da Câmara dos Deputados, que aguarda designação de parecer na Comissão de Constituição, Justiça e Cidadania (CCJ), prevê a seleção do juiz leigo entre os servidores dos tribunais bacharéis em Direito, considerando a atuação como serviço relevante, tal qual o do jurado.[198]

---

[196] A Lei nº 10.259/03, que trata dos juizados especiais da Fazenda Pública Federal, não menciona a figura do juiz leigo, podendo gerar debates sobre seu cabimento no âmbito dos Juizados Especiais Federais.

[197] O art. 7º da Lei nº 9.099/95 exige cinco anos de experiência para o juiz leigo (art. 7º. Os conciliadores e Juízes leigos são auxiliares da Justiça, recrutados, os primeiros, preferencialmente, entre os bacharéis em Direito, e os segundos, entre advogados com mais de cinco anos de experiência). Todavia, o art. 15, §1º, da Lei nº 12153/09 passou a exigir experiência de dois anos (§1º Os conciliadores e juízes leigos são auxiliares da Justiça, recrutados, os primeiros, preferencialmente, entre os bacharéis em Direito, e os segundos, entre advogados com mais de 2 (dois) anos de experiência).

[198] BRASIL. Câmara dos Deputados. *Projeto de Lei nº, de 2011*: Altera o artigo 18 da Lei nº 10.259/01, que "dispõe sobre a instituição dos Juizados Especiais Cíveis e Criminais no âmbito da Justiça Federal" e acrescenta o inciso XII ao art. 102 da Lei nº 8.112/90, que "dispõe sobre o Regime Jurídico Único dos Servidores Públicos da União" e dá outras providências. Disponível em: http://www.camara.gov.br/proposicoesWeb/prop_mostrar integra;jsessionid=41D75721E551675DBF55B8F4A75A315B.proposicoesWebExterno1?cod teor=870510&filename=PL+1320/2011. Acesso em: 22 mar. 2022.

O segundo ponto, também compartilhado com o país europeu, diz respeito à duração da função. O ordenamento jurídico estabelece o período de três anos como estágio probatório para os servidores públicos em geral, tempo necessário para avaliar a adaptação do funcionário à carreira; contudo, o juiz leigo brasileiro exerce o cargo por dois anos, prorrogáveis por igual período. Ou seja, quando o juiz leigo está adaptado à função, já se encerrou ou está prestes a encerrar sua atuação junto ao tribunal.

O terceiro, exclusividade nacional, fica por conta do poder decisório do juiz leigo, que não decide, apenas elabora "proposta de decisão" a ser confirmada pelo juiz togado. Aliás, é discutível, à luz do princípio da identidade física do juiz, permitir que a instrução seja processada pelo juiz leigo e a sentença, proferida pelo juiz togado, ainda que cumpra a este homologar o projeto de sentença.

A posição do CNJ sobre a atuação do juiz leigo é conservadora, asseverando que o agente deve atuar como auxiliar do juiz togado na fase de instrução do processo, e não como substituto do magistrado.[199]

É bem verdade que as partes podem, em comum acordo, escolher o juiz leigo como árbitro no âmbito dos Juizados Especiais Cíveis, caso em que a decisão terá natureza de laudo arbitral, dispensada a posterior homologação pelo juiz togado (art. 24, §2º, da Lei nº 9.099/95), mas se desconhece a aplicabilidade prática desse dispositivo.

Com o entendimento restritivo dos poderes do juiz leigo, o único diferencial em relação ao servidor-assessor é a possibilidade de presidir audiências, havendo desvantagem comparativa com relação à estabilidade, visto que o servidor-assessor é titular de cargo efetivo estável enquanto o juiz leigo exerce cargo por tempo determinado, o que prejudica o aprimoramento do profissional.

De *lege ferenda*, o ideal seria estabelecer a competência do juiz leigo para decidir o litígio, cabendo ao juiz togado julgar recurso contra a decisão do juiz leigo. Da decisão do juiz togado caberia recurso ao Colégio Recursal desde que tenha havido divergência entre os juízes – leigo e togado –, divergência jurisprudencial ou violação à literal disposição de lei.

A quarta crítica, de cunho estritamente formal, é a utilização do termo "leigo" para identificar o juiz, depreciando a função do julgador, o que, inclusive, depõe contra o próprio requisito do cargo, já que é

---

[199] BRASIL. Conselho Nacional de Justiça. *CNJ delimita atuação de juiz leigo*. Disponível em: https://www.cnj.jus.br/cnj-delimita-atuacao-de-juiz-leigo/. Acesso em: 22 mar. 2022.

necessário ter formação jurídica e ter sido aprovado no exame da Ordem dos Advogados do Brasil (OAB).

Em que pese terem transcorridos mais de 20 anos de vigência da Lei nº 9.099/95, a figura do juiz leigo não "pegou".

Com efeito, apenas alguns Estados brasileiros instituíram o cargo de juiz leigo,[200] sendo parcos os dados estatísticos sobre o instituto.[201] O último levantamento do CNJ sobre os Juizados Especiais Cíveis, datado de 2015, nas mais de 90 páginas sobre o tema, cita o termo "juiz leigo" em apenas três passagens, não havendo qualquer dado sobre a efetividade do instituto nos juizados analisados.

Como afirmado pela FGV no estudo citado no início deste trabalho, a própria falta de dados é questão que chama atenção por si só.

Não obstante as críticas, bem como a falta de informações estatísticas sobre seu funcionamento, não se pode desprezar a utilidade da figura do juiz leigo. O Rio de Janeiro regulamentou o instituto propondo metas auspiciosas – cada juiz leigo deve elaborar no mínimo 80 audiências e projetos de sentença por mês.[202]

Cotejando a experiência portuguesa e a brasileira, dentro do contexto da tutela estatal das microlesões, propõe-se:

(i) Criação de Juizados Especiais de Paz pelos Tribunais de Justiça, composto por juízes de paz com mandato de cinco

---

[200] Utilizam o sistema do juiz leigo: Acre, Bahia, Ceará, Espírito Santo, Mato Grosso, Mato Grosso do Sul, Minas Gerais, Paraíba, Pernambuco, Piauí, Pará, Rio de Janeiro, Rio Grande do Sul e Santa Catarina (BRASIL. Conselho Nacional de Justiça. *Tribunais de Justiça contratam juízes leigos para reforçar Juizados Especiais*. Disponível em: https://www.cnj.jus.br/tribunais-de-justica-contratam-juizes-leigos-para-reforcar-juizados-especiais/. Acesso em: 22 mar. 2022.)

[201] O estudo mais recente do CNJ data de 2015, com amostra limitada a cinco capitais (Belém, Campo Grande, Florianópolis, São Luís e São Paulo) e, ainda assim, analisando amostras de alguns processos de poucos juizados. Ou seja, foram analisados cinco das 27 capitais, dois a três juizados dos existentes na cidade, com aprofundamento de apenas 20 a 100 processos por juizado. Além disso, falta grupo de controle, que poderia ser obtido analisando outras cidades similares (Manaus, Cuiabá, Curitiba, Salvador e Rio de Janeiro), a fim de verificar a consistência dos dados. Não obstante, o CNJ levou em consideração dados peculiares na pesquisa: (i) número de páginas das manifestações; (ii) percentual de atuação com/sem advogado; (iii) existência de pedido de danos morais; (iv) variação do valor de danos morais pleiteados de acordo com a presença ou não de patrocínio por advogado; (v) número de conciliação com/sem a presença de advogados. (BRASIL. Conselho Nacional de Justiça. *Justiça Pesquisa*: Perfil do acesso à justiça nos juizados especiais cíveis. Disponível em: https://www.cnj.jus.br/wp-content/uploads/2011/02/b5b551129703bb15b-4c14bb35f359227.pdf. Acesso em: 22 mar. 2022.)

[202] Art. 6º da Res. TJ/OE/RJ nº 35/2013. (RIO DE JANEIRO (Estado). *Resolução TJ/OE/RJ nº35/2013*: Disciplina, no âmbito do Poder Judiciário do Estado do Rio de Janeiro, o quantitativo de Juízes Leigos, suas atribuições e remuneração. Disponível em: http://www.migalhas.com.br/arquivo_artigo/art20130925-01.pdf. Acesso em: 22 mar. 2022.)

anos, prorrogáveis por igual período, para o processo e julgamento das ações cíveis de pequena monta, com poder decisório próprio, sem necessidade de homologação por juiz de carreira. Da decisão do juiz leigo caberia recurso fundado em questões de fato e de Direito direcionado ao juiz togado. Contra a sentença do juiz togado caberia novo recurso ao Colégio Recursal, limitado às questões de Direito.

(ii) Criação de serviço de Mediação e Conciliação, anexo ao Juizado Especial, mas autônomo ao processo, permitindo que as partes utilizem o serviço mesmo sem ter sido ajuizada ação e independentemente do valor da controvérsia;

(iii) Convênio entre órgãos públicos e privados, inclusive entre entes da federação e Estado-universidades, para instalação, criação e custeio dos Juizados Especiais de Paz. No âmbito das faculdades, além de incentivar a estrutura do "escritório de advocacia modelo", competiria ao Poder Público fomentar a criação de "Juizados Modelo", cabendo aos alunos, com apoio do professor, decidir a questão colocada.

3.6 Molecularização da tutela e escritório central

O sistema processual, desde há muito, permite que os direitos individuais homogêneos sejam tutelados de forma coletiva, mas inexiste norma que obrigue seguir esse caminho, sendo baixos os incentivos para que os prejudicados atuem de forma molecular.

O próprio Judiciário tem movimentos pendulares, ora ampliando e ora restringindo a efetividade das técnicas coletivas.

Basta lembrar as intermináveis discussões sobre a eficácia territorial da sentença coletiva (art. 16 da Lei de Ação Civil Pública – LACP); o recente posicionamento que limita a eficácia subjetiva da sentença coletiva aos integrantes do quadro associativo na data do ajuizamento da ação;[203] e a posição que impede a repropositura de ação coletiva de

---

[203] Ampliando um pouco o campo de observação, importa registrar que a atuação das entidades associativas ainda se vê mais reduzida em sua eficácia prática por força de enxertos legislativos de infeliz inspiração. Sirva de exemplo a introdução, por medida provisória, de dispositivo segundo o qual a sentença proferida em ação coletiva de associação civil, na defesa dos interesses e direitos dos associados, só abrangerá aqueles que, na data da propositura, tenham domicílio no âmbito da competência territorial do órgão prolator. A inovação atentou contra princípio firme na doutrina, a saber, o de que, nas hipóteses de substituição processual, o julgado vale e produz efeitos para os substituídos, sem distinções do tipo da que se consagrou, baseada em elemento aleatório e irrelevante, como o

Direito Individual Homogêneo julgada improcedente, ainda que por falta de provas.[204]

Privilegiando a técnica coletiva, o STJ admite a suspensão, *ope judicis*, das ações individuais enquanto se aguarda o julgamento da questão jurídica veiculada em ação coletiva.[205]

O movimento de "corrente e contracorrente" é verificado também no âmbito legislativo, que, no final dos anos 1980 e início dos anos 1990, aprovou a Lei de Ação Civil Pública (Lei nº 7.347/85) e o CDC (Lei nº 8.078/90), mas, anos depois, restringiu a eficácia da sentença (art. 2º-A da Lei nº 9494/97)[206] e não derrubou o veto que excluiu a conversão da ação individual em coletiva (art. 333 do CPC de 2015).[207]

Não obstante a dinâmica cíclica – legislativa e judicial–, há instrumentos processuais que podem contribuir para o tratamento coletivizado das microlesões. Alguns estão previstos no sistema jurídico, outros necessitam de previsão normativa ou de construção jurisprudencial.

A primeira solução processual de tratamento das microlesões é o manejo adequado da ação civil pública e do processo coletivo de direitos coletivos *stricto sensu* e individuais homogêneos (arts. 81, II e III, do CDC).

A ação coletiva tem o condão de dar tratamento molecularizado aos conflitos, resolvendo em um único processo lides plurissubjetivas. Temas de incidência repetitiva – matéria de servidor público, benefícios

---

domicílio em certa data. E não existe razão lógica que justifique a restrição: estar algum membro da associação domiciliado fora do âmbito da competência territorial do órgão julgador não é circunstância que inevitavelmente torne menos intenso e menos digno de tutela, para esse associado, o interesse em jogo. (MOREIRA. Op. cit., p. 181-190)

[204] Caso ocorra dissolução da associação que ajuizou ação civil pública, não é possível sua substituição no polo ativo por outra associação, ainda que os interesses discutidos na ação coletiva sejam comuns a ambas (BRASIL. Superior Tribunal de Justiça. REsp nº 1.405.697/MG. 3ª Turma. Relator: Min. Marco Aurélio Bellizze. Brasília, 17.09.15)

[205] É possível determinar a suspensão do andamento de processos individuais até o julgamento, no âmbito de ação coletiva, da questão jurídica de fundo neles discutida. (BRASIL. Superior Tribunal de Justiça. REsp nº 1.353.801/RS. 1ª Seção. Relator: Min. Mauro Campbell Marques. Brasília, 14.08.13)

[206] t. 2º-A. A sentença civil prolatada em ação de caráter coletivo proposta por entidade associativa, na defesa dos interesses e direitos dos seus associados, abrangerá apenas os substituídos que tenham, na data da propositura da ação, domicílio no âmbito da competência territorial do órgão prolator.

[207] A conversão de ação individual restou vetada pela Presidência da República sob o argumento de que "da forma como foi redigido, o dispositivo poderia levar à conversão de ação individual em ação coletiva de maneira pouco criteriosa, inclusive em detrimento do interesse das partes (...). Além disso, o novo Código já contempla mecanismos para tratar demandas repetitivas". (BRASIL. *Mensagem nº 56 de 16 de março de 2015*. Disponível em: http://www.planalto.gov.br/ccivil_03/_ato2015-2018/2015/Msg/VEP-56.htm. Acesso em: 22 mar. 2022.)

previdenciários, lides tributárias, cláusulas contratuais de serviços de massa (energia, iluminação, gás, telefone, internet, educação, planos de saúde, contratos bancários etc.) – podem ser resolvidos com uma só ação coletiva.

Adiante-se que a estrutura geral da ação coletiva e, em especial, os temas mais acalorados – controle de legitimidade adequada, limitações subjetiva, territorial e temporal da coisa julgada, distinção entre direitos coletivos *stricto sensu* e individuais homogêneos, estruturação do *opt in* e *opt out*, entre outros – escapam do escopo deste livro.

Merece destaque, entretanto, o regime da coisa julgada que, nos direitos coletivos *stricto sensu*, opera *ultra partes* e *secundum eventum probationis* e, nos direitos individuais homogêneos, opera *erga omnes* e *in utilibus*.

Ou seja, no direito coletivo, em sentido estrito, a coisa julgada material é formada *pro et contra*, mas tão somente se for com base em cognição exauriente sustentada em prova robusta. No Direito Individual Homogêneo, a coisa julgada material somente é formada se beneficiar o litigante coletivo, não podendo agir em seu prejuízo.

Em que pese a aparente qualidade do regime da coisa julgada, pode-se afirmar, sem receios, que o instrumento coletivo não é utilizado na quantidade desejada, especialmente se considerarmos a baixa atuação dos legitimados privados.

Afirmação mais categórica sobre a efetividade do sistema coletivo depende da análise de dados quantitativos e qualitativos, sobretudo de informações precisas sobre as ações coletivas ajuizadas; efetivos e potenciais beneficiados; estimativa de ações individuais que deixaram de ser ajuizadas em razão da coisa julgada coletiva; índice de procedência da ação coletiva, em termos absolutos e em comparação com as ações individuais; principais demandantes e demandados; duração do processo coletivo; entre outros.[208]

---

[208] A pesquisa do CEBEPEJ (Tutela Judicial dos Interesses Metaindividuais: Ações Coletivas) requereu dos órgãos públicos as seguintes informações: (i) número de representações e peças de informação processados nos últimos cinco anos; (ii) dados relativos aos representantes; (iii) procedimentos preparatórios de inquérito civil público instaurados nos últimos cinco anos, com a especificação daqueles instaurados de ofício ou por representação; (iv) número de inquéritos civis instaurados nos últimos cinco anos, com a especificação daqueles instaurados de ofício ou por representação e daqueles precedidos, ou não, de procedimento preparatório; (v) natureza (interesses difusos, coletivos ou individuais homogêneos) e objeto (consumo, meio ambiente, habitação e urbanismo, patrimônio cultural, infância e juventude, portadores de deficiência, idosos, cidadania e políticas públicas em geral, probidade administrativa etc.) dos interesses envolvidos em cada um desses procedimentos preparatórios; (vi) tempo médio de tramitação dos procedimentos preparatórios (global

Infelizmente não foram encontradas estatísticas nos órgãos públicos, especialmente no sítio eletrônico do CNJ e no Portal de Direitos Coletivos mantido pelo Conselho Nacional do Ministério Público.

O trabalho de confiabilidade mais recente data de 2007 e foi produzido pelo Centro Brasileiro de Estudos e Pesquisas Judiciais (CEBEPEJ),[209] denominado "Tutela Judicial dos Interesses Metaindividuais – Ações Coletivas".[210]

No prefácio do escrito, Watanabe assevera que um dos mais importantes achados da pesquisa é justamente a constatação de inexistência de dados precisos sobre vários aspectos abordados no estudo. A carência e a inconsistência dos dados oficiais concernentes à tutela, judicial ou extrajudicial, dos interesses metaindividuais prejudica o conhecimento das variáveis concretas e dificulta, por via

---

e específico, conforme a natureza e objeto do interesse defendido); (vii) tempo médio de tramitação dos inquéritos civis (global e específico, conforme a natureza e objeto do interesse defendido); (viii) tipos de providências adotadas nesses procedimentos; (ix) número de procedimentos preparatórios arquivados nos últimos cinco anos (global e específico conforme a natureza e o objeto do interesse defendido); (x) número de recursos interpostos contra decisões de arquivamento de procedimentos preparatórios dos últimos cinco anos, com respectivo resultado; (xi) número de inquéritos civis arquivados nos últimos cinco anos (global e específico conforme a natureza e objeto do interesse defendido); (xii) número de recursos interpostos contra decisões de arquivamento de inquéritos civis dos últimos cinco anos, com respectivo resultado; (xiii) número de termos de ajustamento de conduta firmados (global e específico conforme a natureza e objeto do interesse defendido); (xiv) objeto e condições fundamentais dos termos de ajustamento de conduta firmados; (xv) número de termos de ajustamento de conduta cumpridos (global e específico conforme a natureza e objeto do interesse defendido); (xvi) número de termos de ajustamento de conduta objeto de execução judicial (global e específico conforme a natureza e objeto do interesse defendido); (xvii) número de ações civis públicas efetivamente ajuizadas; (xviii) natureza (interesses difusos, coletivos ou individuais homogêneos) e objeto (consumo, meio ambiente, habitação e urbanismo, patrimônio cultural, infância e juventude, portadores de deficiência, idosos, cidadania e políticas públicas em geral, probidade administrativa etc.) de interesses envolvidos nas ações civis públicas efetivamente ajuizadas; (xix) réus indicados para o polo passivo (pessoas físicas, pessoas jurídicas de direito privado e pessoas jurídicas de direito público) das ações civis públicas efetivamente ajuizadas (global e específico, conforme a natureza e objeto do interesse defendido). (CEBEPEJ. *Tutela Judicial dos Interesses Metaindividuais*: Ações Coletivas. p. 23-24. Disponível em: https://edisciplinas. usp.br/pluginfile.php/3076099/mod_resource/content/1/Cebepej%2C%20Relatorio%20 Pesquisa%20Coletivas_2005.pdf. Acesso em: 22 mar. 2022.)

[209] O Centro Brasileiro de Estudos e Pesquisas Judiciais é associação civil sem fins lucrativos, reconhecida como OSCIP (Organização da Sociedade Civil de Interesse Público), com o objetivo de desenvolver estudos e pesquisas sobre o sistema judicial brasileiro. (CEBEPEJ. Quem Somos. Disponível em: http://www.cebepej.org.br/quem-somos.php. Acesso em: 22 mar. 2022.)

[210] CEBEPEJ. Tutela Judicial dos Interesses Metaindividuais: Ações Coletivas. p. 23-24. Disponível em: https://edisciplinas.usp.br/pluginfile.php/3076099/mod_resource/content/1/ Cebepej%2C%20Relatorio%20Pesquisa%20Coletivas_2005.pdf. Acesso em: 22 mar. 2022.

de consequência, a definição de políticas públicas adequadamente orientadas.[211]

Realçando a importância dos dados estatísticos, o CEBEPEJ informa que, em 2005, a Argentina realizou pesquisa semelhante[212] cujo resultado apontou que os principais litígios envolvem direito de consumidores e usuários de serviços públicos (32%), meio ambiente (19%), direitos civis e políticos (19%) e direitos econômicos, sociais e culturais (10%). Demostrou, ainda, que a tutela de interesses divisíveis foi majoritária (61%) e que os principais litigantes são organizações não governamentais (36%) e particulares (41%), com papel reduzido dos órgãos estatais argentinos (18%).

O Ministério Público do Estado de São Paulo, entre 2002 e 2006, distribuiu ações civis públicas em meio ambiente, habitação, urbanismo e patrimônio histórico (42%), improbidade administrativa (37%), infância e juventude (9%), consumidor (7%) e cidadania (5%), totalizando mais de 12 mil ações coletivas no período.[213] O MPSP, naquele intervalo, celebrou 8.553 Termos de Ajustamento de Conduta (TAC), dos quais 4.889 restaram cumpridos e 1.755 exigiram execução judicial.[214]

Já o Ministério Público Federal com atuação em São Paulo informou que ajuizou 247 ações civis públicas, a maior parte relativa ao consumidor, ordem econômica e sistema financeiro de habitação (31%), sendo o restante sobre patrimônio público e social (24%), qualidade do serviço público, sistema tributário, previdência e assistência sociais (16%), saúde e educação (11%), família, crianças, adolescentes, idosos, estrangeiros, deficientes e cidadania (11%), meio ambiente, patrimônio cultural e populações tradicionais (5%).

O CEBEPEJ, ao analisar os dados do Tribunal de Justiça de São Paulo sobre as ações coletivas em geral, teceu a seguinte consideração:

---

[211] Um exemplo da inconsistência das informações ocorreu com os dados do Ministério Público do Mato Grosso, que, em um primeiro momento, delegou aos promotores a tarefa de informar os TACs nas comarcas que atuam, sendo relatada a celebração de 287 TACs. Posteriormente, por meio do Ofício nº 204/2007-CGMP, o órgão ministerial informou a celebração de apenas 58.

[212] MAURINDO, Gustavo V.; NINO, Ezequiel; SIGAL, Martín. *Las Acciones Colectivas*: Análisis Conceptual, Constitucional, Procesal, Jurisprudencial y Comparado. Buenos Aires: Lexis Nexis Argentina, 2005. p. 85-105.

[213] Não é possível definir se se trata de ação coletiva propriamente dita ou das chamadas ações pseudocoletivas (ações formalmente coletivas, mas que tratam de interesses individuais *stricto sensu*).

[214] Não foram especificados os assuntos dos TACs.

CAPÍTULO 3
TUTELA JURISDICIONAL DAS MICROLESÕES | 115

O Tribunal de Justiça do Estado de São Paulo não forneceu resposta ao questionário que lhe foi enviado, encaminhando, tão somente, em um primeiro momento, duas planilhas de Excel contendo uma listagem de diversos processos em curso no interior e na capital (aproximadamente 13.500 processos, apenas listados um a um em aproximadamente 13.500 linhas de planilha), muitos dos quais, ademais, não pareciam referir-se a ações civis públicas, uma vez que nos campos atinentes ao polo ativo figuravam pessoas que não teriam legitimação ativa para ajuizar esse tipo de ação. Dessa forma, quer pela provável inconsistência dos dados, quer pela absoluta impossibilidade de tratá-los, restou impossível compilar qualquer informação atinente ao tribunal paulista.

Superando as fundadas críticas e trabalhando com o material disponível, em agosto de 2003 existiam 10,8 milhões de processos em curso no Tribunal de Justiça de São Paulo, sendo 11 mil de natureza coletiva (0,1% do total).

No Tribunal Regional Federal da 3ª Região, as ações coletivas da seção judiciária de São Paulo correspondiam a 0,16% do total. Em outros Estados, em termos percentuais, as ações coletivas no Rio Grande do Sul atingiram 0,01% do total e, no Mato Grosso, 0,15%.

Na justiça gaúcha, comparando o resultado das ações coletivas federais e estaduais, temos que no âmbito federal a taxa de procedência total foi de 10% e, de procedência parcial, de 14%, enquanto no âmbito estadual foi de 32,04% e 20,40% respectivamente.[215] Por último, a taxas de homologação de acordo foro de apenas 1% no âmbito federal contra 20,4% no âmbito estadual.[216]

Ainda que teoricamente seja possível afirmar que as ações coletivas podem desempenhar relevante papel na resolução das crises de massa, incluindo as de microlesão, na prática, não é possível analisar a efetividade do sistema coletivo no contexto brasileiro.

Não obstante, são diversas as instituições nacionais e estrangeiras que se dedicam à defesa dos consumidores e utilizam a técnica da tutela coletiva.

Entre as instituições estrangeiras, o destaque fica para o Bureau Européen des Unions de Consommaterus (BEUC), especificamente

---

[215] As extinções sem julgamento de mérito atingiram 14% no âmbito federal contra 4,80% no estadual; as sentenças de improcedência foram de 9% no âmbito federal contra 7,96% no âmbito estadual.

[216] Novamente, considerando que é praxe a utilização do termo "Ação Civil Pública" para tutela individual de direitos indisponíveis, especialmente saúde e educação, é difícil precisar o quantitativo de ações na Justiça Estadual que tinham natureza propriamente coletiva. A reunião das categorias pode justificar a diferença do índice de procedência na justiça federal e estadual.

em razão da ação coletiva envolvendo a propaganda enganosa sobre o consumo de combustível de dois modelos de veículos da Fiat (Fiat Panda 1.2) e da Volkswagen (Golf. 1.6 TDI).[217]

As empresas utilizaram sistema de medição de consumo de combustível ultrapassado, fazendo com que os modelos consumissem entre 18% e 50% mais do que anunciado, ocasionando prejuízo de €247,00 a €509,00 a cada 15 mil quilômetros rodados.

A peculiaridade fica para a criatividade da organização ao divulgar as informações com vídeos extremamente bem-humorados por meio da plataforma de *streaming* YouTube.[218]

Mais um instituto de Direito Processual que pode contribuir para a resolução efetiva dos microlesões na esfera jurisdicional é a conversão da ação individual em coletiva – instituto em que foi previsto novo CPC aprovado pelo Congresso Nacional,[219] mas acabou por ser vetado pela Presidência da República.

---

[217] THE EUROPEAN CONSUMER ORGANISATION (BEUC). *The great fuel consumption scan.* Disponível em: http://www.beuc.eu/great-fuel-consumption-scam#theproblem. Acesso em: 22 mar. 2022.

[218] ALTROCONSUMO. *Fai confessar la tua auto.* Disponível em: https://www.youtube.com/watch?v=qwT7TzBH808. Acesso em: 22 mar. 2022.

[219] Art. 333. Atendidos os pressupostos da relevância social e da dificuldade de formação do litisconsórcio, o juiz, a requerimento do Ministério Público ou da Defensoria Pública, ouvido o autor, poderá converter em coletiva a ação individual que veicule pedido que: I – tenha alcance coletivo, em razão da tutela de bem jurídico difuso ou coletivo, assim entendidos aqueles definidos pelo art. 81, parágrafo único, incisos I e II, da Lei nº 8.078/90 (Código de Defesa do Consumidor), e cuja ofensa afete, a um só tempo, as esferas jurídicas do indivíduo e da coletividade; II – tenha por objetivo a solução de conflito de interesse relativo a uma mesma relação jurídica plurilateral, cuja solução, por sua natureza ou por disposição de lei, deva ser necessariamente uniforme, assegurando-se tratamento isonômico para todos os membros do grupo. §1º Além do Ministério Público e da Defensoria Pública, podem requerer a conversão os legitimados referidos no art. 5º da Lei nº 7.347/85, e no art. 82 da Lei nº 8.078/90 (Código de Defesa do Consumidor). §2º A conversão não pode implicar a formação de processo coletivo para a tutela de direitos individuais homogêneos. §3º Não se admite a conversão, ainda, se: I – Já iniciada, no processo individual, a audiência de instrução e julgamento; ou II – Houver processo coletivo pendente com o mesmo objeto; ou III – O juízo não tiver competência para o processo coletivo que seria formado. §4º Determinada a conversão, o juiz intimará o autor do requerimento para que, no prazo fixado, adite ou emende a petição inicial, para adaptá-la à tutela coletiva. §5º Havendo aditamento ou emenda da petição inicial, o juiz determinará a intimação do réu para, querendo, manifestar-se no prazo de 15 (quinze) dias. §6º O autor originário da ação individual atuará na condição de litisconsorte unitário do legitimado para condução do processo coletivo. §7º O autor originário não é responsável por nenhuma despesa processual decorrente da conversão do processo individual em coletivo. §8º Após a conversão, observar-se-ão as regras do processo coletivo. §9º A conversão poderá ocorrer mesmo que o autor tenha cumulado pedido de natureza estritamente individual, hipótese em que o processamento desse pedido dar-se-á em autos apartados. §10. O Ministério Público deverá ser ouvido sobre o requerimento previsto no *caput*, salvo quando ele próprio o houver formulado.

O veto foi requerido pela Advocacia-Geral da União (AGU) e pela OAB sob os argumentos de que, da forma como redigido, o dispositivo poderia levar à conversão de ação individual em ação coletiva de maneira pouco criteriosa, inclusive em detrimento dos interesses das partes; exigiria disciplina própria para garantir a plena eficácia do instituto; além de o novo código já contemplar mecanismos para tratar as demandas repetitivas.

Não obstante o veto, a conversão da ação individual em coletiva consta no projeto de código-modelo de processo coletivo para a Ibero-América sob a direção dos professores Roberto Berizonce e Landoni Sosa,[220] bem como no Projeto de Lei nº 8.058/14, sobre o processo especial para controle e intervenção em políticas públicas pelo Poder Judiciário, de autoria do deputado federal Paulo Teixeira.[221]

A *class action* norte-americana é a fonte de inspiração para a conversão da ação individual em coletiva.

A regra 23 da *federal rules* permite que um indivíduo litigue em favor da classe com a qual compartilhe questões de fato ou de Direito,[222] vinculando todos à decisão judicial ou ao acordo homologado pelo Judiciário.

---

[220] Menção honrosa à professora Ada Pellegrini Grinover, que também era responsável pelo projeto.

[221] Art. 30. Atendido o requisito da relevância social e ouvido o Ministério Público, o juiz poderá converter em coletiva a ação individual que: I – tenha efeitos coletivos, em razão da tutela de bem jurídico coletivo e indivisível, cuja ofensa afete ao mesmo tempo as esferas jurídicas do indivíduo e da coletividade; II – tenha por escopo a solução de conflitos de interesses relativos a uma mesma relação jurídica plurilateral, cuja solução deva ser uniforme, por sua natureza ou por disposição de lei, assegurando-se tratamento isonômico para todos os membros do grupo e padrão de conduta consistente e unitária para a parte contrária. §1º Determinada a conversão, o autor manterá a condição de legitimado para a ação em litisconsórcio necessário com o Ministério Público ou outro colegitimado para a ação coletiva. §2º O Ministério Público ou outro legitimado poderão aditar ou emendar a petição inicial para adequá-la à tutela coletiva, no prazo a ser fixado pelo juiz. §3º Se nenhum dos colegitimados aditar ou emendar a petição inicial, o juiz encaminhará os autos ao Conselho Superior do Ministério Público para que indique membro da instituição para fazê-lo. §4º A coisa julgada terá efeito erga omnes, nos termos do disposto nos arts. 103 e 104 da Lei nº 8.078/90. §5º O Ministério Público atuará como fiscal da ordem jurídica se não intervier como parte

[222] BRASIL. Câmara dos Deputados. *Projeto de Lei nº, de 2014*: Institui processo especial para o controle e intervenção em políticas públicas pelo Poder Judiciário e dá outras providências. Disponível em: http://www.camara.gov.br/proposicoesWeb/prop_mostrarintegra?codteo r=1283918&filename=PL+8058/2014. Acesso em: 22 mar. 2022.)
Além da comunhão de questões, exige-se que: (i) o litisconsórcio ativo seja materialmente inviável; (ii) o interesse do autor da ação seja representativo de parte considerável dos sujeitos ausentes; (iii) o autor consiga representar adequadamente os sujeitos ausentes. (CORNELL LAW SCHOLL. *Legal Information Institute*: Federal Rules of Civil procedure. Disponível em: https://www.law.cornell.edu/rules/frcp/rule_23. Acesso em: 22 mar. 2022.)

O sistema norte-americano, ainda que passível de críticas, amplia a legitimidade coletiva para os indivíduos, permitindo que ação proposta com finalidade individual ganhe dimensão coletiva.

É bem verdade que o regramento dado à conversão do processo individual em coletivo no novo CPC não era o ideal, em particular pela exclusão de sua aplicabilidade para os direitos coletivos de natureza individual homogênea. Da mesma forma, outros reparos devem ser feitos ao projeto em curso na Câmara dos Deputados, sobretudo pelo cabimento pouco claro e pelo efeito subjetivo de a coisa julgada ser *erga omnes* nos direitos coletivos *stricto sensu* – e não *ultra partes*, conforme regramento atual do CDC.

De *lege ferenda*, a conversão da ação individual que tenha potencial coletivo – difuso, coletivo *stricto sensu* ou individual homogêneo – em ação coletiva, desde que bem regulamentada, pode representar importante técnica de tutela molecularizada, em especial se sua conversão não for opção subjetiva da parte, mas dever-poder dos legitimados coletivos.

Encerrada a fase de cognição e resolvida a crise de certeza, o direito subjetivo se submete a novo teste de resistência, muitas vezes fatal, que é o cumprimento de sentença.

No âmbito das microlesões, dificuldades adicionais se impõem – custo de liquidação do direito comparado ao próprio valor direito invocado e ausência de identificação dos titulares do direito violado.

Três técnicas processuais próximas, mas com contornos bem delimitados, podem ser adotadas para mitigar a dificuldade encontrada na fase executiva: é o *fluid recovery* (art. 100 do CDC); satisfação coletiva do dano individual (*cy-près*), que não é positivada no Direito brasileiro; e utilização de escritórios centrais de arrecadação.

3.7 *Fluid recovery*

O instituto é positivado no Direito brasileiro no art. 13 da Lei nº 7.347/85 e art. 100 do CDC, com regulamentação pelo Decreto nº 1.306/94, contando com jurisprudencial a seu respeito.[223]

Pela técnica da *fluid recovery*, os legitimados coletivos podem promover a liquidação e execução da sentença que reconheça indenização por violação aos direitos individuais homogêneos se transcorrer

---

[223] BRASIL. Superior Tribunal de Justiça. REsp 1.599.142/SP. 3ª Turma. Relatora: Min(a). Nancy Andrighi. Brasília, 25.09.18.

um ano sem habilitação de interessados em número compatível com a gravidade do dano, revertendo o valor arrecadado ao Fundo de Direitos Difusos – criado pela Lei nº 9008/95.

Nos últimos anos, o Fundo de Direitos Difusos (FDD) arrecadou entre R$775 milhões em 2016 e R$199 milhões em 2021.[224] Entre os projetos fomentados pelo fundo, destacam-se: (i) Convênio 419/2019-Juiz de Fora com o objetivo de promover campanha educativa de acesso à informação ao consumidor e educação financeira (valor solicitado de R$989 mil); (ii) Convênio 401/2020-São Paulo com o objetivo de criar o Centro Municipal de Solução Consensual de Conflitos (valor solicitado de R$548 mil); (iii) Contrato de Repasse 907142/20, que destinou R$2,3 milhões à Secretaria de Segurança Pública de Goiás para a construção e a reforma de delegacias especializadas ao atendimento à mulher.[225]

Os projetos têm diversos objetivos, indo da segurança pública, Direito do Consumidor, acesso à água, patrimônio histórico-cultural, chegando a destinar recursos para órgãos do próprio Estado, como o Conselho Administrativo de Defesa Econômica (Cade) (Termo de Execução Descentralizada 02/2019), e para a aquisição e instalação de arquivos deslizantes em aço para equipar a sala de reserva técnica do acervo histórico da Presidência da República (Termo de Execução Descentralizada 14/2019).[226]

O *fluid recovery* privilegia o caráter sancionatório da reparação civil ao não permitir que o patrimônio do autor do dano, condenado na fase de conhecimento, passe incólume apenas porque não há interesse na persecução dos valores por número razoável de vítimas – haverá efetiva responsabilidade patrimonial, ainda que os valores sejam revertidos para órgãos ou fundos diversos do titular do direito.

Sucede que a reversão do valor ao FDD nem sempre representa a melhor solução para o caso concreto, especialmente quando o legitimado ativo é associação privada, porquanto a entidade – em certos casos – têm condições de arrecadar e distribuir os valores administrativamente para as vítimas reais ou potenciais do dano, sem necessidade

---

[224] BRASIL. Justiça e Segurança Pública. *Fundo de Direitos Difusos*: arrecadação. Disponível em: https://legado.justica.gov.br/seus-direitos/consumidor/direitos-difusos/arrecadacao-1. Acesso em: 23 mar. 2022.

[225] BRASIL. Justiça e Segurança Pública. *Fundo de Direitos Difusos*: projetos conveniados. Disponível em:https://legado.justica.gov.br/seus-direitos/consumidor/direitos-difusos/projetos-conveniados-1. Acesso em: 23 mar. 2022.

[226] BRASIL. Justiça e Segurança Pública. *Fundo de Direitos Difusos*: projetos conveniados. Disponível em:https://legado.justica.gov.br/seus-direitos/consumidor/direitos-difusos/projetos-conveniados-1. Acesso em: 23 mar. 2022.

de liquidação individual de sentença, beneficiando os substituídos processuais, ainda que não pelo princípio do *restitutio in integrum*.

O *fluid recovery* e o FDD apresentam passo importante na "punição" do infrator, impedindo que o ato ilícito fique sem consequências civis. Contudo, por ter natureza de fundo público, a gestão e o procedimento de aprovação de projetos e de repasse de verbas são burocráticos.

Talvez a principal crítica que se possa fazer aos institutos é a baixa pertinência temática entre o ilícito e o destino da verba arrecadada, porquanto não há qualquer liame objetivo entre a origem do dinheiro e o projeto a ser financiado. Ou seja, nada impede que o recurso advenha de ilícito ambiental e o valor arrecadado seja destinado à segurança pública.

3.8 Cy-près comme possible

A fim de mitigar as falhas do sistema da *fluid recovery*, a doutrina brasileira, ao menos em nível acadêmico, começa a trabalhar com a técnica da satisfação coletiva do dano individual, conhecida pelo termo francês *cy-près comme possible* (tão próximo quanto possível) ou, simplesmente, *cy-près*.

O instituto é originário do Direito das Sucessões e permite que a declaração do testador em vida seja aproveitada – o mais próximo possível – quando de sua morte.[227]

O CC brasileiro incorporou o princípio também no campo das fundações ao prever que, em sendo insuficientes para constituir a fundação, os bens a ela destinados serão incorporados em outra que se proponha a fim igual ou semelhante. Tornando-se ilícita, impossível ou inútil a finalidade a que visa a fundação, ou vencido o prazo de sua existência, o Ministério Público ou outro interessado proverá sua extinção, incorporando o patrimônio em outra instituição designada pelo juiz que se proponha a fim igual ou semelhante (arts. 63 e 69 do CC).

No Direito Processual, o instituto ganhou função própria, autorizando que o magistrado execute a sentença pelo resultado prático equivalente ou aproximado, ainda que seja para beneficiar quem não foi prejudicado originalmente pelo ato ilícito.

---

[227] *The gist of the cy-près doctrine is that when a court finds it impossible, impracticable, or infeasible to literally comply with a donor's intention for disposing of property, the court should nevertheless carry out the intention "as near as possible"*. (MULHERON, Rachel P. The Modern Cy-près Doctrine: Application & Implication. London: Routledge-Cavendish, 2006)

Na esfera coletiva, o *cy-près* incide quando não é possível identificar os prejudicados pelo dano ou quando o custo para identificação das vítimas e liquidação do crédito são excessivos, não sendo economicamente viável o procedimento de liquidação.

Ou seja, mesmo que a identificação das vítimas seja possível e existam interessados em número suficiente para evitar o enriquecimento sem causa do autor do ilícito, há hipóteses em que a liquidação individual gera mais custos do que benefícios, não se mostrando, de fato, viável.

Nesse caso, alternativamente ao *cy-près* restaria a devolução da verba arrecadada ao réu; a distribuição do valor aos beneficiados já identificados; ou a destinação da quantia ao fundo público (*fluid recovery*).[228]

A distribuição ao fundo público, nos termos do art. 100 do CDC, é uma das alternativas ao *cy-près* e incide *a posteriori*, ou seja, decorrido um ano e constatada a insuficiência de execuções individuais, o valor é revertido ao fundo público. Já o *cy-près* pode se dar *a priori*, isto é, quando do ajuizamento da ação ou da sentença já se sabe que será impossível, na prática, identificar as vítimas ou liquidar o dano. Ademais, no *cy-près* o valor não é revertido a um único fundo, mas, no caso concreto, deve ser analisado para quem deve ser destinada a indenização.

Imaginemos a seguinte situação: durante um ano a concessionária de pedágio cobrou R$0,10 a mais por cada veículo que passou diariamente pela estrada.

Há violação de direito individual homogêneo, pois cada consumidor tem legitimidade para individualmente demandar a reparação de seu dano, que é variável conforme o número de vezes que passou com seu veículo pelo pedágio. Todavia, ainda que o consumidor utilize o pedágio todos os dias úteis do ano, o prejuízo não terá sido muito maior do que R$25,00, o que gera, inegavelmente, o desinteresse da

---

[228] *Recently, courts have grappled with issues surrounding the distribution of unclaimed settlement funds in class action suits. Sometimes excess funds remain in a settlement pool after class members have been compensated. Other times, distribution to class members is economically infeasible because transaction costs associated with distribution substantially outweigh the compensation individual class members are entitled to receive. In these situations, the parties and courts must determine how to distribute the settlement funds that remain uncollected. To resolve these problems, parties to class action lawsuits and courts have begun distributing uncollected settlement funds to charitable organizations. This action is commonly referred to as a "cy près" distribution. The idea is that when direct distribution is impossible or infeasible because class members cannot be located or transaction costs outweigh potential recovery, distribution to charitable organizations provides the next best benefit to class members.* (GOODLANDER, John. Cy Pres Settlements: Problems Associated with the Judiciary's Role and Suggested Solutions. *Boston College Law Review*, Estados Unidos, v. 733, p. 3, 2015. Disponível em: http://lawdigitalcommons.bc.edu/bclr/vol56/iss2/7/. Acesso em: 22 mar. 2022.)

maior parte dos usuários de ingressar com ação individual ou, mesmo, habilitar o crédito na execução da sentença coletiva.

Mesmo que o interessado ingresse com a ação de conhecimento ou habilite seu crédito na sentença coletiva, a fase de liquidação individual será crucificante, diante do ônus de provar o uso diário da rodovia ou, a depender da sensibilidade do magistrado, provar que em regra utiliza o pedágio, invertendo o ônus da prova em desfavor da empresa.

A teratologia da situação apenas demonstra a dificuldade da execução individual dos direitos individuais homogêneos envolvendo microlesões.

Tal como o pedágio a maior, é impossível indenizar, individualmente, consumidores que adquiriram produtos com qualidade ou peso fora dos padrões legais, pagaram a mais pela passagem do transporte público ou, de qualquer outra forma, foram violados em pequeno montante com relação aos produtos e serviços de massa.

Em vez de o valor obtido com o *fluid recovery* ser destinado ao FDD ou devolvido ao réu, a melhor solução é destinar a indenização aos próprios usuários, de forma coletiva – para tanto, o legitimado deve liquidar o dano de forma coletiva, estimando o valor do enriquecimento sem causa.

Fixado o dano global, a indenização poderá ser paga de tantas formas quanto a criatividade permitir, como, por exemplo, por meio de redução do preço do serviço ou produto durante intervalo tal que o valor cobrado a maior se compense com o valor a menor.[229]

No caso do pedágio, estimado que a concessionária cobrou dez centavos a mais durante um ano, durante esse mesmo período a concessionária deverá cobrar dez centavos a menos do que a tarifa autorizada pelo Poder Público concedente, de forma a beneficiar todo e qualquer usuário da rodovia no período – ainda que não tenha sido prejudicado pela cobrança irregular.

É possível estabelecer limites mínimos e máximos de indenização. Assim, se o movimento da rodovia for muito inferior ao do ano da lesão, o Poder Público poderá executar o restante ou, sendo muito superior, caberá ao particular requerer a suspensão do deságio da tarifa.

---

[229] *In 2010, after the Spanish consumer organization OCU took action, Spanish electricity providers FECSA-Endesa and REE were found guilty of serious negligence in maintaining the electricity network, which has led to an electricity blackout in 2007 and affected more than 300,000 consumers. The compensation included an automatic 10% discount on consumers' bills plus financial compensation that ranged from € 122 to € 300 per person depending on the length of blackout.* (THE EUROPEAN CONSUMER ORGANIZATION (BEUC). *Factsheet:* Collective Redress. Disponível em: http://www.beuc.eu/publications/beuc-x-2016-137_collective_redress_factsheet.pdf. Acesso em: 22 mar. 2022.)

Entre os diversos casos internacionais envolvendo o tema da execução coletiva dos danos, destacam-se: (i) Canadian Vitamins Class Action, em razão do número de entidades beneficiadas; (ii) AT&T, em razão do critério de escolha das entidades; (iii) Portugal Telecom, em razão da criatividade da forma de indenização.

No primeiro, empresas de medicamentos estabeleceram cartel para fixação dos preços de vitaminas, prejudicando os transportadores, as farmácias e os consumidores finais. O litígio culminou com o acordo Canadian Vitamins Class Action National Settlement Agreement, concluído em 1º de novembro de 2004, fixando indenização de US$132,45 milhões, além de despesas com o acordo – ocuparam o polo passivo 15 empresas, com destaque para a BASF, La Roche e Merck.

O acordo, com mais de cem páginas, contém regras sobre *opt out*, publicação da avença, administrador do contrato e a divisão da indenização entre cinco fundos – Direct Purchaser Fund, Methionine Fund, Intermediate Purchaser Fund, Consumer Fund e Expense Fund –, entre outros.[230]

O fundo dos Consumidores recebeu US$10 milhões e contém norma própria sobre a distribuição "mais próxima possível", cuja responsabilidade recai sobre o administrador com supervisão do Comitê de Gerenciamento e do Poder Judiciário. Desse fundo, haverá, ainda, subdivisão para diversas entidades, incluindo: Food Safety Network, The Centre for Research in Women's Health, Boys and Girls Clubs of Canada, Breakfast for Learning, Canadian Feed the Children, Project Petites Prêts etc.

O universo de beneficiados é amplo e pode abranger qualquer entidade que direta ou indiretamente tenha relação com a aquisição de vitaminas em farmácias – inclusive instituições voltadas à alimentação infantil.

No segundo caso, a empresa de telecomunicação AT&T deixou de informar adequadamente sobre os preços das chamadas telefônicas interestaduais realizadas a cobrar por pessoas privadas de liberdade – os preços eram de US$3,95 por pulso mais US$0,90 por minuto para ligações interestaduais (ligações de vinte minutos custavam US$21,95).

Após 12 anos de litígio, foi celebrado acordo de US$45 milhões para ser dividido entre todas as pessoas que receberam ligações entre 1996 e 2000, número estimado entre 70 mil e 172 mil pessoas. Foi, então,

---

[230] Para o conteúdo completo do acordo, *ver* SISKINDS. *Amended Canadian Vitamins Class Actions National Settlement Agreement*. Disponível em: http://www.siskinds.com/cmsfiles/ PDF/PriceFixing/Methionine/Aventis_Settlement_Agreement.pdf. Acesso em: 22 mar. 2022.

estimado que aproximadamente US$20 milhões não seriam reclamados, devendo ser distribuídos pelo *cy-près*.

O Tribunal de Justiça do Estado de Washington considerou válida a destinação dos valores para entidades voltadas ao atendimento financeiro, educacional ou outros serviços voltados a presos, ex-detentos e parentes dos presos dentro do Estado federado. Abriu-se prazo para que qualquer entidade interessada no recebimento do valor residual se candidatasse, sendo recebidas 49 inscrições, dentre as quais foram escolhidas 14 instituições, incluindo "escritórios-modelo" de faculdades voltados ao atendimento jurídico de presos.[231]

A Legal Foundation of Washington foi incumbida de acompanhar a utilização das verbas residuais, analisando os relatórios anuais das entidades beneficiárias e os enviados por auditoria externa. Verbas desviadas ou não utilizadas para os fins específicos do *cy-près* deveriam ser devolvidas ao fundo para nova redistribuição.

No terceiro evento, em 1999, a Portugal Telecom instituiu taxas de ativação de linha telefônica ilegais. A Associação Portuguesa para a Defesa do Consumidor (DECO) ajuizou ação coletiva julgada procedente para condenar a empresa a ressarcir os consumidores em €120 milhões. Considerando o número de consumidores (quase 2 milhões), a indenização foi "paga" por meio de concessão de telefonemas gratuitos durante alguns finais de semana.[232]

Trata-se, portanto, de liquidação coletiva de dano individual homogêneo, sendo irrelevante saber quem exatamente foi prejudicado pela cobrança a maior, tampouco o *quantum* indenizatório individual – mesmo que o dano tenha sido individual, em certas ocasiões, especialmente envolvendo microlesões, a melhor forma de satisfação é a coletiva.

Note-se que, apesar de o beneficiado com a sentença não ser necessariamente aquele que foi prejudicado com a cobrança maior, em termos gerais, a discrepância não é total, pois as pessoas que mais consumiram o produto ou serviço irregular provavelmente serão as mais beneficiadas com a redução do preço.

Contudo, é necessária regulamentação precisa ou, se aplicado independentemente de norma legislada, o instituto deve ser utilizado *cum grano salis* pelo Judiciário.

---

[231] SHIEL, Cecily C. A new generation of class action cy pres remedies: lessons from Washington State. *Washington Law Review*, n. 943, p. 8-9, Estados Unidos, 2015.

[232] THE EUROPEAN CONSUMER ORGANISATION (BEUC). *Collective Redress*: Where & how it Works. Disponível em: http://www.beuc.eu/publications/2012-00308-01-e.pdf. Acesso em: 22 mar. 2022.

Wasserman alerta que a técnica não é imune a críticas, apontando diversos riscos que podem ocorrer no caso concreto, nomeadamente a possibilidade de a entidade beneficiada pelo pagamento ser controlada pelo próprio réu; não ser voltada ao atendimento da classe prejudicada; ou o pagamento servir a interesses não legítimos do causador do dano, *i.e.*, utilizando-o para propagar imagem de empresa doadora para instituições de beneficência.[233]

No contexto norte-americano, em razão das peculiaridades envolvendo a legitimidade ativa ampla para as *class action*; dos valores massivos de honorários; do encerramento do litígio normalmente por meio de acordo; e do Judiciário mais distante na tutela dos interesses dos substituídos, os riscos de desvirtuamento do instituto são maiores do que os previsíveis no Brasil.

Em terras brasileiras, o Ministério Público é o principal protagonista da tutela coletiva *lato sensu* e, ainda que possa dividir o posto no âmbito dos direitos individuais homogêneos, atua como *custos legis* nessas ações (art. 5º, §1º, da Lei de Ação Civil Pública). O cadastro de ações coletivas no CNJ e a intervenção de *amici curiae* também dificultam o uso desviante do *cy-près*.

Argumentar-se-ia que, ao destinar a condenação para terceiros que não são parte e sequer foram lesados pela conduta, haveria violação à função da jurisdição, qual seja, resolver a crise de certeza e satisfação daqueles que sofreram ou estão na iminência de sofrer uma violação ao direito subjetivo.

Se a instituição filantrópica destinatária do recurso nem mesmo potencialmente será vítima da prática ilícita, não poderia o valor ser a ela destinado.

Não há qualquer inconstitucionalidade no instituto porque a jurisdição coletiva tem contornos próprios, sendo a distribuição do valor fato superveniente que não desnatura a função estatal. Se um legitimado coletivo propõe ação pleiteando a cessação do cartel e indenização, é irrelevante para fins de natureza jurisdicional o fato de o valor ser revertido aos prejudicados, ao Fundo de Direitos Difusos e Coletivos, à entidade autora da ação ou à terceiros por meio do sistema do *cy-près*.

---

[233] No caso Lane vs. Facebook Inc., o acordo (homologado pela Corte Estadual de Justiça) previu a distribuição de US$6.5 milhões para a Digital Trust Foundation, instituição controlada pelo próprio Facebook. Terceiros interessados ingressaram com mandado de segurança à Suprema Corte dos Estados Unidos, mas o remédio não foi conhecido. (WASSERMAN, Rhonda. Cy Pres in Class Action Settlements. *Southern California Law Review*, Estados Unidos, n. 97, p. 4, 2014)

Considerando as vantagens do instituto e os riscos (captura e desvio), é indispensável que sua incorporação ao ordenamento jurídico pátrio se dê aos poucos, de forma estruturada e planejada. Entre as principais questões que devem ser definidas na regulação brasileira estão as relacionadas à sua incidência e à forma de distribuição dos valores.

A incidência pode aproveitar parte da estrutura do *fluid recovery* – aguardar o transcurso de um ano sem habilitação de interessados em número compatível com a gravidade do dano (art. 100, CDC). De outro lado, verificando o julgador que o dano envolve microlesão, a incidência do *cy-près* pode ser imediata, sem a necessidade do transcurso do período indicado na norma consumerista. Não se deve estabelecer um padrão pré-fixado ou tabelado, sendo determinado à luz do caso concreto se a indenização a ser paga seguirá o sistema clássico (execução individual), o *fluid recovery* ou o *cy-près*.

Definida a incidência do instituto, caberá ao julgador, ouvidas as partes e eventuais *amici curiae*, fixar a forma do pagamento.

Uma das opções é a indenização em favor do mesmo mercado atingido pela prática – como ocorre na hipótese da redução da tarifa de pedágio. Outra possibilidade é a reversão para entidades públicas e privadas que atuam na área relacionada com o evento, tal como no caso do canadense.

Nesta última hipótese, deve-se definir quais serão as entidades beneficiadas – o número de entidades não pode ser excessivo, de forma que o valor de cada seja, em si próprio, insignificante. Deve-se ter atenção especial para que a entidade não tenha relação promíscua com o legitimado coletivo, réu, advogados ou magistrado.

A regulamentação do procedimento de escolha da entidade beneficiada pela distribuição dos recursos tem amplo espaço de conformação do legislador, podendo-se escolher a instituição indicada pelas partes; votar pelos substituídos processuais; realizar sorteio entre as pré-cadastradas no Tribunal de Justiça que tenham pertinência temática; ou adotar qualquer outro procedimento que garanta a impessoalidade e a eficiência na escolha.

Há espaço maior de discricionariedade na escolha da entidade, aplicando-se o *standard* da razoabilidade – não se exige certeza absoluta de que a instituição é a mais adequada, mas tão somente que é relativamente adequada para receber os valores.[234]

---

[234] Em 2006, o Estado de Washington alterou a regra 23-F de seu Código de Processo Civil. Estabeleceu que o *cy-près* é o meio preferencial para distribuição das sobras do fundo das ações coletivas, determinando que ao menos 25% sejam destinados ao Legal Foundation of Washington, instituição voltada ao fornecimento de assistência jurídica aos hipossuficientes.

No caso do pedágio, *verbi gratia*, é legítima a reversão dos valores para instituições gerais de defesa do consumidor, proteção de vítimas de acidente de trânsito ou qualquer instituição que de alguma forma se relacione com o tema de transporte de veículos.

Nos Estados Unidos, os valores obtidos pela condenação fundada em violação às normas trabalhistas no caso Powell v. Georgia-Pacific Corp. foram destinados aos colégios de alunos negros da cidade de domicílio dos autores, beneficiando indiretamente os trabalhadores que eram pais dos alunos.

Interessante notar que no sistema norte-americano, construído em precedentes, o nexo de causalidade entre a instituição beneficiada e o tema discutido na lide pode ser mais próximo ou mais distante conforme o entendimento de cada tribunal.

O Tribunal Federal da 9ª Região (Ninth Circuit) exige que a entidade:[235] (i) tenha como um dos objetivos a tutela dos direitos protegidos na ação; (ii) objetive a tutela da classe dos autores; (iii) provavelmente beneficie, na prática, algum membro da classe.[236]

Outros tribunais, nomeadamente o Tribunal Federal da 7ª Região (Seventh Circuit), são mais abertos, admitindo a destinação do valor para qualquer entidade que mire o interesse público, admitindo espécie de tredestinação lícita dos valores.

O instituto da legitimidade adequada – com incidência típica na fase de conhecimento – deve ser manejado também na fase de execução para excluir do rol de beneficiários entidades sem pertinência temática, além das suspeitas e impedidas.

3.9 Escritório Central de Arrecadação e Distribuição

Ainda no campo de técnicas alternativas de execução de condenações de direitos individuais homogêneos, o sistema processual

---

[235] *The Ninth Circuit has required that cy pres awards, in order to be appropriate, must: (1) address the objectives of the underlying statutes, (2) target the plaintiff class, [and] (3) provide reasonable certainty that any member will be benefitted.* (SHIEL, Cecily C. A new generation of class action cy pres remedies: lessons from Washington State. *Washington Law Review*, n. 943, p. 2, Estados Unidos, 2015)

[236] No caso Dennis vs. Kellogg Co., versando sobre propaganda enganosa na venda de cereais infantis, o tribunal negou validade ao acordo, que distribuía o resíduo do fundo às "entidades que alimentam indigentes". Entendeu que não haveria nexo de causalidade entre propaganda enganosa para o público infantil e alimentação de pessoas pobres, devendo destinar os valores para entidades que tutelem a propaganda enganosa e abusiva, tema central da *class action*. (Ibid., p. 5)

pode criar instituto análogo ao Escritório Central de Arrecadação e Distribuição, inspirando-se na lei de Direitos Autorais.

A Lei nº 9.610/98 determina que a arrecadação e a distribuição dos direitos relativos à execução pública de obras musicais serão feitas por meio de escritório central composto por associações de gestão coletiva criadas por seus titulares.

Cabe ao escritório atuar judicial e extrajudicialmente como substituto processual dos titulares a eles vinculados.[237]

A experiência bem-sucedida dos escritórios centrais de arrecadação, especialmente o de músicas (Ecad), pode inspirar a criação de escritórios centrais de execução de sentenças coletivas – que atuariam na arrecadação e na distribuição das condenações judiciais.

Segundo consta no *site* oficial do Ecad, estão cadastrados mais de 566 mil "usuários de música",[238] tendo ocorrido repasse de R$947 milhões em favor de 263 mil titulares em 2021 – média aproximada de R$3.600,00 para cada beneficiário por ano.[239]

O segmento de *streaming* revela o gigantismo do escritório, que passou de R$5,3 milhões em repasse em 2016 para R$58,5 milhões em 2021 – decorrentes de R$476 bilhões de execuções por meio de aplicativos de música.[240]

Além dos valores vultosos, o Ecad atua também na distribuição de quantias menos significativas.

Em 2010, após parceceria com o YouTube, o escritório distribuiu R$67 mil para 6.482 titulares (autores, intérpretes, músicos, editoras e

---

[237] Art. 99. A arrecadação e distribuição dos direitos relativos à execução pública de obras musicais e literomusicais e de fonogramas será feita por meio das associações de gestão coletiva criadas para este fim por seus titulares, as quais deverão unificar a cobrança em um único escritório central para arrecadação e distribuição, que funcionará como ente arrecadador com personalidade jurídica própria e observará os §§1º a 12 do art. 98 e os arts. 98-A, 98-B, 98-C, 99-B, 100, 100-A e 100-B. §1º O ente arrecadador organizado na forma prevista no *caput* não terá finalidade de lucro e será dirigido e administrado por meio do voto unitário de cada associação que o integra. §2º O ente arrecadador e as associações a que se refere este Título atuarão em juízo e fora dele em seus próprios nomes como substitutos processuais dos titulares a eles vinculados.

[238] ECAD. *Conheça o Ecad*. Disponível em: https://www3.ecad.org.br/o-ecad/Paginas/default. aspx. Acesso em: 22 mar. 2022.

[239] O escritório informa que a partir de 2019 entrou em vigor linha de corte nas distribuições de *streaming*, deixando de considerar titulares de apenas de centavos de real (ECAD. *Relatório Anual 2020*. Disponível em: https://www3.ecad.org.br/o-ecad/resultados/Documents/ relatorio-anual-2020.pdf. Acesso em: 22 mar. 2022).

[240] Em valores globais (R$58,5 milhões), a quantia impressiona, mas os titulares de direitos autorais receberam, em média no ano, R$450, valor incompatível com a cobrança individual de eventual inadimplemento. (ECAD. *O que o Brasil ouve*. Disponível em: https://www3. ecad.org.br/em-pauta/Documents/O%20que%20o%20Brasil%20Ouve%20-%20Streaming. pdf. Acesso em: 22 mar. 2022.)

produtores fonográficos), decorrentes da execução de mais de 1,5 milhão de músicas – média de R$10,39 para cada associado (cada execução gerou crédito de menos de cinco centavos).[241]

A entidade utiliza complexo cálculo para definir o *quantum* remuneratório de cada titular. Em síntese, o resultado mensal resulta da multiplicação da Unidade de Direito Autoral (UDA)[242] por variáveis que incluem: (i) grau de utilização do direito; (ii) extensão do estabelecimento; (iii) tipo de execução (permanente, eventual, rádio/televisão, serviços digitais); (iv) tipo de estabelecimento/evento (academia, hotel, festa junina); (v) número de pessoas no evento.

A complexidade do cálculo e a dispersão de "devedores" exigem a centralização da cobrança sob pena de tornar ineficaz o direito do autor.

O escritório central permite a tutela molecularizada de microlesões na medida em que reúne, em uma só entidade, a cobrança de milhões de créditos de pequeno valor, tutelando-os de forma globalizada.[243] Para tanto, utiliza critério de distribuição previamente aprovado pelas associações,[244] procedimentos objetivos de cobrança e alta tecnologia de identificação dos créditos e de distribuição dos valores.

O sistema do Ecad permite, ainda, a redistribuição dos valores não reclamados no prazo de cinco anos – procedimento denominado "Distribuição de Valores Prescritos/Créditos Não Identificados".

Compete ao escritório identificar a execução das músicas e os respectivos titulares, cobrando os valores da execução e repassando-os às associações vinculadas. Não obstante, a ausência de identificação precisa do valor de cada obra ou de seu titular não impede a adoção de padrão-remuneratório.

---

[241] ECAD. *Distribuição dos direitos autorais provenientes da execução pública de músicas no canal de vídeos Youtube no Brasil.* Disponível em: ubc.org.br/Anexos/Comunicados/83d54c97656048 36a270f990a740f624.pdf. Acesso em: 22 mar. 2022.

[242] Para março de 2022, o valor é de R$87,68. (ECAD. *Tabela de Preços.* Disponível em: https://www3. ecad.org.br/eu-uso-musica/tabela-de-precos/Paginas/default.aspx. Acesso em: 22 mar. 2022.)

[243] O sistema de cobrança do Ecad recebeu forte baque com a decisão do Cade, que, entendendo pela ocorrência de cartel em razão da fixação de valor padronizado pela execução das músicas, determinou que o escritório efetivasse novo sistema de cobrança. (BRASIL. Conselho Administrativo de Defesa Econômica. *Ecad e associações de direitos autorais são condenadas por formação de cartel.* Disponível em: https://www.gov.br/cade/pt-br/assuntos/ noticias/ecad-e-associacoes-de-direitos-autorais-sao-condenadas-por-formacao-de-cartel. Acesso em: 22 mar. 2022.)

[244] Para o regulamento da distribuição dos créditos, *ver* ECAD. *Regulamento de distribuição.* Disponível em: https://www3.ecad.org.br/eu-faco-musica/Documents/regulamento_de_ distribuicao.pdf. Acesso em: 22 mar. 2022.

Nessa hipótese, o escritório redistribui os valores à rubrica mais específica possível, ou seja, se não for possível identificar o titular específico da música executada na rubrica *"Show"*, após a prescrição da cobrança, o escritório redistribui os valores para os demais autores do grupo *"Show"*.[245]

O procedimento permite a distribuição do valor não cobrado aos beneficiados já identificados, evitando que o devedor dos direitos autorais não pague a remuneração.

Na prática, o Escritório Central utiliza o fundamento do *fluid recovery* para legitimar a cobrança do devedor mesmo que não identificado o titular do direito e a técnica da *cy-près* para distribuição, a mais próxima possível, para os titulares.

O relevante é verificar que a centralização da cobrança permite reunir diversos direitos em uma só entidade centralizada, fazendo com que direitos de nível atômico sejam tutelados de forma molecularizada. A experiência do Ecad deve ser aproveitada para o processo civil, desenhando instituição voltada à cobrança de microlesões, tutelando-as de forma globalizada e centralizada.

A arrecadação e a distribuição dos valores das sentenças coletivas poderiam ser delegadas ao Escritório Central, especializado por tipo de direito, área territorial ou que, de qualquer outra forma, tenha pertinência temática com assunto discutido.

Caberia ao escritório identificar os titulares, fixar padrão indenizatórios – subdividido em subclasses, se for o caso –, sem que se pudesse falar em prejuízo ao consumidor, já que de outro modo a tutela jurídica seria absolutamente antieconômica e, por isso, inexistente.

A diferença do sistema do "escritório central" para o cy-près é que as entidades beneficiadas com o instituto francês não são especializadas na identificação e na distribuição dos créditos; pelo contrário, exercem sua hodiernamente outra atividade e, eventualmente, são beneficiadas com valores da sentença coletiva. Por sua vez, o Escritório Central é constituído com o objetivo primordial de gestão dos pequenos créditos, sendo essa sua atividade típica.

A tutela dos direitos individuais homogêneos tem duplo interesse: individual (*restitutio in integrum*) e coletivo (evitar a reiteração da conduta lesiva e vedar o enriquecimento sem causa).

---

[245] Em comunicado de 2015, o escritório informou que iria distribuir mais de R$6 milhões em créditos prescritos do ano de 2009, dos quais R$5 milhões apenas para a rubrica *"Show"*. (ECAD. *Distribuição de valores prescritos – créditos não identificados de 2009*. Disponível em: http://www.ubc.org.br/Anexos/Comunicados/a49315e0382c4f0aaa9d2ba9641e2810.pdf. Acesso em: 22 mar. 2022.)

3.10 Processo coletivo passivo: *Defendant Class Action*

O processo coletivo, para uma parte da doutrina,[246] tem caráter exclusivamente ativo, quer isso dizer, o objetivo do sistema coletivo é proteger os direitos difusos, coletivos *stricto sensu* e individuais homogêneos manifestados no polo ativo da demanda judicial.

Os legitimados coletivos têm autorização para representar os interesses dos substituídos processuais tão somente como autores, inexistindo legitimidade para serem demandados e, nessa qualidade, defender os interesses dos substituídos.[247]

Nessa visão, tem-se que a legitimidade coletiva é via de mão única: permite que o legitimado coletivo demande em favor dos titulares dos direitos, mas não autoriza que seja demandado e atue na defesa desses mesmos titulares.[248]

Apenas excepcionalmente, na Ação Coletiva Passiva Derivada (Reclamação, Ação Rescisória, Revisão Criminal e Mandado de Segurança

---

[246] Nosso sistema legal, criado para regulamentar as situações que envolvam direitos e interesses metaindividuais, voltou-se à "tutela" da coletividade, não prevendo a possibilidade de as ações coletivas serem intentadas "contra" esta mesma coletividade. (MARANGONI, Cínthia. Ação Coletiva Passiva. *Revista Jurídica ESMP-SP*, São Paulo, v. 4, p. 135-162, 2013.)

[247] Em razão de inúmeras questões, foge ao escopo do presente trabalho aprofundar o tema do Processo Coletivo Passivo. Para uma análise mais profunda do assunto, recomenda-se a leitura da recente tese de doutorado de Luiz Henrique Sormani Barbugiani (*Ações Coletivas Passivas*: reflexões sobre sua aplicação ao processo do trabalho no sistema jurídico brasileiro. Disponível em: https://gredos.usal.es/jspui/bitstream/10366/133057/1/DDAFP_SormaniBarbugianiLH_AccionesColetivas.pdf. Acesso em: 22 mar. 2022), bem como a dissertação de mestrado de Danilo Barbosa Sant'anna (*Processo Coletivo Passivo*: um estudo sobre a admissibilidade das ações coletivas passivas. Disponível em: http://repositorio.unb.br/bitstream/10482/18156/1/2015_DaniloBarbosadeSant%27anna.pdf. Acesso em: 22 mar. 2022).

[248] A primeira corrente processualista defende que não deva prosperar a legitimidade passiva ao grupo, mas única e tão somente a legitimidade ativa. São defensores desse pensamento os professores Hugo Nigro Mazzilli, Ricardo Barros Leonel, Pedro da Silva Dinamarco, entre outros (…). A segunda corrente, defendida por Ada Pellegrini Grinover, Pedro Lenza, Ronaldo Lima dos Santos, Rodolfo de Camargo Mancuso, entre outros, é favorável à legitimidade passiva e, para tanto, sustenta que a Lei da Ação Civil Pública permite o litisconsórcio passivo e ativo, possibilitando a habilitação dos colegitimados para atuarem representando o grupo, também no dissídio trabalhista, em que as decisões vinculam todo o grupo de trabalhadores ou, ainda, na convenção coletiva de consumo, em que há duas categorias, sendo que cada uma delas figurará em um polo diferente da demanda. (MABTUM, Matheus Massaro. A importância da class action no Direito Coletivo brasileiro. *Revista de Direitos Sociais e Políticas Públicas (UNIFAFIBE)*, São Paulo, v. 2, n. 1, p. 100-101, 2014.)

contra decisão judicial), por ter objetivo eminentemente processual, admite-se que o legitimado coletivo figure no polo passivo em representação extraordinária.

Contudo, relevante doutrina advoga tese contrária.

Didier afirma que, da mesma forma que a coletividade é titular de direitos (situação jurídica ativa), ela também pode ser titular de dever ou estado de sujeição (situação jurídica passiva).[249] A hermenêutica voltada à máxima efetividade dos direitos e ao acesso à justiça, sem descuidar das garantias processuais, impõe a devida regulamentação do Processo Coletivo Passivo. Esclarece o autor:

> No Brasil, um dos principais argumentos contra a ação coletiva passiva é a inexistência de texto legislativo expresso. Sucede que a permissão da ação coletiva passiva é decorrência do princípio do acesso à justiça (nenhuma pretensão pode ser afastada da apreciação do Poder Judiciário). Não admitir a ação coletiva passiva é negar o direito fundamental de ação àquele que contra um grupo pretende exercer algum direito: ele teria garantido o direito constitucional de defesa, mas não poderia demandar. Negar a possibilidade de ação coletiva passiva é, ainda, fechar os olhos para a realidade: os conflitos de interesses podem envolver particular-particular, particular-grupo e grupo-grupo. Na sociedade de massas, há conflitos de massa e conflitos entre massas.[250]

Sem ignorar a controvérsia doutrinária, na prática, existem exemplos da Ação Coletiva Passiva, sobretudo voltada à tutela possessória e à consequente indenização pela ocupação irregular:[251] é o que ocorreu

---

[249] DIDIER, Fredie. Situações Jurídicas Coletivas Passivas. *Processos coletivos*, Porto Alegre, v. 1, n. 1, out. 2009.

[250] Idem.

[251] O CPC traz previsões que parecem visar ao acesso à justiça de quem tem sua posse ameaçada ou tomada por pessoas que não sejam identificáveis e, em contrapartida, buscar garantir a representação dos interesses dessas pessoas ou grupo e, consequentemente, o exercício do direito de defesa e da incidência da garantia do contraditório. A primeira disposição está contida no art. 319, §3º, que dispensa a apresentação dos dados que identifiquem os demandados quando sua obtenção se demonstrar excessivamente difícil ou impossível, de modo a vedar o acesso à justiça. A segunda disposição encontra-se no §1º do art. 554 do CPC, que determina a citação pessoal dos ocupantes, – que se reputam invasores, – que forem encontrados no local, autorizando a citação por edital dos demais. Será, ainda, determinada a "intimação do Ministério Público e, se envolver pessoas em situação de hipossuficiência econômica, da Defensoria Pública", repetindo-se a previsão contida no art. 178, III, do mesmo diploma, que determina a intervenção do MP como fiscal da ordem jurídica, "nas causas que envolvam litígios coletivos pela posse de terra rural ou urbana". Portanto, em caso de suposta invasão de um bem imóvel, uma vez ajuizada demanda possessória, o autor poderá se socorrer de ambos os dispositivos para deixar de indicar os demandados, sustentando a impossibilidade de fazê-lo, e pedir a citação pessoal daqueles que estiverem no local, com a citação por edital dos demais. Trata-se de solução que, agora

na ação ajuizada pela Universidade de Brasília (UnB) contra o Diretório Central dos Estudantes pleiteando a proteção possessória do prédio público invadido pelos discentes.[252]

Outras situações, ainda que com maior embate doutrinário, também exemplificam o Processo Coletivo Passivo.

Na ação buscando a anulação de assembleia geral de sociedade empresarial, clássica é a questão envolvendo a necessidade ou não de citação de todos os sócios. Dito de outro modo, a integração da sociedade no polo passivo é suficiente para representar adequadamente os sócios com interesse na manutenção da votação ou, do contrário, é necessário a citação de todos os sócios?

De forma similar, a anulação de questão de concurso público, com potencial de alterar o resultado e a classificação, exige que todos os beneficiados com o gabarito original sejam integrados no processo ou a citação do ente público é suficiente? A ação anulatória de licitação para construção de um hospital, que beneficiaria os moradores de uma dada região, exige ou não a integração dos potenciais favorecidos com a obra pública?

São inúmeras as hipóteses em que uma instituição, para além de defender interesses jurídicos próprios, atua na defesa de interesses de terceiros.

Para os fins deste livro, entende-se como Processo Coletivo Passivo a situação na qual uma instituição, pública ou privada, atua na defesa de interesse de terceiros, ainda que também possa estar defendendo interesse próprio cumulativamente.

Definido o conceito, será legítima a *Defendant Class Action* sempre que uma obrigação ou restrição puder ser legitimamente imposta a quem não participa do processo, mas está adequadamente representado por uma entidade coletiva, especialmente se essa entidade também tiver poderes de representação no polo ativo.

O exercício do direito constitucional de livre associação (art. 8º, V, da CF) não pode conferir legitimidade para que as instituições privadas

---

positivada pelo CPC, havia sido criada pela prática judiciária e foi admitida pela doutrina, ainda que sem expressa previsão legal no CPC de 1973 que lhe desse suporte. (COSTA, Susana Henriques. Uma hipótese de *Defendant Class Action* no CPC? O papel do Ministério Público na Efetivação do Contraditório nas demandas possessórias propostas em face de pessoas desconhecidas. *Revista de Processo*, São Paulo, v. 250, p. 315-337, 2015).

[252] BRASIL. Tribunal Regional Federal da 1ª Região. Processo nº 2008.34.00.010500-5. 6ª Turma. Relator: Des. Fed. Kassio Nunes Marques. Disponível em: https://processual.trf1.jus.br/consultaProcessual/processo.php?proc=200834000105005&secao=TRF1&pg=1&enviar=Pesquisar. Acesso em: 26 mar. 2022.

– associações e sindicados – atuem no polo ativo da demanda sem que autorizem, de igual modo, que a entidade figure no polo passivo.

A questão é mais delicada no âmbito das associações, pois mesmo no polo ativo dependem da deliberação específica dos associados para a atuação coletiva (salvo no Mandado de Segurança Coletivo).[253]

De outro lado, a restrição da atuação não ocorre no sindicato, que tem presunção de representatividade para atuar na defesa dos sindicalizados de forma coletiva. O tema, inclusive, é objeto do Capítulo VI do Código Modelo de Processos para Ibero-América:

> O Capítulo VI introduz uma absoluta novidade para os ordenamentos de *civil law*: a ação coletiva passiva, ou seja, a *Defendant Class Action* do sistema norte-americano. Preconizada pela doutrina brasileira, objeto de tímidas tentativas na práxis, a ação coletiva passiva, conquanto mais rara, não pode ser ignorada num sistema de processos coletivos. A ação, nesses casos, é proposta não pela classe, mas contra ela. O Código exige que se trate de uma coletividade organizada de pessoas, ou que o grupo tenha representante adequado, e que o bem jurídico a ser tutelado seja transindividual e seja de relevância social. A questão principal que se punha, nesses casos, era o do regime da coisa julgada: em obséquio ao princípio geral de que a sentença só pode favorecer os integrantes do grupo quando se trata de direitos ou interesses individuais homogêneos, o mesmo princípio devia ser mantido quando a classe figurasse no polo passivo da demanda. Assim, quando se trata de bens jurídicos de natureza indivisível (interesses difusos), o regime da coisa julgada é erga omnes, simetricamente ao que ocorre quando o grupo litiga no polo ativo (mas sem o temperamento da improcedência por insuficiência de provas, inadequado quando a classe se coloca no polo passivo); mas, quando se trata de bens jurídicos de natureza divisível (interesses ou direitos individuais homogêneos), a coisa julgada positiva não vinculará os membros do grupo, categoria ou classe, que poderão mover ações próprias ou discutir a sentença no processo de execução, para afastar a eficácia da sentença em sua esfera jurídica individual. *Mutatis mutandis*, é o mesmo tratamento da coisa julgada secundum *eventum litis* para os interesses ou direitos individuais homogêneos, quando a classe litiga no polo ativo. No entanto, tratando-se de ação movida contra o sindicato, a coisa julgada, mesmo positiva, abrangerá sem exceções os membros da categoria, dada a posição constitucional que em muitos países o

---

[253] STF. Súmula nº 629: A impetração de mandado de segurança coletivo por entidade de classe em favor dos associados independe da autorização destes.

sindicato ocupa e sua representatividade adequada, mais sólida do que a das associações.[254]

Partindo do pressuposto de que a Ação Coletiva Passiva é admitida (ou deveria ser) no sistema processual brasileiro, cabe agora indicar como o instituto pode contribuir para a tutela das microlesões. Uma situação hipotética pode auxiliar a compreensão. Suponha-se que diversas operadoras de planos de saúde reajustem o valor do contrato acima da inflação oficial e do quanto foi autorizado pela Agência Nacional de Saúde Suplementar (ANS) alegando que os preços dos serviços médicos devem ter índice específico (tal como ocorre na construção civil e aluguéis que adotam o IGPM) e que o IPCA-E (Índice Nacional de Preços ao Consumidor Amplo Especial) não é o indexador que melhor representa o aumento dos custos contratuais.

Inexistindo a Ação Coletiva Passiva, o legitimado coletivo, *i.e.*, Ministério Público, será obrigado a ingressar com ação coletiva contra cada uma das operadoras individualmente, não se admitindo a molecularização do polo passivo.

Admitida a técnica, o legitimado coletivo proporá ação contra a Federação Nacional de Saúde Suplementar (FenaSaúde),[255] de forma que o provimento jurisdicional tenha eficácia subjetiva contra todas as operadoras federalizadas.

Segundo informações da ANS, existem 46 milhões de beneficiários em planos privados de assistência médica, distribuídos em 1.015 operadoras de saúde. Apenas 21 operadoras atendem mais de 500 mil clientes, enquanto 270 têm menos de 5 mil beneficiários.[256]

Ao mesmo tempo que os clientes das pequenas operadoras dificilmente conseguem se coordenar em associações para o ajuizamento de ações coletivas, os legitimados coletivos públicos tampouco possuem condições de ajuizar ações coletivas contra cada operadora de plano de saúde, ainda que em litisconsórcio.

---

[254] BERIZONCE, Roberto; GRINOVER, Ada Pellegrini; SOSA, Angel Landoni. *Código Modelo de Processos Coletivos para Ibero-América*: Exposição de motivos. Disponível em: https://www5. pucsp.br/tutelacoletiva/download/codigomodelo_exposicaodemotivos_2_28_2_2005.pdf. Acesso em: 21 mar. 2022.

[255] A FenaSaúde representa 18 grupos de operadoras de planos de privados de assistência à saúde, totalizando 23 empresas. (FENASAÚDE. A FenaSaúde. Disponível em: https:// fenasaude.org.br/conheca-a-fenasaude/a-federacao/a-fenasaude.html. Acesso em: 21 mar. 2022.)

[256] BRASIL. Agência Nacional de Saúde Suplementar. Operadoras com registro ativo: jan/2022. Disponível em: http://www.ans.gov.br/anstabnet/cgi-bin/tabnet?dados/tabnet_03a.def. Acesso em: 21 mar. 2022.

Ademais, enquanto as grandes operadoras de planos de saúde teriam condições econômicas e contariam com grandes escritórios de advocacia para prorrogar as ações judiciais (ainda que não tivessem razão), as pequenas operadoras dificilmente conseguiriam apresentar a melhor defesa jurídica (ainda que tivessem razão).

No caso narrado, aplicando o Processo Coletivo Passivo, o legitimado coletivo não precisaria litigar contra cada uma das operadoras individualmente, podendo ajuizar ação contra a Federação Nacional, molecularizando a demanda – em vez de 776 ações coletivas distribuídas em diversos Estados federados, uma só ação, ajuizada no domicílio da sede da Federação.

Resumidamente, ações coletivas envolvendo práticas comerciais difundidas em dado setor da economia poderiam ser ajuizadas contra a Federação ou Associação das empresas, e não tão somente em face de cada agente individualmente considerado: demandas bancárias poderiam ser distribuídas em face da Federação Brasileira de Bancos (Febraban);[257] demandas de telefonia poderiam ser ajuizadas em face da Federação Brasileira de Telecomunicações (Febratel); e assim sucessivamente.

Com o sistema, as empresas teriam a vantagem de concentrar suas defesas em uma única ação coletiva, além de permitir a isonomia no setor – evitando que em cada caso sobrevenham decisões divergentes, sujeitando empresas concorrentes a regimes jurídicos diversos. Do lado do consumidor, a técnica garante que a sentença coletiva abranja todas as empresas do setor, por menor que fosse a sociedade empresária, uniformizando o tratamento para todos os clientes.

A técnica, portanto, permite que as microlesões sofridas pelos clientes das grandes, médias e pequenas empresas sejam igualmente tuteladas pelo sistema coletivo, inexistindo divergência entre os regimes cliente-cliente e empresa-empresa.

O Processo Coletivo Passivo, de forma geral, e no âmbito das microlesões em particular representa técnica de molecularização de demandas essencial à tutela jurídica jurisdicional adequada, devendo ser objeto de estruturação legislativa, dogmática e jurisprudencial e aprofundada em estudo próprio.

---

[257] A Febraban representa 119 instituições financeiras que detêm 98% dos ativos totais das instituições bancárias brasileiras. (FEBRABAN. *A Febraban*. Disponível em: https://portal.febraban.org.br/pagina/3031/9/pt-br/institucional. Acesso em: 21 mar. 2022.)

CAPÍTULO 4

TUTELA EXTRAJUDICIAL DAS MICROLESÕES

4.1 Tutela proporcionada pelo direito material: programa de etiquetagem de fornecedor

A tutela jurídica não pode ser pensada somente *a posteriori* e exclusivamente por meio de instrumentos processuais – ainda que se tenha em mente a concepção ampla do Direito Processual a abarcar meios alternativos de resolução de controvérsias.

A efetiva proteção dos direitos não é obra exclusiva do Judiciário e do Processo Civil, dependendo, em muito, da qualidade do Direito Material, das instituições públicas e privadas e do comportamento social.

A Legística é área do conhecimento voltada ao estudo das consequências e dos meios de potencializar a qualidade, simplificação e eficiência dos atos legislativos.[258] A qualidade da lei é definida em função de diversos fatores, sendo os mais relevantes: utilidade; capacidade de produzir os efeitos pretendidos; harmonização com o ordenamento; equilíbrio entre custos e benefícios; aplicabilidade e efetividade na solução de conflitos.[259]

A área é carente de desenvolvimento na doutrina nacional, mas deve contribuir significativamente para a melhoria do Direito Positivo nos próximos anos – são escassos os instrumentos de análise macro sobre a aplicabilidade das normas jurídicas, faltando visão econômica sobre o Direito.

---

[258] MORAIS, Carlos Blanco. *Manual de Legística*: Critérios Científicos e Técnicos para Legislar Melhor. Portugal: Verbo, 2007. p. 59.

[259] ROSSET, Patrícia. Breve reflexão sobre a Legística, seus aspectos políticos e consolidação de leis. *Revista do Instituto dos Advogados de São Paulo*, São Paulo, v. 22, p. 6, 2008.

O termo "econômico" não é utilizado na lógica lucro-prejuízo financeiro, mas é integrante da ciência da Economia, cujo objeto é o estudo da sociedade e, especialmente, a análise da combinação dos recursos e das necessidades.

A Lei Complementar nº 95/98 traz algumas contribuições para a melhoria da qualidade legislativa no aspecto formal ao exigir do legislador respeito às regras de redação e consolidação das leis.

Sem prejuízo, inexiste norma geral ou pesquisas que atuem no planejamento e nos demais aspectos da qualidade da norma legislada.

Em um mundo ideal, as leis são respeitadas pela legitimidade do procedimento democrático e adequação ao comando constitucional, sendo desnecessários mecanismos de *enforcement*.

No mundo real, incumbe ao Direito Material fornecer incentivos positivos (vantagens) e negativos (sanções) para o fiel cumprimento da lei, prevendo mecanismos eficientes contra o *dumping*[260] social.[261 262]

Na seara tributária, por exemplo, são poucos os incentivos para o fiel cumprimento das obrigações principais e acessórias. A pessoa física que sonega o tributo conta com a falha no sistema de apuração (cifra oculta); se o débito for de valor ínfimo, não terá contra si ajuizada execução fiscal; mesmo descoberta a fraude, ela pode escapar da persecução penal com o pagamento da dívida ou prescrição.

Na visão da economia estrita, que segue a lógica do lucro-prejuízo, não há incentivos financeiros que reforcem o cumprimento da lei tributária se o competidor ao lado pode, sem maiores consequências, violar o ordenamento jurídico e, com isso, oferecer preços mais baixos ao consumidor.

---

[260] *Dumping* econômico consiste na venda de produtos ou serviços abaixo do preço do mercado para eliminar concorrência e, então, permitir o aumento arbitrário do preço.

[261] Enunciado 4 da 1ª Jornada de Direito Material e Processual na Justiça do Trabalho: "DUMPING SOCIAL". DANO À SOCIEDADE. INDENIZAÇÃO SUPLEMENTAR. As agressões reincidentes e inescusáveis aos direitos trabalhistas geram um dano à sociedade, pois com tal prática desconsidera-se, propositalmente, a estrutura do Estado social e do próprio modelo capitalista com a obtenção de vantagem indevida perante a concorrência. A prática, portanto, reflete o conhecido *"dumping* social", motivando a necessária reação do Judiciário trabalhista para corrigi-la. O dano à sociedade configura ato ilícito, por exercício abusivo do direito, já que extrapola limites econômicos e sociais, nos exatos termos dos arts. 186, 187 e 927 do Código Civil. Encontra-se no art. 404, parágrafo único, do Código Civil, o fundamento de ordem positiva para impingir ao agressor contumaz uma indenização suplementar, como, aliás, já previam os artigos 652, *d*, e 832, §1º, da CLT.

[262] O termo *"dumping* social", em termo estrito, indica a violação reiterada de direitos trabalhistas. Não obstante, pode ser interpretado ampliativamente para alcançar outros ramos jurídicos (tributário, consumerista, urbanístico, ambiental etc.). Toda violação reiterada do Direito positivo com objetivo de redução de custo, gerando concorrência desleal, deve se sujeitar ao regime de *dumping* social.

A Política Tributária, a cargo do Ministério da Fazenda e da Receita Federal, deve ser formatada levando em consideração que a sonegação fiscal gera prejuízo direto ao Estado e indireto ao mercado, competindo dar tratamento diferenciado às empresas que investem em controle interno e cumprem a complexa legislação tributária com relação às empresas ocasionalmente inadimplentes e, sobretudo, para com as empresas sistematicamente inadimplentes (sonegadoras).

Como forma de dividir com a sociedade o ônus e o bônus do respeito às normas tributárias, diversos Municípios e Estados brasileiros instituíram o "Programa da Nota Fiscal", beneficiando o consumidor com parte dos ISS e ICMS incidentes sobre a operação.[263]

Para tanto, o consumidor que exigir a emissão da nota fiscal, colocando o CPF no documento, receberá parte do imposto arrecadado,[264] além de sorteios e prêmios periódicos.

O Programa da Nota Fiscal permite que a sociedade, de forma coletiva, fiscalize o adimplemento da obrigação tributária, efetivando verdadeira tutela externa positiva do crédito público.[265]

Em outro campo, o do Direito do Consumidor, para desencorajar a prática de *dumping* social, propõe-se adoção de "Etiquetagem de Qualidade" do fornecedor por meio de marca de certificação de empresa especializada, estabelecendo notas variáveis conforme o grau de respeito aos direitos do consumidor.

Marca[266] é um sinal distintivo visualmente perceptível utilizada para três finalidades: (i) marca de produto ou serviço,[267] para distinguir

---

[263] No âmbito do Estado de São Paulo, foi instituído o programa "Nota Fiscal Paulista". (SÃO PAULO (Estado). Secretaria da Fazenda. *Nota Fiscal Paulista*. Disponível em: http://www. nfp.fazenda.sp.gov.br/default.asp. Acesso em: 21 mar. 2022). Já no âmbito do município de São Paulo o programa (menos conhecido) é a Nota Fiscal Paulistana (SÃO PAULO (Município). *Nota do Milhão*. Disponível em: http://notadomilhao.prefeitura.sp.gov.br/. Acesso em: 21 mar. 2022).

[264] No regime de substituição tributária para frente (quando o imposto é recolhido de forma antecipada), o consumidor não recebe a fração do tributo, tendo em vista que a conduta de exigir a nota fiscal não contribui para a fiscalização tributária, pois o tributo já foi pago – essa situação ocorre, por exemplo, em postos de gasolina. Todavia, a fim de tornar o programa um hábito, ainda que a operação não gere crédito ao consumidor, fornece número para os sorteios periódicos.

[265] Tutela Externa do Crédito é o instituto que permite que os contratantes impeçam terceiros de prejudicarem o cumprimento do negócio jurídico. Normalmente de natureza negativa (opondo-se à atuação de terceiros), pode também ter natureza positiva (incentivando que terceiros contribuam para o respeito do contrato).

[266] A Lei nº 9.279/96, sobre propriedade industrial, regula as patentes de invenção e de modelo de utilidade e o registro de desenho industrial e de marca.

[267] Uma pesquisa da *Folha de S.Paulo* identificou as marcas de produtos mais conhecidas pelos consumidores do Estado em 32 categorias, com destaque para: azeite Gallo; sorvetes Kibon;

produto ou serviço de outro idêntico ou semelhante (art. 123, I); (ii) Marca Coletiva,[268] para identificar que o bem decorre de determinada entidade (art. 123, III); (iii) Marca de Certificação, para atestar conformidade do produto ou serviço com determinadas normas ou especificações técnicas.

Propõe-se a adoção do Programa de Etiquetagem com a implementação de Marca de Certificação como forma de atestar a conformidade do fornecedor às normas jurídicas – tributárias, consumeristas e ambientais –, classificando a empresa como social e juridicamente responsável

O Instituto Nacional de Propriedade Industrial (INPI) tem em seu catálogo diversas Marcas de Certificação, com destaque para a ABNT, Inmetro e Procel. Cada uma dessas marcas atesta a qualidade do produto ou serviço com base em um padrão normativo. O Procel avalia a eficiência energética dos aparelhos eletrônicos, tornando mais simples para o consumidor comparar o custo-benefício energético entre produtos.

Na internet, alguns *sites* – Buscapé, Ebay, Mercado Livre – desenvolveram ferramentas para informar a qualidade do fornecedor (e não apenas do serviço ou produto prestado).

A principal Marca de Certificação de qualidade do fornecedor no ambiente virtual é o Ebit, que, inclusive, é registrado oficialmente no INPI (Processo nº 822033186). O Ebit analisa pontos positivos e negativos de cada *e-commerce* desde 2001, atribuindo certificação diamante,

---

suco Del Valle; macarrão Adria; mortadela Ceratti; água de coco Sococo; açúcar União; chá Matte Leão; fermento Royal; entre outros. (RICCI, Stephanie. "Gourmetizando produtos, Matte Leão é o chá preferido dos paulistanos que cozinham. *Folha de S.Paulo*, 2017. Disponível em: http://www1.folha.uol.com.br/o-melhor-de-sao-paulo/2017/restaurantes-bares-e-cozinha/2017/06/1895616-gourmetizando-produtos-matte-leao-e-o-cha-preferido-dos-paulistanos-que-cozinham.shtml. Acesso em: 21 mar. 2022.)

[268] A marca coletiva identifica produtos ou serviços provindos de membros de uma determinada entidade. Esse tipo de marca também tem uma função diferenciadora. Ela pode ser utilizada por associações ou cooperativas, por exemplo, cujos associados ou cooperados elaboram produtos disponibilizados no mercado com uma mesma marca. Isso pode garantir uma maior visibilidade e força à marca, o que não aconteceria se cada um dos associados ou cooperados utilizasse marca própria. (BARBOSA, Patrícia Maria da Silva. Marcas Coletivas e Marcas de Certificação: marcas de uso coletivo. PIMENTEL, Luiz Otávio; SIVAL, Adalberto Lincoln (org.). Curso de propriedade intelectual & inovação no agronegócio: módulo II, indicação geográfica – Ministério da Agricultura, Pecuária e Abastecimento. 4. ed. Florianópolis: Mapa, 2013. p. 83-84. Disponível em: https://www.gov.br/agricultura/pt-br/assuntos/sustentabilidade/indicacao-geografica/arquivos-publicacoes-ig/livro-curso-de-propriedade-intelecual-inovacao-no-agronegocio-modulo-ii-indicacao-geografica.pdf/view. Acesso em: 21 mar. 2022.)

ouro, prata, bronze ou "em avaliação":[269] em 2017, divulgou uma lista com as melhores lojas, executivos e plataformas.[270]

Os certificados são reavaliados a cada 90 dias e, para a certificação máxima (diamante), exigem-se: (i) 2 mil pesquisas de avaliação no ato da compra; (ii) 200 pesquisas sobre o serviço de entrega; (iii) 85% de entregas dentro do prazo; (iv) 85% de probabilidade de o consumidor voltar a comprar na loja; (v) ter protocolo de segurança "SSL";[271] (vi) garantir sigilo das informações dos clientes; (vii) manter o *site* ativo e em funcionamento; (viii) aceitar mais de uma forma de pagamento, incluindo ao menos uma bandeira de cartão de crédito.[272]

Nos informes estatísticos, o *site* esclarece que são mais de 10 mil pesquisas respondidas por dia, com 25 milhões de pesquisas desde 2000 e 22 mil lojas cadastradas.

As vantagens do sistema são inúmeras, mas a plataforma não escapa de críticas.

Conforme consta na página na internet da empresa, sua função é coletar, contabilizar, processar e efetuar o tratamento estatístico dos dados que são submetidos voluntariamente pelos usuários, não se responsabilizando por opiniões que possam denegrir a imagem das lojas.[273]

É possível, portanto, que notícias falsas ocasionem comportamento de manada em prejuízo de determinado empresário ou que as pesquisas sejam respondidas de má-fé ou sem a atenção necessária, apenas para garantir a participação em eventuais sorteios realizados.[274]

A "etiquetagem" do fornecedor, para ser efetiva e justa, deve levar em consideração critérios variáveis conforme o setor da atividade, em especial: (i) número de reclamações por número de clientes ou

---

[269] EBIT. *Reputação das lojas*: confira as avaliações dos usuários NielsenIQ Ebit. Disponível em: https://www.ebit.com.br/reputacao-de-lojas. Acesso em: 21 mar. 2022.

[270] EBIT. *Prêmio Ebit*: melhores do *e-commerce*. Disponível em: https://ebit.com.br/premio-ebit. Acesso em: 21 mar. 2022.

[271] Secure Socket Layer é um padrão global de segurança tecnológica utilizado para proteger informações sensíveis na internet. (SSL.COM. Trust is what we do: the trusted name in SSL/TLS and digital certificates. Disponível em: https://www.ssl.com/. Acesso em: 21 mar. 2022.)

[272] EBIT. *Manual de boas práticas*. Disponível em: https://ebit.com.br/manual-de-boas-praticas. Acesso em: 21 mar. 2022.

[273] O Boticário, após propaganda do Dia dos Namorados com mensagem inclusiva a casais homossexuais, foi vítima de boicote dos usuários da internet. (PROPAGANDA de O Boticário com gays gera polêmica e chega ao Conar. *G1*, 2 jun. 2015. Disponível em: http://g1.globo.com/economia/midia-e-marketing/noticia/2015/06/comercial-de-o-boticario-com-casais-gays-gera-polemica-e-chega-ao-conar.html. Acesso em: 21 mar. 2022.)

[274] EBIT. *Regulamento sorteios*: participe dos nossos sorteios. Disponível em: https://www.ebit.com.br/consumidor/regulamento-sorteio. Acesso em: 21 mar. 2022.

contratos; (ii) tempo médio de resposta; (iii) índice de satisfação; (iv) taxa de produtos e serviços com vício; (v) taxa de produtos e serviços com defeito; (vi) existência de mecanismo interno de solução de controvérsias; (vii) qualificação técnica e independência dos funcionários responsáveis pela decisão do conflito; (viii) taxa de condenação em ações da justiça; (ix) valor médio das indenizações; (x) existência de danos morais e, em especial, da função punitivo-pedagógica dos danos morais; (xi) respeito às normas de vigilância sanitária, trabalhistas, tributárias, consumeristas e ambientais; (xii) nível de informação e confiança do consumidor; (xiii) responsabilidade pós-*pactum finitum* (rede de concessionárias, manutenção de peças de reposição, assistência técnica etc.).

No âmbito do Poder Público, novamente a ANS inovou ao criar o Programa de Qualificação de Operadoras, sistematizando dados e indicadores do setor específicos para cada operadora de plano de saúde e permitindo a comparação entre as empresas de forma automatizada pelo *site* da agência reguladora.[275]

A área de proteção a ser desempenhada pelo Direito Material pode ser ainda mais relevante do que o espaço de atuação da norma processual. Certamente, a postura de prevenção por meio da informação e dos meios de combate ao *dumping* social são essenciais para reduzir a violação dos direitos, especialmente quando se trata de microlesões.

4.2 Procedimento administrativo de resolução de controvérsia em setor regulado e protesto de crise não resolvida

A jurisdição – entendida como o serviço público de resolução de crise jurídica de certeza e satisfação – pode ser exercida, ainda que de forma atípica, pelo Poder Executivo, no âmbito da Administração Pública Direta e Indireta, especialmente pelas agências reguladoras e pelo Procon.

Os conflitos envolvendo setores regulados da economia devem ser resolvidos, prioritariamente, pelas agências reguladoras, que, mantendo posição equidistante do mercado, da Administração e dos consumidores, detêm imparcialidade e *expertise* suficientes para proferir decisões com eficácia executiva.

---

[275] BRASIL. Agência Nacional de Saúde Suplementar. *Programa de Qualificação de Operadoras.* Disponível em: https://www.ans.gov.br/planos-de-saude-e-operadoras/informacoes-e-avaliacoes-de-operadoras/qualificacao-ans. Acesso em: 21 mar. 2022.

CAPÍTULO 4
TUTELA EXTRAJUDICIAL DAS MICROLESÕES | 143

O julgamento de condutas particulares por órgãos da Administração Pública não é nenhuma novidade, sendo prevista, por exemplo, na Lei Federal nº 12.529/11 – sobre o Sistema Brasileiro de Defesa da Concorrência. O procedimento de apuração de infrações e atos de concentração (arts. 48 e 93) estipula que a decisão do plenário do tribunal, cominando multa ou impondo obrigação de fazer ou não fazer, constitui título executivo extrajudicial.[276]

Em regra, o Executivo tem o poder de decidir o conflito Administração-administrado, expedindo atos administrativos com eficácia de título executivo extrajudicial por força das presunções *iuris tantum* de veracidade e da legalidade que os acompanham.

Todavia, a legislação do Cade inova ao permitir que a autarquia decida, com força executiva, litígios particular-particular, ainda que – reconheça-se – subjacente o interesse público na defesa da concorrência e do livre mercado.[277]

Ainda que não caiba ao Cade conceder ao prejudicado indenização ou reparação pelos prejuízos causados pela conduta ilícita, a tutela voltada à remoção do ilícito e a tutela inibitória beneficiam o queixoso. Permite-se, ademais, que a Superintendência-Geral ou o Conselheiro-Relator admitam a intervenção de terceiros titulares de interesses que possam ser afetados pela decisão, bem como a de legitimados à propositura de ação coletiva.[278]

Em termos de legitimidade democrática por meio do processo, não há nada que deponha em desfavor do procedimento administrativo do Cade em comparação com o processo judicial: a autarquia é especializada na matéria; o procedimento permite o contraditório e a ampla defesa, inclusive com a participação de terceiros interessados; os conselheiros responsáveis pelos julgamentos, apesar de não terem a garantia da vitaliciedade, possuem estabilidade.[279]

---

[276] Art. 93. A decisão do Plenário do Tribunal, cominando multa ou impondo obrigação de fazer ou não fazer, constitui título executivo extrajudicial.

[277] Considerando que o ato de concentração prejudica o interesse público, mas também os demais concorrentes, o agente econômico prejudicado pode representar para que a Superintendência-Geral instaure inquérito para apuração de infração à ordem econômica (art. 66 da Lei nº 12.529/11).

[278] Art. 50. A Superintendência-Geral ou o Conselheiro-Relator poderá admitir a intervenção no processo administrativo de: I – terceiros titulares de direitos ou interesses que possam ser afetados pela decisão a ser adotada; ou II – legitimados à propositura de ação civil pública pelos incisos III e IV do art. 82 da Lei nº 8.078/90.

[279] A vitaliciedade, por si só, não é sinônimo de independência funcional e barreira contra corrupção, *vide* a situação do Tribunal de Contas do Estado do Rio de Janeiro, em que cinco dos sete conselheiros foram presos provisoriamente acusados de corrupção para favorecer

Não há qualquer diferença ontológica entre o *iter* do processo judicial e do processo administrativo que possa indicar que um procedimento favorece mais o contraditório e a ampla defesa do que o outro – peticionar, contestar e produzir provas para o juiz em nada difere de fazê-lo para o conselheiro.

O juiz ou conselheiro tampouco possuem diferenças ínsitas que tornem constitucional a decisão de um e não do outro.

A legitimidade democrática do juiz se dá *a priori*, pelo concurso público e, *a posteriori*, pela qualidade da fundamentação e publicidade da decisão. O conselheiro – servidor público com *expertise* estrita no assunto discutido e sujeito à sabatina do legislativo[280] – tem legitimidade jurídica e política *a priori*, além da legitimidade *a posteriori* igualmente decorrente da qualidade da fundamentação e publicidade da decisão.

Outras instituições, com engenharia própria, podem apresentar soluções melhores do que o Judiciário para a resolução de crises jurídicas, especialmente quando diante de: externalidade incalculável da decisão; opções igualmente legítimas; assunto que exige *expertise* técnica. Nessas hipóteses, o Judiciário deve adotar uma postura mais autocontida.[281]

A Teoria das Capacidades Institucionais[282] é perfeitamente aplicável à hipótese – o debate das capacidades institucionais tem sua sede clássica no confronto entre a legitimidade contramajoritária do Poder Judiciário em invalidar e determinar políticas públicas em contraposição à legitimidade técnico-política do Poder Executivo na formulação dessas mesmas políticas.

---

empreiteiras na operação da Polícia Federal denominada "Quinto do Ouro". (STJ prorroga prisão dos cinco conselheiros do TCE-RJ suspeitos de corrupção. *G1*, Rio de Janeiro, 2 abr. 2017. Disponível em: http://g1.globo.com/rio-de-janeiro/noticia/stj-prorroga-prisao-dos-cinco-conselheiros-do-tce-rj-suspeitos-de-corrupcao.ghtml. Acesso em: 21 mar. 2022.)

[280] BRASIL. Supremo Tribunal Federal. ADI 2.225/SC. Pleno. Relator: Min. Dias Toffoli. Brasília, 21.08.14.

[281] ARGUELHES, Diego Werneck; LEAL, Fernando. O argumento das "capacidades institucionais" entre a banalidade, a redundância e o absurdo. PUC. *Revista de Direito*, n. 38, p. 7, Rio de Janeiro, 2012. Disponível em: http://direitoestadosociedade.jur.puc-rio.br/media/01_Arguelhes_Leal.pdf. Acesso em: 21 mar. 2022.

[282] O Ipea estudou a relação entre arranjos institucionais e capacidades estatais na formulação de algumas Políticas Públicas, com destaque para: Programa Minha Casa Minha Vida (PMCMV); integração do Rio São Francisco; construção de hidrelétricas na Amazônia; produção de biodiesel. (BRASIL. Instituto de Pesquisa Econômica Aplicada (Ipea). *Capacidades estatais e democracia*: arranjos institucionais de Políticas Públicas. Disponível em: http://www.ipea.gov.br/portal/images/stories/PDFs/livros/capacidades_estatais_e_democracia_web.pdf. Acesso em: 21 mar. 2022.)

Considerando que a qualidade da política depende de um complexo conjunto de elementos e procedimentos (recursos econômicos, pessoal técnico e multidisciplinar, monitoramento etc.), discute-se se o Judiciário possui as condições ótimas para escolher a melhor opção.

A teoria não se restringe ao confronto de "legitimidade" Executivo-Judiciário na formulação e controle de políticas públicas, aplicando-se igualmente na "eficiência" da execução de serviços públicos – como é o da jurisdição. A questão, portanto, é saber qual instituição é a mais adequada para fornecer o serviço de resolução de crises jurídicas para determinado público e em determinado contexto.

Conforme entendimento do STF, cabe ao Instituto Nacional de Seguridade Social (INSS), em regra, conhecer inicialmente o pedido previdenciário, porquanto a autarquia tem a estrutura mais adequada para atender o dia a dia dos segurados. É o INSS, e não o Judiciário, a instituição com maior capacidade institucional de enfrentar a demanda previdenciária, atuando na linha de frente no atendimento dos pleitos.

A Arbitragem tem incidência maior em conflitos técnicos de alto vulto econômico entre empresas; a Mediação e a Conciliação são especialmente voltadas para litígios de família ou que exigem a manutenção do bom relacionamento entre os litigantes.[283] Assim, certos litígios envolvendo microlesões têm como foro adequado as agências reguladoras e os demais órgãos executivos especializados.

O Procon[284] representa bem a capacidade de órgãos administrativos na resolução de conflitos.

A pesquisa elaborada pelo Ministério do Planejamento, Orçamento e Gestão denominada "Características da Vitimização e do Acesso à Justiça no Brasil – 2009", revela que, no período de cinco anos, das 11,7 milhões de pessoas que buscaram solução para algum conflito cível perante o Estado, menos da metade teve a causa solucionada.[285] Do

---

[283] Aos titulares de interesses conflitantes apontam-se caminhos distintos, de preferência extrajudiciais, dotados, consoante se afirma, de vantagens nada desprezíveis sobre a utilização, nos moldes habituais, dos serviços da Justiça estatal – que assim se aliviaria, por sinal, de parte de sua carga de trabalho. Por tais caminhos poderia chegar-se mais depressa e com menores gastos à composição do conflito, em termos – acrescenta-se – de melhor adequação que a sentença do juiz a não poucas hipóteses, notadamente àquelas em que se defrontam pessoas compelidas pelas circunstâncias a continuar, não obstante o litígio e mesmo depois dele, convivendo em família, no local de residência ou no ambiente profissional. Fala-se, a propósito, de "Justiça coexistencial". (MOREIRA, José Carlos Barbosa. Miradas sobre o processo civil contemporâneo. *Revista dos Tribunais*, v. 79, 1995.)

[284] O Procon do Estado de São Paulo foi criado pelo Decreto Estadual nº 7.890/76, sendo regulado pela Lei Estadual nº 9.192/95, constituindo-se em fundação pública.

[285] 49,2% tiveram sua causa solucionada e 50,8% ainda não resolveram a questão. (BRASIL. Instituto Brasileiro de Geografia e Estatística. *Características da Vitimização e do Acesso à*

total de causas solucionadas, o Procon foi apontado como o principal órgão de resolução (69,4% do total dos casos resolvidos), enquanto a Justiça apresentou o maior percentual de conflitos não solucionados (56,5% do total de casos não resolvidos).[286]

A Justiça resolve menos de 50% dos casos encaminhados, enquanto amigos ou parentes, Polícia e o Procon resolvem mais de 50% dos conflitos.

Paradoxalmente, 70,2% das pessoas tiveram no Judiciário a primeira opção para resolver os conflitos, enquanto apenas 3,9% procuraram primeiramente o Procon.[287] Dos conflitos encaminhados primeiramente ao Procon, apenas 3,3% tiveram solução dada por provimentos judiciais, enquanto 88,5% dos casos foram resolvidos pela própria entidade.

O estudo revela que os conflitos relacionados aos serviços de água, luz e telefone – tipicamente microlesões – respondem por 9,7% do total de conflitos, mas possuem o maior percentual de solução (59,3% dos casos).[288]

Em outro contexto, mais uma vez a ANS desenvolve importante serviço de resolução de conflitos entre consumidores e operadoras de planos de saúde. O *site* da autarquia apresenta o índice de reclamações com finalidade de prestar informações sobre queixas registradas junto ao órgão, possibilitando que a sociedade saiba de que forma as operadoras se comportam diante das demandas.[289]

A ANS possui sistema próprio de resolução extrajudicial de conflitos entre consumidores e operadores de planos de saúde denominado NIP (Notificação de Investigação Preliminar), em vigor desde a Resolução Normativa (RN) nº 343/13, substituída pela RN nº 388/15.[290]

O procedimento é instaurado com a apresentação da demanda pelo reclamante, cabendo à agência tramitar à operadora para que

---

Justiça no Brasil: 2009. p. 61. Disponível em: http://biblioteca.ibge.gov.br/visualizacao/monografias/GEBIS%20-%20RJ/pnadvitimizacao.pdf. Acesso em: 21 mar. 2022.)

[286] Ibid., p. 60.

[287] É difícil precisar o quanto da eficiência do Procon na resolução dos conflitos está em justamente não ser tão procurado quanto o Judiciário.

[288] O índice engloba a resolução judicial e extrajudicial. (Ibid., p. 62)

[289] BRASIL. Agência Nacional de Saúde Suplementar (ANS). *Índice de Reclamações.* Disponível em: https://www.gov.br/ans/pt-br/assuntos/informacoes-e-avaliacoes-de-operadoras/indice-de-reclamacoes-2. Acesso em: 21 mar. 2022.

[290] BRASIL. Agência Nacional de Saúde Suplementar (ANS). *Resolução extrajudicial de conflito entre consumidores e operadoras de planos de saúde: NIP.* Disponível em: http://www.ans.gov.br/images/stories/noticias/pdf/20151027_Flavia_Resolucao_Extrajudicial_de_Conflitos_entre_Consumidores_e_Operadoras_de_plano_de_SaudeNIP.pdf. Acesso em: 21 mar. 2022.

responda diretamente ao consumidor.[291] A ANS, então, entra em contato com o consumidor para saber o resultado da reclamação – se a questão não foi resolvida, instaura-se a fase de fiscalização.

Na fase de fiscalização, o procedimento administrativo tem finalidade de aplicação de sanção, cujo proveito econômico é revertido exclusivamente à autarquia, sem indenização ao consumidor (art. 39 da RN nº 388/15).[292]

Em que pese a relevância das atuações do Cade, Procon e da ANS, é a Anatel que possui procedimento mais arrojado sobre o tema da resolução extrajudicial de conflitos.

A Resolução nº 612/13, que aprovou o regimento interno da agência de telecomunicações, disciplina procedimentos administrativos, entre os quais o procedimento de reparação.[293]

A agência poderá, motivadamente, determinar às prestadoras que adotem providências específicas, inclusive de natureza onerosa, em benefício dos usuários prejudicados, identificáveis ou não, com o objetivo de reparar danos decorrentes de inadequação na prestação de serviços de telecomunicações, sem prejuízo de eventual aplicação de sanção.

A decisão administrativa, com eficácia de título executivo extrajudicial, resolve conflito de interesses particular-particular de natureza indenizatória cujo beneficiário é o consumidor-final (e não a autarquia), sem necessariamente haver imposição de multa ou outras sanções.

---

[291] Pelos dados apresentados, a partir de 2013, o procedimento administrativo obteve o êxito de resolver mais de 80% das reclamações sem a necessidade de ingresso na fase de fiscalização. Sobre o tema específico de negativa de cobertura, o índice de resolução chega a 84,5%, indicando que de cada cinco notificações recebidas pela ANS, quatro são resolvidas por mediação de conflitos. (BRASIL. Agência Nacional de Saúde Suplementar (ANS). *Resolução extrajudicial de conflito entre consumidores e operadoras de planos de saúde: NIP*. Disponível em: http://www.ans.gov.br/images/stories/noticias/pdf/20151027_Flavia_Resolucao_Extrajudicial_de_Conflitos_entre_Consumidores_e_Operadoras_de_plano_de_SaudeNIP.pdf. Acesso em: 21 mar. 2022. p. 16-17)

[292] BRASIL. Agência Nacional de Saúde Suplementar. *Resolução Normativa: RN nº 388, de 25 de novembro de 2015*. Dispõe sobre os procedimentos adotados pela Agência Nacional de Saúde Suplementar – ANS para a estruturação e realização de suas ações fiscalizatórias. Disponível em: https://www.ans.gov.br/component/legislacao/?view=legislacao&task=TextoLei&format=raw&id=MzEzNg==. Acesso em: 21 mar. 2022.

[293] Art. 75. Visando resguardar direitos dos usuários atingidos por ação ou omissão de prestadoras de serviços de telecomunicações, a Agência poderá, motivadamente, determinar às prestadoras que adotem providências específicas, inclusive de natureza onerosa, em benefício dos usuários prejudicados, sejam eles identificáveis ou não, com o objetivo de reparar danos decorrentes de inadequação na prestação de serviços de telecomunicações, sem prejuízo de eventual aplicação de sanção.

Se as agências reguladoras têm legitimidade para o exercício do Poder de Polícia – atividade da Administração Pública que regula e fiscaliza a prática do ato em razão do interesse público – estreme de dúvida sua legitimidade para decidir a violação à norma jurídica nos litígios entre particulares.

Inexiste fundamento lógico-jurídico que legitime a autarquia a decidir pela violação das normas do setor regulado, impondo sanção à pessoa jurídica, mas, de igual modo, a impeça de aplicar a sanção de reparação do dano em favor do particular – note-se que a multa e a reparação dos danos são ambas consequências econômicas pelo descumprimento da norma jurídica.

A autarquia especial reúne as funções de legislar, executar e julgar e, ainda assim, desconhece-se discussão sobre a constitucionalidade do procedimento de reparação de danos prevista no regimento interno da Anatel. Note-se que a legitimidade para decidir conflitos empresa-particular se sujeita a escrutínio mais simples do que a atividade de aplicação de sanção.

Em outros termos, se a autarquia especial tem legitimidade constitucional para criar a regulamentação do setor, declarar a ilicitude de determinada conduta e impor sanção ao agente econômico – que muitas vezes é revertida à própria autarquia –, por que não teria legitimidade para declarar que determinada conduta é ilícita, impondo a obrigação de indenizar a ser revertida para terceiros (consumidores)?

E mais, constatando que a violação da norma foi generalizada, a autarquia – por meio de contraditório expandido, com a participação dos legitimados da ação civil pública e *amici curiae* – poderia também definir padrão indenizatório em favor dos consumidores, determinando que a empresa, *sponte propria*, identificasse os prejudicados e os indenizasse administrativamente, invertendo o ônus da liquidação e da execução.

Por exemplo, a autarquia, constatando que determinada prática é abusiva, determinaria que a empresa cessasse a conduta e devolvesse os valores cobrados de forma injustificada. Se a prática não fosse interrompida no prazo assinalado, a empresa seria obrigada a pagar danos morais ao consumidor, cabendo a este requerer a indenização por meio do Sistema de Atendimento ao Consumidor (SAC) da própria empresa ou, prioritariamente, ser imposta à empresa o ônus de identificar os consumidores afetados e proceder à liquidação dos danos, sob pena de majoração da sanção aplicada.

No campo do serviço básico de energia elétrica, por exemplo, constatada que determinada região ficou com serviço suspenso sem justificativa legítima, a Agência Nacional de Energia Elétrica (ANEEL) teria o poder-dever de impor à concessionária de energia elétrica a obrigação de restabelecer a energia, adotar medidas auxiliares (*i.e.*, colocação de gerador em hospitais), bem como a obrigação de identificar e reparar os danos aos consumidores prejudicados.

Como forma de controle social, parte da sanção imposta pela autarquia deveria ser revertida para campanhas de publicidade informativa, esclarecendo aos consumidores sobre a ilegalidade da conduta, os direitos reconhecimentos pela agência e a forma de recebimento da indenização.

A clássica Teoria da Separação dos Poderes é técnica não estanque de limitação do Poder Estatal contra o abuso sobre os direitos fundamentais, não podendo ser interpretada como obstáculo à concretização dos mesmos direitos fundamentais, como o é a defesa do consumidor (art. 5º, XXXII, CF).

A publicidade, participação, fundamentação e qualidade da decisão são critérios tão ou mais úteis à limitação do abuso do Poder Público quanto a separação das funções do Estado – não se pode deixar de fazer a justiça do caso concreto com medo de cometimento de injustiça em abstrato.

Nesse sentido, o poder decisório de conflitos deve ser estendido a órgãos públicos de defesa do consumidor, autarquias, conselho de classes, associações e sindicatos relativamente aos interesses dos associados e sindicalizados.

Cappelletti e Garth, na inesgotável obra *Acesso à Justiça*, informam que a Suécia estabeleceu o "Conselho Público de Reclamações" com competência para receber reclamações de consumidores contra comerciantes.

Em que pese a decisão não ser formalmente vinculante, na maioria dos casos (80%) são cumpridas e, em caso de descumprimento, a decisão tem natureza de prova pré-constituída, permitindo o ajuizamento da ação perante tribunais de pequenas causas independentemente do valor da ação, e o nome da empresa pode ser publicado na lista dos empresários que descumpriram as decisões do Conselho.

No Conselho Público de Reclamações de Estocolmo, na Suécia, na época do estudo, existiam dez departamentos especializados (produtos eletrônicos, seguros, automóveis) com composição igualitária entre representantes de consumidores e fornecedores, além do juiz-presidente neutro.

Suécia, França, Dinamarca, Canadá e Estados Unidos também desenvolveram "fórmulas governamentais de solução de conflitos de consumidores".[294]

Defende-se a expansão do poder decisório das agências reguladoras, permitindo que as entidades adquiram também o poder de decidir de forma adjudicatória os conflitos empresa-empresa e empresa-particular, dotando a decisão de força de título executivo extrajudicial, dispensado a fase de cognição.

Nesses casos, o Poder Judiciário se reservaria ao controle de legalidade da decisão da entidade, sobretudo quanto ao respeito ao devido processo legal, anulando as decisões teratológicas ou que tenham violado jurisprudência consolidada do tribunal, mas sem poder de modificar a decisão da autarquia com base em critérios de justiça. De outro lado, não se admitiria ação judicial sem que a questão tivesse sido previamente submetida à agência reguladora do setor.

4.3 Protesto de Crise Não Resolvida

O "Protesto de Crise não Resolvida" é relevante ferramenta auxiliar na resolução de crises a cargo de instituições administrativas.

O novo CPC e a Lei nº 13.484/17, que modificou a Lei de Registros Públicos, aumentaram a importância dos cartórios extrajudiciais na vida prática dos jurisdicionados – o art. 517 do CPC permitiu que a decisão judicial transitada em julgada seja levada a protesto após transcorrido o prazo para pagamento voluntário do débito, devendo ser efetivado o protesto de ofício caso se trate de obrigação de prestar alimentos (art. 528 §1º, CPC).

O código inova ao dispor que a sentença de conteúdo pecuniário vale como título constitutivo de hipoteca judiciária, ainda que a condenação seja genérica ou caiba recurso com efeito suspensivo (art. 495). Admite-se que divórcio, separação e extinção da união estável consensual, inexistindo nascituro ou filhos incapazes, possam ser realizados por escritura pública, que independerá de homologação judicial (art. 733), e passou-se a admitir o pedido de reconhecimento extrajudicial de usucapião, processado diretamente no registro de imóveis da comarca do bem de raiz (art. 1.071).

A atualização da Lei de Registros Públicos transformou os ofícios de registro civil das pessoas naturais em Ofícios da Cidadania,

---

[294] CAPPELLETTI; GARTH. Op. cit., p. 127-131.

CAPÍTULO 4
TUTELA EXTRAJUDICIAL DAS MICROLESÕES | 151

autorizando-os a prestar outros serviços remunerados, conforme previsão em convênio com órgãos públicos e entidades interessadas (art. 29, §3º).

A expansão da função dos cartórios extrajudiciais é evidente, podendo alcançar também no Protesto de Crise Não Resolvida.

Na prática, a agência reguladora, o Procon ou o órgão administrativo certificaria que provavelmente – *fumus boni iuris* – o consumidor tem razão na sua reclamação, autorizando-o que leve a protesto a crise não resolvida.

Protestada a reclamação, o consumidor poderia se recursar a cumprir a obrigação pleiteada pelo fornecedor (*v.g.* pagamento de juros abusivos), cabendo ao fornecedor o ônus de afastar judicialmente ou perante a entidade administrativa a presunção que milita em favor do protesto.

Exemplificando, o consumidor insatisfeito com o reajuste do plano de saúde acima da inflação apresentaria reclamação à ANS, que verificaria a probabilidade do direito alegado, autorizando o consumidor a protestar "a recusa de pagar a diferença tida por ilegal". Nessa hipótese, independentemente de eventual procedimento administrativo, o ônus de provar a legalidade da cobrança se inverteria, impondo à operadora do plano de saúde a necessidade de ingressar em juízo ou, ao menos, perante a agência reguladora para justificar a legalidade do reajuste.

O protesto inverteria o ônus de resolver a crise, cabendo ao fornecedor (e não ao consumidor) ingressar em juízo ou com processo administrativo perante a agência reguladora para comprovar a correção da conduta.

Declarada válida a obrigação imposta pela empresa, o consumidor, lastreado na reclamação protestada, pagaria os valores em aberto, mas não poderia ser sujeito às cláusulas moratórias e sancionatórias ante o reforço de legitimidade jurídica do protesto.

Na prática, o consumidor poderia apresentar a reclamação à autarquia pela internet, protestando o título também por meio eletrônico ou pelo *site* "consumidor.gov". Com o protesto, a empresa seria notificada pela autarquia, sendo impedida de efetivar a cobrança tida – *a priori* – por ilegal.

O procedimento não beneficiaria apenas o consumidor, mas também o fornecedor compromissado com o respeito às normas jurídicas.

Isso porque o fornecedor, em vez de ter contra si ajuizadas diversas ações individuais espalhadas pelo território nacional, poderia discutir a questão em face do órgão administrativo. Ainda que fossem várias as reclamações individuais, a prova da correção da conduta ocorreria em um só processo administrativo.

Em vez de a crise de certeza ser resolvida no formato clássico (consumidor-fornecedor), a proteção ao direito será iniciada na forma consumidor-órgão público e, posteriormente, fornecedor-órgão público, permitindo a molecularização do conflito de massa.

O órgão público, ao chancelar a reclamação ofertada pelo consumidor, "assume a posição do contrato", passando ser o legitimado passivo para demanda administrativa ou judicial.

Não haverá violação ao contraditório e ampla defesa em prejuízo do fornecedor, já que este terá à disposição todos os meios, extrajudiciais e judiciais, para confirmar a legalidade de sua atuação, tratando-se já do clássico contraditório diferido, apenas de natureza extraprocessual.

O cabimento do instituto dependeria dos seguintes requisitos: (i) setor regulado; (ii) contrato cativo de longa duração; (iii) questão jurídica envolvendo demanda de massa; (iv) possibilidade de o consumidor não cumprir parcela da obrigação.

Exige-se que o setor seja regulado para que a reclamação possa ser dirigida à autarquia especial, porquanto é necessário que a decisão seja proferida por órgão equidistante e imparcial, não sendo aplicável – inicialmente – para decisões proferidas por órgãos de defesa do consumidor.

Idealmente, a técnica é aplicável ao contrato cativo de longa duração, porque o procedimento pressupõe a manutenção da vigência do contrato, havendo discussão apenas sobre uma ou algumas de suas cláusulas que podem ser suspensas provisoriamente sem impedir a continuidade da relação contratual. Para contratos de efeito imediato, normalmente o consumidor paga a prestação de forma adiantada, inexistindo possibilidade de suspender parcialmente o cumprimento da obrigação.

A reclamação deverá envolver questão jurídica de massa, evitando que a autarquia se envolva em situações específicas, dificultando a decisão sobre a probabilidade do direito alegado. Ademais, tratando-se de questão jurídica, o entendimento uniforme da autarquia poderá ser adotado para todos os casos análogos – inclusive sendo formalizado em ato-normativo –, certeza jurídica que também favorece o fornecedor e o setor regulado.

4.4 Atuação autônoma do Poder Executivo

A Presidência da República aprovou "uma forte redução na conta de luz de todos os brasileiros"[295] por meio da redução das tarifas de energia.

O discurso oficial foi sustentado no esforço do governo federal em incentivar a economia nacional, desonerando o setor de infraestrutura. Contudo, a justificativa real para a redução ou, ao menos, quanto ao grau de redução dos encargos, foi a decisão do Tribunal de Contas da União, que constatou a cobrança indevida em mais de R$7 bilhões nas contas de energia elétrica entre 2002 e 2010.[296]

Em 2017, a situação se repetiu, conforme o relatório do Tribunal de Contas da União sobre a cobrança de energia elétrica dos anos 2015 e 2016.[297,298]

O então diretor-geral da Aneel, Romeu Rufino, afirmou que, após a elaboração do cálculo definitivo, as empresas terão que devolver o dinheiro na forma de crédito aos consumidores. A fórmula de cálculo e os índices adotados foram divulgados na reunião da Aneel do dia 28 de março: o desconto na conta do mês de abril de 2017, a depender da concessionária, variará de 0,95% (CERTREL) a 19,47% (Energisa Borborema).[299]

O direito a ser restituído pelo valor pago a maior tem natureza individual, pois cada consumidor tem a receber valor específico a ser liquidado em processo próprio. Não obstante, pela dimensão da lesão e em razão da origem comum, o sistema coletivo o erige à categoria de Direito Individual Homogêneo, aplicando o sistema coletivo de tutela.

---

[295] AGORA NO PLANALTO. *Pronunciamento sobre a redução da tarifa de energia elétrica*. Disponível em: https://www.youtube.com/watch?v=vab0_LlItD8. Acesso em: 21 mar. 2022.

[296] AMATO, Fábio. Relatório do TCU pede devolução de R$7 bi por erros em contas de luz. *G1*, ago. 2012. Disponível em: http://g1.globo.com/economia/noticia/2012/08/relatorio-pede-devolucao-de-r-7-bilhoes-cobrados-em-conta-de-luz.html. Acesso em: 21 mar. 2022.

[297] ANEEL devolverá imediatamente valores cobrados a mais na conta de luz de 2016. *Estadão*, mar. 2022. Disponível em: https://www.jornaldocomercio.com/_conteudo/2017/03/economia/551576-aneel-devolvera-imediatamente-valores-cobrados-a-mais-na-conta-de-luz-em-2016.html. Acesso em: 21 mar. 2022.

[298] CONTA de luz terá desconto de até 19,5% em abril, por devolução de cobrança indevida. *G1*, Brasília, mar. 2017. Disponível em: http://g1.globo.com/economia/noticia/aneel-diz-que-consumidor-tera-valor-pago-a-mais-abatido-na-conta-de-luz-de-abril.ghtml. Acesso em: 21 mar. 2022.

[299] BRASIL. Agência Nacional de Energia Elétrica (ANEEL). *ANEEL aprova ajuste para reversão do encargo de Energia de Reserva*. Disponível em: http://www.aneel.gov.br/sala-de-imprensa-exibicao-2/-/asset_publisher/zXQREz8EVlZ6/content/aneel-aprova-processo-de-ajuste-para-reversao-do-encargo-de-energia-de-reserva/656877?inheritRedirect=false. Acesso em: 2 ago. 2017.

Analisando a violação pelo aspecto coletivo, o valor discutido é de grande monta [R$7 bilhões]; todavia, individualmente considerado, trata-se de microlesão.

Em uma conta despretensiosa, utilizando o período de 2002-2010, pode-se dividir o montante indicado pelo Tribunal de Contas da União (TCU) – R$7 bilhões – pelo número de domicílios brasileiros – 62,8 milhões –,[300] obtendo os seguintes resultados: (i) R$111,46 (valor pago a maior por domicílio no período de oito anos); (ii) R$13,93 (valor pago a maior em cada ano); (iii) R$1,15 (valor pago a maior em cada conta mensal de energia elétrica).

Coletivamente, o direito representa R$7 bilhões, mas individualmente alcança apenas R$111,46, sendo quase teratológico o ingresso de uma ação individual para discussão desse montante, mormente diante da complexidade da questão técnica e do porte econômico da empresa de energia elétrica que, muito provavelmente, estenderia o trâmite processual até o STJ e, quiçá, ao STF.

A desproporção/desequilíbrio do impacto financeiro entre as partes também impõe estratégias de litígio bem diferentes, porquanto para o consumidor o ingresso da ação judicial já não se mostra economicamente útil, mas a extensão do processo até as instâncias superiores será absolutamente prejudicial. Contudo, caso vencida nas instâncias ordinárias, a empresa certamente levará o tema para os tribunais superiores, porquanto a ação individual pode representar pouco, mas a questão jurídica de fundo tem potencial macro.

Logo, caso a empresa acredite ter razão ou acredite lograr êxito nos tribunais mesmo sem ter razão, não haverá incentivos para o acordo individual – porquanto o acordo com um representará acordo com todos –, fora o custo de celebração e cumprimento individual de cada avença.

No caso concreto, a solução foi dada pelo próprio governo ao reduzir mais do que o previsto a tarifa das contas de energia elétrica, abatendo os valores pagos a maior durante os anos seguintes.

Administrativamente, o governo efetivou tutela jurídica extrajudicial e a custo zero.

Por hipótese, caso o Governo Federal não mostrasse disposição para devolução administrativa dos valores, pela legislação vigente, a

---

[300] NITAHARA, Akemi. Número de domicílios no país cresce mais do que a população. *Agência Brasil*, set. 2013. Disponível em http://memoria.ebc.com.br/agenciabrasil/noticia/2013-09-27/numero-de-domicilios-no-pais-cresce-mais-do-que-populacao. Acesso em: 21 mar. 2022.

solução seria a propositura de ação coletiva para discussão do direito individual homogêneo, sucedendo à execução individualizada que poderia ensejar o ajuizamento de milhões de ações judiciais, o que se mostra improvável diante do pequeno valor do crédito.

Recentemente, o Banco Central do Brasil (BC) disponibilizou plataforma permitindo que os clientes de instituições financeiras que tivessem "esquecido" de valores ao longo dos anos pudessem recuperar a quantia.[301] Contudo, o próprio BC esclarece que apenas 1.358 clientes têm a receber mais de R$100 mil, sendo que 13,9 milhões de pessoas têm crédito de até R$1,00 (um real).[302]

Ainda que de grande relevância social, eventual ação coletiva, de *lege lata*, mostrar-se-ia ineficiente, já que o processo de conhecimento teria natureza coletiva, mas a execução dependeria de processos individuais de liquidação. Alternativamente, aplicar-se-ia o *fluid recovery*, que não tem o condão de ressarcir a potencial vítima da lesão, apenas evitar o enriquecimento ilícito, ou o *cy-près* – que geraria o mesmo resultado da atuação extrajudicial do Poder Executivo.

4.5 *Compensation without Litigation* (compensação sem litígio)

Para além da atuação prévia do Executivo na identificação e na reparação dos danos coletivos, Rosenberg propõe a *Compensation without Litigation* (compensação sem litígio), permitindo que a lei autorize órgãos públicos a indenizarem os consumidores que tenham sido vítimas de vício de produto ou serviço, independentemente de procedimento, para verificar a procedência da reclamação.[303]

---

[301] BRASIL. Banco Central do Brasil. *Seja bem-vindo(a) ao Sistema de Valores a Receber (SVR)*. Disponível em: https://valoresareceber.bcb.gov.br/. Acesso em: 20 mar 2022.

[302] GARCIA, Nathalia; GERCINA, Cristiane. Banco Central: 1.358 brasileiros têm mais de R$100 mil esquecidos nos bancos: para 13,9 milhões, valores são de menos de R$1; veja como agendar a transferência. *Folha de S.Paulo*. Disponível em: https://www1.folha.uol.com.br/mercado/2022/03/banco-central-139-milhoes-tem-menos-de-1-real-em-valores-a-receber--saiba-como-ver-o-valor.shtml?utm_source=sharenativo&utm_medium=social&utm_campaign=sharenativo. Acesso em: 20 mar 2022.

[303] *Why not create a Department of Economic Justice to dispense quickly remedies in cash or in kind to complaining customers who have been unable to get satisfaction from the merchant or manufacturer responsible for the defective product?* (ROSENBERG, Maurice. Devising Procedures that are civil to promote justice that is civilized. *The Michigan Law Review*, Estados Unidos, v. 69, n. 5, p. 813, 1971. Disponível em: http://www.jstor.org/stable/1287302. Acesso em: 21 mar. 2022.)

O autor instiga ao dizer que quando a televisão de uma pessoa apresenta vício e nós queremos manifestar preocupação com seus direitos, indicamos que procure um advogado e ingresse com a ação nos juizados especiais, impondo ao seu advogado, ao advogado da outra parte e ao Judiciário horas de trabalho que certamente valem muito mais do que o aparelho defeituoso. Por que não tentar um modelo totalmente diferente?

Sua proposta é a criação de casos-teste, nos quais o consumidor apresenta seu pedido de indenização ao fundo público, sendo imediatamente ressarcido – desde que o litígio seja de pequeno valor (US$1.000,00 em valores atualizados). O consumidor receberá imediata tutela jurídica (extraestatal), permitindo ao administrador verificar se determinado fornecedor está ferindo direitos dos consumidores em larga escala, cabendo-lhe ingressar com a ação coletiva e/ou sanções administrativas para reaver os valores dispendidos com as indenizações, além de obter os valores das multas.

Em suma, a proposta é que o fundo público pague o débito, assumindo o crédito indenizatório, e promova a persecução cível, administrativa e mesmo penal da conduta lesiva perpetrada pelo fornecedor.

O procedimento permite que pequenas violações operadas em larga escala sejam expostas e eliminadas mais rapidamente. A fim de evitar fraudes, estabelecer-se-ia investigações em casos aleatórios, sancionando o reclamante de má-fé por estelionato ou outros crimes.

A proposta é ousada, reconhece-se, mas porque partimos da presunção de fraude do consumidor.

Contudo, ainda que de forma embrionária, prática similar é adotada por aplicativos de entrega e transporte. Quando há reclamação do consumidor sobre não entrega de determinado item ou cobrança a maior, o estorno – em regra – ocorre imediatamente, sem qualquer investigação minuciosa sobre a veracidade do alegado pelo consumidor. O aplicativo intermediário reembolsa o consumidor e, depois, desconta o valor do fornecedor.

Esse sistema funciona bem porque o aplicativo possui os macrodados do consumidor, podendo identificar com agilidade o perfil do cliente e, especialmente, se há indícios de fraude na solicitação do estorno. Ademais, o aplicativo pode – *sponte propria* – reter o repasse do pagamento ao fornecedor, sendo mais simples a recuperação de eventual ativo.

4.6 Sistema *online* de reclamação (consumidor.gov.br)

O governo federal lançou a plataforma digital "consumidor.gov. br" – sistema que permite a interlocução direta entre o consumidor e o fornecedor para solução dos conflitos.[304]

O *site* indica que seus objetivos são a ampliação do atendimento aos consumidores, incentivo à competitividade, melhoria do relacionamento consumidores-empresas, aprimoramento das políticas de prevenção de condutas abusivas e fortalecimento da transparência nas relações de consumo.

Do lado do Poder Público, compete à Secretaria Nacional do Consumidor (Senacon) do Ministério da Justiça, em conjunto com Procon, Defensorias, Ministérios Públicos e sociedade, o monitoramento da plataforma.

Para o fornecedor, o acesso é livre desde que a empresa se comprometa a conhecer, analisar e investir todos os esforços para a solução das reclamações apresentadas.

As empresas são beneficiadas pela disponibilização de sistema gratuito de recebimento e tratamento de reclamações que não foram resolvidas pelos canais tradicionais de atendimento, evitando que se transformem em litígios administrativos e/ou judiciais. A empresa ganha mais uma oportunidade de demonstrar seu empenho na resolução dos conflitos de consumo, galgando melhores posições no *ranking* de satisfação, aumentando sua nota competitiva, além de permitir a identificação dos entraves internos.

O consumidor ganha canal oficial e eficaz para apresentação de reclamações, permitindo que as queixas e as respostas sejam concentradas em uma só ferramenta, obtendo solução rápida para a violação suscitada. Ademais, permite que os consumidores conheçam as empresas mais demandadas, o índice de satisfação e, com isso, possam escolher conscientemente com quem contratar.

A ferramenta adota parcialmente a política de "etiquetamento" do fornecedor, ao indicar o *ranking* de satisfação com a empresa, além de facilitar a atuação dos legitimados coletivos ao disponibilizar dados públicos úteis à tutela molecularizada.

A transparência e estatística do *site* é digna de aplausos, existindo informações sobre os índices de solução e de satisfação, prazo médio de resposta e percentual de reclamações respondidas – o gestor informa

---

[304] BRASIL. Consumidor.gov.br. *Sobre o serviço*. Disponível em: https://www.consumidor. gov.br/pages/conteudo/sobre-servico. Acesso em: 21 mar. 2022.

que 80% das reclamações são solucionadas e que as empresas respondem, em média, em sete dias. O *site* apresenta também indicadores por empresas, infográficos, relatos dos consumidores[305] e publicações gerais.

No boletim de 2020, consta que foram recebidas 37 mil reclamações no primeiro ano (2014), contando com 216 empresas cadastradas. Em 2020, já eram 965 empresas com recebimento anual de 1.196.627 reclamações.[306]

Os bancos (26,8%) e as operadoras de telecomunicações (26,6%) representam mais da metade das reclamações, sendo que o índice de solução das empresas foi de 78,4% e, em média, o consumidor era respondido em oito dias.

Independentemente do segmento de atividade, o tema "cobrança e contestação de valores" representava 42,4% do total de reclamações – tema intimamente ligado às microlesões.

Quanto ao índice de solução, as operadoras de telefonia detinham a impressionante marca de 90,4% de satisfação, percentual que caía para 51,3% no setor de viagens, turismo e hospedagem (provavelmente impactado pela pandemia de COVID-19).

Há, ainda, informação sobre o perfil etário e de gênero dos consumidores, sendo 56% composto pelo público feminino e 58,3% por pessoas entre 21 e 40 anos.

O canal brasileiro tem proximidades com o procedimento da MCOL, visto anteriormente, já que ambos são mantidos pelo Poder Público – o primeiro mantido pelo Executivo Brasileiro, o segundo mantido pelo Judiciário Inglês.

Ocorre que o sistema inglês é preparado para que eventual falta de solução seja convertida em ação judicial, o que não ocorre com o sistema brasileiro.

O *site* é claro ao afirmar que, de forma individual, não está prevista nenhuma medida ou sanção direta à empresa que não resolver a reclamação do consumidor, mas as informações registradas no banco de dados do sistema poderão subsidiar, em âmbito coletivo, medidas de prevenção e repressão de condutas desleais e abusivas adotadas no mercado de consumo.[307]

---

[305] BRASIL. Consumidor.gov.br. *Indicadores*: relato do consumidor. Disponível em: https://www.consumidor.gov.br/pages/indicador/relatos/abrir. Acesso em: 21 mar. 2022.)

[306] Em janeiro de 2022 foram recebidas 123.708 reclamações. Contudo, o *site* não apresenta dados consolidados por semestre desde 2018. (BRASIL. Consumidor.gov.br: *Indicadores*. Disponível em: https://www.consumidor.gov.br/pages/dadosabertos/externo/. Acesso em: 24 fev. 2022.)

[307] BRASIL. Consumidor.gov.br. *Perguntas frequentes*. Disponível em: https://www.consumidor.gov.br/pages/conteudo/publico/3. Acesso em: 21 mar. 2022.

Críticas podem ser feitas ao portal do governo.

O índice de satisfação é analisado sob a ótica exclusiva do consumidor, entretanto, nem todas as reclamações são juridicamente sustentáveis, permitindo ao consumidor que registre reclamação mesmo sem razão. É verdade que a exigência de cadastro no *site*, com indicação de dados pessoais, contribui para reduzir o risco de reclamações teratológicas ou o uso indevido do sistema, mas a oitiva de um só lado, qualquer que seja, pode gerar transtornos, ainda que seja a única solução materialmente possível.

De *lege ferenda*, a vinculação da empresa ao *site* deveria ser obrigatória, ao menos para as 500 ou 1.000 empresas mais demandas no Judiciário, impondo o dever-social de a empresa resolver seus conflitos, prioritariamente, fora do âmbito da jurisdição contenciosa.

Utilizando termos de Mediação e Conciliação, o *site* gera *win-win* em favor do Governo, dos consumidores e dos empresários, reduzindo os custos com a resolução pública dos litígios, aumentando a efetividade do Direito Material e reduzindo os incentivos à violação das normas jurídicas.

O acesso à justiça, interpretado como acesso à ordem jurídica justa, é direito constitucional fundamental com eficácia horizontal, sendo poder-dever de toda a sociedade a concretização do mandamento constitucional de pacificação social.

CAPÍTULO 5

TUTELA EXTRAESTATAL DAS MICROLESÕES

5.1 Consumidor-empresa: *Ombudsman*

A Justiça Estatal ganhou primazia por uma série de fatores que incluem monopólio da força, estrutura formal e equidistante do julgador, investimento elevado de recursos públicos e qualidade na seleção dos funcionários e magistrados. Não obstante, o acesso amplo e irrestrito à Justiça colapsou o serviço, levando o tema do acesso à jurisdição ao debate público, especialmente o questionamento se as portas do Judiciário devem estar abertas para resolver todo e qualquer conflito.

Fazendo paralelo com o Sistema Único de Saúde (SUS), os hospitais de referência, hospitais gerais, hospitais de bairro e Unidades Básicas de Saúde (UBS) têm público-alvo específico, sendo que algumas doenças devem ser tratadas em casa, com repouso e boa alimentação. Levar um resfriado para ser tratado em hospital especializado em tuberculose é utilizar recursos públicos escassos de forma ineficiente, excluindo do atendimento aqueles que efetivamente precisam da atenção especializada. Nesse cenário, é legítimo que o hospital de referência recuse o atendimento, indicando o local adequado para o paciente ser atendido.

Para utilizar expressões consagradas, não existe almoço de graça e os direitos têm custos.[308] O acesso amplo e irrestrito ao Judiciário é custeado pelo erário, que não é outra coisa senão o patrimônio comum da sociedade. Se a crise jurídica pode ser resolvida fora das portas da "Justiça" e do próprio Estado, é ilegítimo que o interessado toque a campainha do Poder Público.

---

[308] HOLMES, Stephen; SUNSTEIN, Cass R. *The Cost of Rights*: Why liberty depends on taxes. Nova York-Londres: W.W. Norton & Company, 1999.

O sistema processual da *commom law* serve de fonte de inspiração para análise dos *Alternative Dispute Resolution* (ADR), fornecendo institutos para além das já consagradas técnicas de Negociação, Mediação e Arbitragem.[309]

Para fins de delimitação do tema, com atenção sempre voltada aos litígios de microlesões, serão analisados os institutos alternativos de resolução de conflitos com cabimento ótimo no conflito consumidor-empresa, nomeadamente o *Ombudsman*, *Adjudication*, *Expert Determination* e *Neutral Evaluation*.

Ombudsman[310] é um funcionário da organização,[311] pública ou privada, que atua de forma independente na fiscalização da própria entidade – a função original do instituto era avaliar internamente a qualidade dos procedimentos e condutas da instituição.

No âmbito da resolução de crises, o instituto ganha contornos próprios, permitindo que funcionário interno, mas independente, analise as queixas que não puderam ser resolvidas pelos canais normais da empresa.[312]

O interessado, antes de pedir a intervenção do *Ombudsman*, deve utilizar o procedimento formal de queixa da organização, aguardando o prazo para resposta.[313] Em caso de mora ou munido da decisão de indeferimento,[314] o interessado envia pedido escrito ao ouvidor – que poderá atuar como mediador, decidir a questão *in limine* ou estabelecer procedimento de cognição exauriente. Não sendo o caso de decisão liminar, o ouvidor apresenta explicações prévias às partes, medida que pode resolver mal-entendidos, e verifica a existência dos pressupostos procedimentais.[315]

---

[309] CITIZENS ADIVCE. *Alternatives to Court*: This information applies to England and Wales. Disponível em: https://www.citizensadvice.org.uk/consumer/get-more-help/Solve-an-ongoing-consumer-problem/. Acesso em: 21 mar. 2022.

[310] O termo "*Ombudsman*" não tem tradução precisa para o português. Para evitar repetições, também será utilizado o termo "ouvidor", salientando que existem diferenças consideráveis entre os institutos.

[311] O termo "organização" é utilizado como gênero a englobar pessoas jurídicas de direito público e de direito privado, subsidiárias e órgãos.

[312] *Do all disputes have to be settled in court? No. Going to court should always be a last resort. It can be expensive, stressful and can take a lot of time. Before going to court you should always try to reach an agreement. For example, if you are in a dispute with an organization, you should use the organisation's complaints procedure before thinking of making a claim through the court.* (REINO UNIDO. HM Courts & Tribunal Service. *I'm in a dispute: what can I do?* Disponível em: https://www.gov.uk/make-court-claim-for-money. Acesso em: 21 mar. 2022.)

[313] No sistema do Reino Unido, o prazo de resposta é de oito dias.

[314] A decisão é formalizada em um documento denominado *letter of deadlock* (documento de impasse).

[315] O *Ombudsman* não tem competência para decidir a questão se já foi decidida pelo Judiciário ou se envolver matérias sob reserva de jurisdição.

As peculiaridades do *Ombudsman* não se encerram: sua postura na obtenção de provas é ativa, aproveitando sua *expertise* como funcionário da própria entidade-ré;[316] a decisão não se sujeita ao princípio da adstrição,[317] sendo lícito julgar pelo resultado prático equivalente ou adotar medidas outras para resolução da controvérsia.[318]

O programa de Ombudsman pode ser criado voluntariamente pela empresa ou determinado pela agência reguladora do setor. Nesta última hipótese, a determinação pode se dar pelo sistema *statutory* ou *underpinned by statute*.

O sistema *statutory* é voltado para o setor regulado da economia, cabendo à autarquia avaliar a eficiência e a autonomia do *Ombudsman*, não podendo, todavia, decidir o mérito dos casos submetidos ao ouvidor da organização.

No modelo de *underpinned by statute*, cabe ao Poder Público determinar critérios mínimos no funcionamento do *Ombudsman*, sem necessidade de acompanhamento de perto da atividade – normalmente, o modelo é utilizado para setores de relevância pública intermediária, tal como o mercado de imóveis.

O reclamante, além das vantagens inerentes ao ADR, beneficia-se com a possibilidade de obtenção de decisão vinculante em caso de procedência da queixa (decisão *in utilibus*) – a empresa não pode impugnar judicialmente a decisão do *Ombudsman*, salvo por nulidade absoluta.

A seu turno, a organização ganha por reduzir seus custos com processos judiciais, identificando suas falhas antecipadamente, permitindo a mudança de dentro para fora. A desconfiança com a "justiça" da decisão tende a ser menor quando proferida por um funcionário da própria organização, interessado, sobretudo, na melhoria da qualidade da empresa na qual trabalha.

As desvantagens residem no fato de ser comum estabelecer limites econômicos à decisão do ouvidor, além de não ser admitida a aplicação da função punitivo-pedagógica dos danos morais.

---

[316] OMBUDSMAN ASSOCIATION. *What is an ombudsman.* Disponível em: https://www.ombudsmanassociation.org/what-ombudsman. Acesso em: 21 mar. 2022.

[317] *Typically, ombudsman decisions are based on what the ombudsman considers to be fair in all the circumstances – taking into account the law, any regulator's rules and guidance, any relevant code of practice and what the ombudsman considers have been good practice at the relevant time.* (OMBUDSMAN ASSOCIATION. *Guide to principles of good governance.* Disponível em: https://www.ombudsmanassociation.org/best-practice-and-publications/guide-principles-good-governance. Acesso em: 21 mar. 2022.)

[318] O *Ombudsman* pode determinar que a empresa peça desculpas e devolva o dinheiro, ainda que o pedido seja pela troca do produto.

Como meio de resolução de conflitos, o modelo se adéqua melhor aos conflitos consumidor-empresa envolvendo instituições financeiras, seguradoras, concessionárias de serviços públicos e universidades, considerando que estas possuem maior controle externo do Poder Público e são relativamente complexas para o consumidor-padrão.[319]

É, ainda, possível a instituição de *Ombudsman* público, mas o instituto possui peculiaridades, notadamente: ausência do *binding effect* da decisão, considerando que o órgão público se sujeita à legalidade e ao princípio democrático; e as decisões do ouvidor não têm caráter vinculante, sendo seu principal objetivo combater a má-administração.[320]

Qualquer que seja o tipo de *Ombudsman*, público ou privado, facultativo ou obrigatório, o ouvidor se sujeita à *accountability*,[321] "prestando satisfação" de sua atuação por meio de estatísticas e relatórios sobre os métodos utilizados.

Merece destaque a prestação de contas de 2020 do *Ombudsman* dos Serviços de Comunicação, Energia, Propriedade e Consumo do Reino Unido[322] – a entidade tem competência para julgar casos cuja reclamação seja protocolada em até doze meses da *deadlock letter* (decisão negativa da empresa). Consta que os consumidores do Reino Unido ingressaram com 140 mil reclamações no procedimento interno das empresas; do total, 65.593 reclamações foram levadas ao procedimento recursal do *Ombudsman*.

O relatório indica que 78% das reclamações foram resolvidas em quatro semanas ou menos.

O *Ombudsman* informa que o consumidor pode receber como resposta um pedido de desculpas da empresa; uma ação prática; ou indenização em dinheiro sujeita ao limite de £10.000,00 – sendo que, na prática, a maioria das indenizações é de £50,00.[323]

---

[319] No Reino Unido, existem *Ombudsmen* especiais para os seguintes órgãos públicos: (i) serviço parlamentar e de saúde; (ii) autoridades locais; (iii) universidades públicas (iv) polícia; (v) serviços públicos.

[320] OMBUDSMAN ASSOCIATION. *Ombudsmen shines a light on service failures across the public sector*. Disponível em: https://www.ombudsman.org.uk/news-and-blog/news/ombudsman-shines-light-service-failures-across-public-sector. Acesso em: 21 mar. 2022

[321] O termo "*Accountability*" não se confunde com prestação de contas, tendo em vista que este é voltado ao aspecto econômico-financeiro da gestão e aquele indica a obrigação de dar satisfação completa da atividade.

[322] OMBUDSMAN SERVICES. *Making a difference together*. Disponível em: https://www.ombudsman-services.org/about-us/annual-reports. Acesso em: 24 fev. 2022.

[323] *How much money can I expect to receive? While we have the power to make awards of up to £10,000 the most common award that we make for time and trouble is £50. Our higher awards tend to be made when we decide a company needs to return the complainant to the position they would have*

CAPÍTULO 5
TUTELA EXTRAESTATAL DAS MICROLESÕES | 165

Em território nacional, inexiste instituto idêntico e com a mesma aplicação do *Ombudsman* do Reino Unido.

Fora do âmbito jurídico, o termo normalmente é utilizado para designar ouvidores ou profissionais independentes com o objetivo de avaliar o serviço da empresa ou órgão público, mas sem a missão de decidir conflitos entre particulares e a organização.[324]

A Resolução nº 4.433/15 do Bacen dispõe sobre a ouvidoria das instituições financeiras brasileiras, atribuindo ao órgão a função de atuar em última instância nas demandas dos clientes que não tiverem sido solucionadas nos canais de atendimento primário da instituição e, também, como canal de comunicação e Mediação de conflitos (art. 3º, I e II).[325]

Ainda que a ouvidoria tenha competência de resolver conflitos, sua natureza é essencialmente organizacional, ou seja, integrante da instituição financeira e voltada à melhoria dos serviços prestados para o futuro e a governança corporativa, e não à resolução do caso concreto.[326]

Em 2016, o STJ organizou o "1º Seminário *Ombudsman* como Forma de Desjudicialização dos Conflitos na Relação de Consumo", contando com a presença de ilustres juristas brasileiros e estrangeiros, com o objetivo de discutir e propor a autorregulamentação de *Ombudsman* setorial, com foco no setor bancário.[327]

O conferencista Peter Sester, ao expor sobre o *Ombudsman* no âmbito bancário europeu, apresentou diversas diferenças entre as experiências alemã e suíça.[328]

---

been in had the problem not happened in the first place. (OMBUDSMAN SERVICES. *Time and trouble award.* Disponível em: https://bityli.com/czjIT. Acesso em: 24 fev. 2022.)

[324] O jornal *Folha de S.Paulo* inaugurou a figura do *Ombudsman* no jornalismo nacional em setembro de 1989, formalizando o instituto como representante do leitor perante o jornal, com a função de realizar a crítica interna do periódico. (OMBUDSMAN: O que é o cargo de ombudsman. *Folha de S.Paulo,* set. 2014. Disponível em: http://www1.folha.uol.com.br/ombudsman/2014/09/1520973-o-que-e-o-cargo-de-ombudsman.shtml. Acesso em: 21 mar. 2022.)

[325] BRASIL. Banco Central (Bacen). *Res. 4.433/15.* Disponível em: https://www.bcb.gov.br/pre/normativos/busca/downloadNormativo.asp?arquivo=/Lists/Normativos/Attachments/48509/Res_4433_v1_O.pdf. Acesso em: 21 mar. 2022.

[326] Para a distinção entre os modelos de ouvidoria, *ver* palestra do Procurador do Bacen Dr. César Cardoso. (BRASIL. Superior Tribunal de Justiça. *1º Seminário Ombudsman como forma de desjudicialização dos conflitos na relação de consumo.* Disponível em: https://www.youtube.com/watch?v=Lu7pVItkgsU. Acesso em: 21 mar. 2022.)

[327] Folder do evento. (BRASIL. Superior Tribunal de Justiça. *1º Seminário Ombudsman como forma de desjudicialização dos conflitos na relação de consumo: Programa.* Disponível em: http://www.stj.jus.br/static_files/STJ/Midias/arquivos/Noticias/programa_ombudsman0909completo.pdf. Acesso em: 21 mar. 2022.)

[328] Por curiosidade, Sester informa que tanto na Alemanha quanto na Suíça é vedada a fixação de honorários advocatícios *ad exitum* (vinculados ao sucesso da demanda), sendo

Na Alemanha, a função de ouvidor é desempenhada, na maioria das vezes, por juízes aposentados; o *Ombudsman* tem poder decisório, com eficácia vinculante para a Instituição Financeira de até €5 mil, inexistindo teto de competência; e o procedimento suspende o prazo prescricional, além de acrescer seis meses ao prazo.

Na Suíça, por sua vez, a função é meramente opinativa, desempenhada por juristas, economistas e especialistas bancários; não há efeitos sobre a prescrição; a competência se limita a um milhão de francos suíços, podendo o ouvidor recusar a demanda se o caso for complexo ou inadequado ao meio de resolução.

Como resultado do evento, foi editado pela FGV o texto "Modelo de *Ombudsman* Bancário para o Brasil", contendo a síntese das exposições e a proposta de minuta de autorregulação do instituto no âmbito das instituições financeiras.[329]

Do texto-base, com 31 artigos, destacam-se: (i) o *Ombudsman* terá natureza de órgão colegiado, composto por cinco membros, com poder decisório monocrático, sem vínculo recente com o setor bancário ou com entidades de defesa do consumidor, com mandato de quatro anos renováveis (art. 5º); (ii) competência de até 40 salários mínimos, atuando apenas como mediador nas reclamações envolvendo renegociação de dívida (art. 4º, §§1º e 2º); (iii) o funcionário fará jus à remuneração fixa, reajustada pelo IPCA, e terá estabilidade, somente podendo ser destituído por falta grave a ser decidida pelo Conselho de Autorregulação em procedimento administrativo (arts. 7º e 8º); (iv) terá o poder de conciliar, mediar e determinação (decisão) (art. 3º, *caput*); (v) acesso à pessoa física ou jurídica de forma gratuita, independentemente do porte econômico, respeitado o teto da reclamação (arts. 9º e 28);[330] (vi) somente será admitido o acesso ao *Ombudsman* após a tentativa de solução direta com a instituição, pelo Procon ou pelo *site* "consumidor.

---

obrigatório o pagamento dos honorários ainda que o cliente seja vencido. Enquanto no Brasil a modalidade contratual é instrumento de acesso à justiça, na medida em que boa parte da população não tem meios financeiros de adiantar os honorários contratuais, nos dois países europeus, o instituto é visto como catalisador de demandas infundadas.

[329] FUNDAÇÃO GETÚLIO VARGAS (FGV). *Um modelo de Ombudsman bancário para o Brasil: resultados do I seminário Ombudsman como forma de desjudicialização dos conflitos na relação de consumo, realizado nos dias 12 e 13 de setembro de 2016, em Brasília*. Disponível em: http://fgvprojetos.fgv.br/sites/fgvprojetos.fgv.br/files/arquivos/conclusoes_ombudsman.pdf. Acesso em: 21 mar. 2022.

[330] Na redação original, o acesso é limitado para "pessoas jurídicas consideradas como microempreendedores individuais", mas na Comissão das Partes e Competência foi sugerido eliminar a restrição, permitindo o acesso amplo, desde que limitado ao teto de 40 salários mínimos.

gov.br", não podendo tramitar conjuntamente com o processo judicial (art. 13, §2º, I); (vii) faculta-se a assistência por advogados e, havendo sucesso no pleito, a instituição financeira arcará com os honorários conforme a tabela da OAB (arts. 10 e 11); (viii) somente se admitirão provas escritas, que deverão acompanhar a inicial e a defesa, admitindo-se apenas excepcionalmente a inquirição de técnicos (arts. 17 a 19); (ix) admite-se a condenação por danos morais, desde que na modalidade *in re ipsa*, nas hipóteses definidas pelo STJ; (x) a decisão é vinculativa apenas para a instituição financeira; (xi) o *Ombudsman* prestará contas de sua atividade anualmente (art. 29).

A Comissão dos Procedimentos e Provas propôs a exclusão dos arts. 21 a 24, que tratavam da possibilidade de recurso ao *Ombudsman*-presidente, bem como a exclusão da necessidade de requerimento prévio ao SAC. Sugeriu que fosse esclarecido que o acesso ao instituto não suspende ou interrompe o prazo prescricional.

A comissão dos *Ombudsman* propôs que o prazo de desincompatibilização de seis meses, previsto originalmente, fosse ampliado para três anos. A proposta, *data maxima venia*, não parece a melhor, já que uma das maiores vantagens do instituto é justamente a *expertise* do funcionário atualizado nas questões do setor. Propõe-se, ao contrário, que fosse retirada a previsão de desincompatibilização, permitindo que funcionários atuais das instituições financeiras fossem admitidos para atuar como *Ombudsmen*, criando institutos para preservação de sua independência decisória.

A Comissão de Decisão e Efeitos no Processo Judicial propôs que, no curso do processo judicial, fosse conferido ao consumidor o direito de suspender o procedimento, optando-se pelo *Ombudsman*, caso a que a instituição financeira seria obrigada a aderir.

Merece crítica a proposta da comissão de limitação da instrução probatória às provas documentais, porquanto representa excessiva restrição da competência do instituto.

Além de questões contratuais, caberia também ao *Ombudsman* analisar eventuais danos ocorridos no atendimento do consumidor, especialmente demora de atendimento, preconceitos, violação às prioridades etc. Ainda que esses casos não sejam os quantitativamente mais relevantes, não há motivos para excluí-los do instituto, abrindo ao consumidor apenas as portas do Judiciário.

Igualmente merece crítica a limitação da condenação de danos não patrimoniais aos danos morais *in re ipsa*.

Primeiramente, a melhor doutrina afirma que todo dano moral é *in re ipsa*, já que independe da demonstração de dor, sofrimento, abalo, decorrendo imediatamente do fato lesivo (não há distinção entre danos morais *in re ipsa* e "não *in re ipsa*").[331] Inclusive, há entendimento de que mesmo ato lícito pode ensejar reparação.[332]

Segundo, além da difícil diferenciação prática, não se pode autorizar que o *Ombudsman* apenas condene em danos morais quando a questão estiver pacificada no STJ, justamente porque a intenção é afastar esse tipo de conflitos do Judiciário, mormente dos Tribunais Superiores.

Terceiro, surgirá a discussão se apenas o dispositivo da decisão ou também os fatos reconhecidos forem alcançados pela indiscutibilidade da decisão. A discussão se tornará relevante se for imposto ao consumidor o ônus da ação judicial para obtenção de danos morais. Se a indiscutibilidade alcançar os fundamentos, caberá ao juiz apenas analisar se o fato reconhecido extrajudicialmente permite a condenação em danos morais, restringindo o debate à incidência do caso à hipótese dos danos morais e o *quantum debeatur*. De outro lado, se a indiscutibilidade se restringir ao dispositivo, será reaberta toda a instrução probatória, cabendo ao juízo reavaliar integralmente a relação jurídica de direito material e o *an debeatur*, em evidente dispêndio de recursos.

Watanabe, também palestrante no evento, indicou que sua principal preocupação para a efetividade do instituto é o grau de confiança da sociedade com sua independência e autonomia, especialmente considerando que sua constituição e remuneração é privada, a cargo das próprias instituições financeiras.

Sobre a reflexão, podemos estabelecer que a confiança dos consumidores dependerá essencialmente da natureza do litígio levado ao *Ombudsman*. Em se tratando de litígios específicos de determinado banco ou de determinado caso concreto, a independência do ouvidor decorrerá da ausência de vínculo com o banco-demandado, a ser fiscalizada pela Febraban.

Se o litígio envolver interesse coletivo de todas as instituições financeiras – tais como expurgos inflacionários, aplicação do CDC aos

---

[331] Quanto à demonstração do dano moral, os tribunais, sensíveis à dificuldade de liquidação, oriunda do próprio caráter extrapatrimonial, têm declarado que o dano moral é *in re ipsa*, ou seja, dispensa prova por derivar prontamente da lesão. (TEPEDINO, Gustavo; BARBOZA, Heloisa Helena; MORAES, Maria Celina Bodin de. *Código Civil Interpretado*: conforme a Constituição da República. 2. ed. Rio de Janeiro: Renovar, 2007. p. 341. v. 1.)

[332] No Resp. nº 969.097, o STJ entendeu que a absolvição em processo criminal, por si só, não gera danos morais, exigindo a demonstração de abuso ou dolo do Poder Público. O julgado não afasta o conceito de dano moral *in re ipsa*, apenas afirma que não é o dano (sofrimento), e sim o ato ilícito (processo indevido) o elemento fundamental para o reconhecimento da indenização não patrimonial. (BRASIL. Superior Tribunal de Justiça. REsp nº 969.097/DF. 1ª Turma. Relator: Min. Luiz Fux. Brasília, 20.11.08)

bancos, limitação da taxa de juros a 12% ao ano conforme previsto na redação originária do art. 192, §3º, da CF –, dificilmente será garantida a independência do *Ombudsman*.

A complexidade dos questionamentos jurídicos e a potencialidade econômica de determinadas questões jurídicas fogem ao escopo primordial do instituto, que é resolver os pequenos litígios econômicos, tanto que sua competência é limitada a 40 salários mínimos pela proposta da FGV.

Sester afirma que o *Ombudsman* deve realizar juízo de admissibilidade da demanda, permitindo, inclusive, a recusa do caso se a questão controvertida for de difícil solução ou de alto impacto financeiro.

Apesar do risco de captura nos macrolitígios, a confiança do consumidor pode ser alcançada, pouco a pouco, com informação de qualidade sobre o instituto, cabendo à OAB instruir os advogados a procurar o sistema extraestatal de resolução de conflitos e o Judiciário a recusar as demandas que não preencheram a condição da ação interesse-necessidade.

O interesse na resolução dos conflitos não pode ser exclusivamente da vítima, devendo ser prioritariamente tratado como interesse público primário e interesse privado do ofensor – que não pode ser incentivado a preferir a demanda judicial à solução extraestatal do conflito.

5.2 Consumidor-empresa: *Adjudication, Expert Determination* e *Neutral Evaluation*

O *Adjudication* é procedimento de curta duração fundado em provas estritamente documentais cuja resolução é dada por um terceiro, de forma provisória.

A decisão é *interim binding*, ou seja, é provisoriamente vinculante, permanecendo com força substitutiva até a adoção de outro procedimento de decisão (extrajudicial ou judicial).

Com origem no setor de construção civil do Reino Unido,[333] o procedimento tem duração de 28 dias e permite que o profissional analise as evidências encaminhadas pelas partes e decida de forma vinculante, mas não definitiva, a controvérsia.

---

[333] O instituto surgiu no "The Housing Grants Construction and Regeneration Act 1996", abrangendo Inglaterra, País de Gales e Escócia e expandido para Irlanda do Norte em 1999. (BINGHAM, Tony. *Adjudication*. Disponível em: http://www.nec-adjudicators.org/judgments. Acesso em: 21 mar. 2022.)

Na área da construção, adota-se o brocardo *solve et repete*, cabendo ao queixoso pagar o débito e depois discutir a legalidade da cobrança, protegendo o fluxo de caixa durante a construção,[334] daí a necessidade de decisão rápida.

Se as partes não conseguirem escolher um adjudicador, a escolha será feita por um *Adjudicator Nominanting Bodies* (órgão de nomeação de adjudicadores). O adjudicador deve agir segundo os princípios do juízo natural – imparcialidade, paridade de armas, atuação dentro dos limites do Direito e cognição limitada às questões levadas pelas partes.

Em 2011, o procedimento ganhou ajustes para permitir que o Adjudicador, em prazo célere, reveja a decisão em caso de erro evidente ou mudança substancial da realidade (*slip rule*).

As principais distinções do sistema da *Adjudication* para Arbitragem são a obrigatoriedade do procedimento e a provisoriedade da decisão. Enquanto na Adjudicação o procedimento de resolução é obrigatório e a decisão é provisória (pode ser revista posteriormente),[335] na Arbitragem, o procedimento de resolução é facultativo, mas a decisão é definitiva.

As vantagens incluem as típicas da Arbitragem (escolha do julgador técnico no assunto, redução do custo e flexibilidade do procedimento) acrescidas da ausência de prova testemunhal[336] e possibilidade de revisão por outro meio de solução de controvérsia.

A simplificação do procedimento permite que as partes se valham do expediente ao longo da execução do contrato, sem necessitar ajuizar queixa global ao final. Contudo, pela natureza expedita, há risco de o reclamante preparar argumentações complexas contra as quais o demandado não tenha tempo de se defender[337] e a cognição sumária impõe a provisoriedade da decisão, exigindo procedimento posterior de resolução definitiva da controvérsia.

---

[334] INSTITUTION OF CIVIL ENGINEERS. *Adjudication in construction contracts*. Disponível em: https://www.designingbuildings.co.uk/wiki/Adjudication_in_construction_contracts. Acesso em: 21 mar. 2022.

[335] THOMPSON REUTERS PRATICAL LAW. *Adjudication*: a quick guide. Disponível em: https://uk.practicallaw.thomsonreuters.com/8-381-7429?originationContext=document&transitionType=DocumentItem&contextData=(sc.Default)&firstPage=true&bhcp=1. Acesso em: 21 mar. 2022.

[336] A restrição da prova é vantajosa considerando a área de atuação (construção civil), em que eventuais defeitos da obra podem ser avaliados pelo próprio adjudicador *in loco*, sem necessidade de depoimento de pessoas não especializadas no assunto.

[337] A situação é tratada como *ambush* (emboscada), já que não há limite de tempo para o autor preparar sua petição, mas o réu deve se defender no prazo médio de sete dias. (PINSENT MASON. *Out-law. Adjudication in practice*. Disponível em: https://www.designingbuildings.co.uk/wiki/Adjudication_in_construction_contracts. Acesso em: 21 mar. 2022.)

O instituto, portanto, tem cabimento típico em contratos cativos de longa duração com potencialidade de ocorrerem vícios ao longo de sua execução. O consumidor, em vez de aguardar o fim do contrato ou de alguma etapa específica, poderá se utilizar da técnica para resolver, ponto a ponto, as controvérsias surgidas.

O segundo instituto, a *Expert Determination* – julgamento por especialista –, é ainda mais próxima da Arbitragem, porém mais simples e barata, consistindo em atalho para obtenção de decisão vinculante se essa for a intenção das partes. O método pode ser conjugado com a Mediação e a Conciliação, permitindo que questões que não foram objeto de acordo sejam decididas imediatamente pelo especialista.[338]

No sistema jurídico nacional, inexiste instituto idêntico à *Expert Determination*, mas paralelos podem ser feitos.

O art. 65 da Lei nº 9.279/96 atribui ao INPI a função de árbitro para decidir conflitos envolvendo o valor da remuneração pela licença de uso do direito imaterial por meio do procedimento de contraditório ampliado, inclusive com oitiva de profissionais não integrantes do quadro da entidade.[339]

Em contexto similar, o art. 100-B da Lei de Direitos Autorais (Lei nº 9.610/96) dispõe que os litígios entre usuários, titulares de direitos autorais e associações envolvendo falta de pagamento, critérios de cobrança, formas de oferecimento de repertório e valores de arrecadação poderão ser objeto de atuação de órgão da Administração Pública Federal para a resolução por meio de Mediação ou Arbitragem.[340]

A *Expert Determination*, ao contrário da Arbitragem, é voltada para a resolução apenas de questões estritamente técnicas – não necessariamente do conflito global.

---

[338] PINSENT MASON. *Out-law. Expert determination*. Disponível em: https://www.designing-buildings.co.uk/wiki/Expert_determination. Acesso em: 21 mar. 2022.

[339] Art. 65. Na falta de acordo entre o titular e o licenciado, as partes poderão requerer ao INPI o arbitramento da remuneração. (...) Art. 73. O pedido de licença compulsória deverá ser formulado mediante indicação das condições oferecidas ao titular da patente. (...) §4º Havendo contestação, o INPI poderá realizar as necessárias diligências, bem como designar comissão, que poderá incluir especialistas não integrantes dos quadros da autarquia, visando arbitrar a remuneração que será paga ao titular.

[340] Art. 100-B. Os litígios entre usuários e titulares de direitos autorais ou seus mandatários, em relação à falta de pagamento, aos critérios de cobrança, às formas de oferecimento de repertório e aos valores de arrecadação, e entre titulares e suas associações, em relação aos valores e critérios de distribuição, poderão ser objeto da atuação de órgão da Administração Pública Federal para a resolução de conflitos por meio de mediação ou arbitragem, na forma do regulamento, sem prejuízo da apreciação pelo Poder Judiciário e pelos órgãos do Sistema Brasileiro de Defesa da Concorrência, quando cabível.

O *expert* decidirá se houve ou não vício ou fato do produto, mas não se pedido de indenização é adequado, está prescrito ou se cabem danos morais. O procedimento também é mais flexível, admitindo que o *expert* decida de forma adjudicatória ou utilize a Mediação e a Conciliação.

A terceira técnica, a *Neutral Evaluation* ou *Early Neutral Evalution* (ENE), consiste na avaliação do caso por um advogado ou especialista que verificará os argumentos de cada parte e indicará, em sua opinião, qual seria a provável decisão do juiz na hipótese de a questão ser judicializada.[341]

É um misto de Arbitragem e Mediação, tendo em vista que o laudo é formado por um especialista, mas sem eficácia vinculativa, cuja finalidade é contribuir para que as partes conheçam suas posições jurídicas e possam chegar ao acordo.[342]

O instituto é adotado de costa a costa nos Estados Unidos. Do lado leste, o Estatuto da Flórida sobre Seguros e Contratos prevê a obrigatoriedade de submissão ao procedimento caso requerido pelo segurador ou pelo segurado.[343] Na costa oeste, a corte distrital da Califórnia informa que os objetivos da avaliação neutra são melhorar a comunicação direta entre as partes, clarificando os pontos centrais da disputa – *check* de realidade.[344]

Na Califórnia, ajuizada a ação, o caso é designado para o programa de avaliação neutra de forma aleatória, podendo cada parte,

---

[341] *At its core, neutral evaluation is exactly what it says it is: a process in which a third party neutral examines the evidence and listens to the disputants' positions, and then gives the parties his or her evaluation of the case. But it can be much more than that too. It can be an extraordinarily flexible, beneficial process, and in the hands of a skilled neutral evaluator it can go way beyond someone simply hearing the facts of a case, then pegging a number or outcome to it.* (FINDLAW. *Neutral Evaluation*: An ADR technique whose time has came. Disponível em: http://corporate. findlaw.com/litigation-disputes/neutral-evaluation-an-adr-technique-whose-time-has-come.html. Acesso em: 21 mar. 2022.)

[342] O Tribunal Administrativo de Apelação da Austrália define o instituto como um procedimento de consultoria no qual uma pessoa indicada pelo tribunal, com conhecimento sobre a matéria, auxilia as partes a resolver a disputa fornecendo parecer não vinculativo sobre o provável resultado do processo judicial. (AUSTRÁLIA. *Administrative Appeals Tribunal. Neutral Evaluation Process Model*. Disponível em: https://www.aat.gov.au/AAT/media/AAT/Files/ADR/Neutral-Evaluation-process-model.pdf. Acesso em: 21 mar. 2022.)

[343] ESTADOS UNIDOS. Online Sunshine. *The 2017 Florida Statutes*: Insurance rates and contracts. Disponível em: http://www.leg.state.fl.us/statutes/index.cfm?App_mode=Display_Statute&Search_String=&URL=0600-0699/0627/Sections/0627.7074.html. Acesso em: 21 mar. 2022.

[344] ESTADOS UNIDOS. Northern District of California. *Early Neutral Evaluation (ENE)*. Disponível em: https://www.cand.uscourts.gov/about/court-programs/alternative-dispute-resolution-adr/early-neutral-evaluation-ene/. Acesso em: 21 mar. 2022.

conjunta ou isoladamente, exercer o *opt out*. O procedimento é presidido por advogado especialista na matéria discutida, abrindo espaço para que as partes apresentem alegações e provas. Avaliadas as questões em que há concordância, é tentada a Conciliação.

Frustrado o acordo, o avaliador elabora seu laudo contendo a estimativa da existência e extensão do direito invocado, indicando os pontos fortes e fracos de cada parte. Poderá, ainda, auxiliar as partes no planejamento da ação, indicando os documentos relevantes para serem apresentados na fase do *disclosure*.[345]

Importante destacar que o laudo não pode ser utilizado com o objetivo de influenciar o julgamento futuro pelo Judiciário, diante da natureza sigilosa do procedimento.

Analisados os institutos envolvendo a tutela extrajudicial de microlesões consumidor-empresa, nada impede que o legislador formate técnica essencialmente brasileira que, sem desprezar a experiência estrangeira, se adéque às especificidades nacionais.

Prioritariamente, a lei deveria impor às empresas o dever de instituir procedimento interno de resolução de controvérsia, consistindo na apresentação da queixa, por escrito e pela internet, para o SAC.

Negada a pretensão (*deadlock letter*) ou extrapolado o prazo, o particular encaminharia a questão para o *Ombudsman* da empresa ou do sindicato das empresas do setor. Recebido o recurso, em caso de urgência ou evidência, o ouvidor decide a questão de forma provisória, com força *interim binding*, enquanto se desenvolve o procedimento de cognição exauriente.

Ultrapassada a fase da inicial, atuaria como avaliador neutro, indicando às partes os pontos fortes e fracos de suas argumentações, auxiliando-as na obtenção do acordo. Infrutífera a resolução amigável, caberia ao funcionário decidir de forma vinculante se em favor do consumidor (*adjudication*) e não vinculante se em seu desfavor.

---

[345] Característico do ordenamento processual anglo-saxônico é o mecanismo tradicionalmente conhecido como *discovery*, mediante o qual cada uma das partes pode munir-se de provas a que de ordinário não teria acesso, sobretudo documentos do adversário. Tal possibilidade abre perspectiva de êxito, por exemplo, a quem litigue contra grandes empresas e necessite inteirar-se de suas atividades; todavia, favorece a solução consensual do litígio, na medida em que permite aos litigantes avaliar com realismo a solidez de sua posição.

Na prática, entretanto, a *discovery* revelou-se não raro ser fator de aumento do custo e da duração do processo. O avanço tecnológico na reprodução de documentos e o sistema da remuneração por hora dos serviços profissionais dos advogados combinaram-se para estimular a produção de enormes quantidades de papel, geralmente em proveito da parte mais dotada de recursos financeiros e com a consequência de complicar a solução das questões e prejudicar a pesquisa da verdade pelo juiz. (MOREIRA, José Carlos Barbosa. A revolução processual inglesa. *Revista dos Tribunais*, São Paulo, v. 29, n. 118, p. 75-88, 2004.)

Aplicar-se-ia para a forma extrajudicial de resolução de controvérsia a conhecida eficácia vinculativa *secundum eventum litis in utilibus*, que, associada ao controle da independência do *Ombudsman* pelo Poder Público, garantiria a estruturação do sistema extraestatal de resolução de controvérsias legítimo.

Inexistindo previsão normativa, para os setores regulados, o procedimento poderia ser imposto por ato infralegal das Agências Reguladoras ou dos órgãos de controle, como ocorre com a Resolução nº 4.433/15 do Bacen.

Independentemente do setor, os agentes do mercado têm o poder-dever de instituir, por conta própria, procedimento interno de resolução de controvérsias, considerando que devem internalizar as externalidades negativas de sua atuação no mercado – entre as quais está a resolução das controvérsias.

5.3 Pessoa-pessoa: Pluralismo Jurídico e justiça comunitária

Antes de aprofundar a análise da resolução dos conflitos por agentes sociais, é necessário tecer algumas linhas sobre o tema do Pluralismo Jurídico,[346] também chamado de Direito Vivo,[347] no contexto da globalização econômica.[348]

O termo "Pluralismo Jurídico" é polissêmico, podendo ser definido, de maneira geral, como a situação na qual dois ou mais sistemas jurídicos coexistem no mesmo campo social.[349]

---

[346] Na definição de Antônio Carlos Wolkmer, "Pluralismo" é a multiplicidade de grupos ou realidades sociais que detêm certa harmonização, mas também autonomia. O Pluralismo pode existir em diversas áreas, como religião, política, economia e no direito. O "Pluralismo Jurídico" pode ser interpretado como as múltiplas manifestações normativas existentes em uma dada sociedade, que podem ser reconhecidas ou não pelo Estado. As múltiplas manifestações podem ou não estar em conflito e expressam as necessidades da coletividade – Pluralismo Jurídico é contrário ao monismo centralizador absoluto, que coloca toda a produção normativa no âmbito do Estado.

[347] A expressão "Direito Vivo" centra-se na contraposição entre o direito oficialmente estatuído (formalmente vigente) e a normatividade emergente das relações sociais pela qual se regem os comportamentos, previne-se e resolve-se a maioria dos conflitos.

[348] Desde 1969 é publicado o *The Journal of Legal Pluralism and Unofficial Law*, com publicações anuais. O acesso aos artigos pode se dar gratuitamente pela *Comission On Legal Pluralism* (até o volume 66, de 2012) no *site*: https://commission-on-legal-pluralism.com/journal, enquanto os demais volumes podem ser acessados por meio da Taylor & Francis Group no *site*: https://www.tandfonline.com/journals/rjlp21 (acesso em: 21 mar. 2022).

[349] GRIFFITHS, John. What is Legal Pluralism? *Journal of Legal Pluralism*, n. 24, Estados Unidos, 1986. Disponível em: https://commission-on-legal-pluralism.com/system/commission-on-legal-pluralism/volumes/24/griffiths-artigo pdf. Acesso em: 21 mar. 2022.

Sob o enfoque jurídico-formal, o estudo debruça-se sobre a coexistência de mais de uma ordem estatal oficial sobre o mesmo território. Em contexto relativamente recente, podemos citar o *apartheid* – no qual coexistiram o Direito dos Brancos e o Direito dos Negros, ambos derivados de fonte estatal.

O termo pode designar também o uso do Direito como "Contracultura Jurídica",[350] atribuindo aos operadores, sobretudo magistrados, a função de garimpar dentro das leis estatais normas que possam garantir direitos às minorias, ainda que mediante a utilização de métodos interpretativos que extrapolem a literalidade do texto.[351]

Um terceiro sentido para o termo, que será adotado neste texto, é a concepção jus-sociológica, entendida como a coexistência do Direito Oficial e do Direito Não Oficial (reconhecido por grupos sociais).

Esse recorte, por sua vez, possui seus próprios enfoques: Direito Indígena[352]; Direito dos Grupos Dominantes e dos Grupos Dominados; Direito dos Nacionais e dos Imigrantes; Direito da Cidade e do Campo; Direito do Asfalto e da Favela; Direito do Estado e das Organizações Criminosas; Direito das Pessoas em Liberdade e Direito Interno das Prisões etc.[353]

No contexto mais atual, Wolkmer[354] afirma que a cultura jurídica atual é monista-estatista – o Estado é a grande fonte de produção do Direito.

---

[350] O termo "Direito Alternativo" tem duplo significado. De um lado indica o uso do Direito Oficial pelos magistrados em favor dos oprimidos, de outro coloca a comunidade como ator principal na luta de seus direitos, reivindicando maior grau de educação para que os segmentos populares busquem soluções para seus problemas. Este último sentido também pode ser denominado como "Direito achado na rua". (GUANABARA, Ricardo. A crítica ao Direito no Brasil: Considerações sobre o Direito Alternativo. *In:* FERREIRA, Lier Pires; GUANABARA, Ricardo; JORGE, Vladimyr Lombardo. *Curso de Sociologia Jurídica.* São Paulo: Elsevier, 2011)

[351] São expoentes do Pluralismo Jurídico: na França, o texto "Introdução Crítica ao Direito", de Michele Miai e Gleise Arnold; n Itália, os autores Pietro Barcelona e Luigi Ferrajoli; no México, Oscar Correais. No Brasil, destacam-se os movimentos da Escola do Direito Achado na Rua (Roberto Lyra Filho e Luís Roberto Vará); do Direito Alternativo (Amilton Bueno de Caralho]; e dos Juízes para Democracia de São Paulo.

[352] Em relação ao diálogo entre o Direito estatal e o Direito indígena, especificamente sobre o reconhecimento do patrimônio cultural e da autonomia indígena, o art. 9º da Convenção nº 169 da Organização Internacional do Trabalho (OIT), internalizada pelo Decreto nº 5.051/04, determina que o Estado reconheça o conteúdo dos costumes indígenas (Direito Material), bem como as formas de resolução de conflitos (Direito Processual) – desde que não violadores dos direitos humanos. No mesmo sentido, os arts. 48 e 49 das "100 Regras de Brasília".

[353] MERRY, Sally Engle. Legal Pluralism. *Law & Society Review*, Estados Unidos, v. 22, n. 5, p. 870, 1988.

[354] RIO DE JANEIRO. EMERJ Eventos. *Curso de Sociologia Jurídica*: Pluralismo Jurídico. Disponível em: https://www.youtube.com/watch?v=qP7fiRJ2SvI. Acesso em: 21 mar. 2022.

O Estado moderno se caracteriza pela formação do Poder Político centralizado, burocrático e monista, rompendo com o paradigma da sociedade feudal pluralista – ganham relevância a segurança, a previsibilidade e a certeza do Direito, aplicado por corporação secularizada (Poder Judiciário).[355]

O Pluralismo Jurídico Democrático pode ser definido como as múltiplas manifestações normativas existentes em uma dada sociedade, independentemente do reconhecimento formal pelo Estado, que estão ou não em conflito com o Direito Oficial.

Revela-se que para além do Direito-formal-estatal existem práticas imbuídas de normatividade pelos envolvidos cujas características são a descentralização, a diversidade e a tolerância.

Em solo nacional, o tema se desenvolveu sob os escritos de Boaventura de Sousa Santos, que constatou, no plano fático, a ausência de hegemonia do Direito formal.[356] Boaventura[357] afirma que o aumento dramático dos processos judiciais propiciou o interesse da sociologia pelo estudo da administração da justiça, dividindo a pesquisa em três linhas básicas: (i) desigualdades no acesso ao Direito; (ii) mito da neutralidade dos tribunais, concebidos como subsistemas do sistema político sujeitos a um padrão específico de organização profissional; (iii) existência na sociedade de múltiplas instâncias jurisdicionais que competem com os tribunais na resolução dos conflitos.

Quanto à última linha de pesquisa, elucida o sociólogo que o Estado contemporâneo não tem o monopólio da produção e da distribuição do Direito, embora o Direito estatal seja dominante e coexista com outros modos de juridicidade – outros Direitos que com ele se articulam de diversos modos.

---

[355] O Direito moderno é fundado nos princípios da estatalidade (Direito se confunde com o Estado); unicidade (Direito uniforme, integrado e coerente); positividade (apenas o Direito formal escrito tem validade).

[356] Existe uma situação de pluralismo jurídico sempre que no mesmo espaço geopolítico vigorem (oficialmente ou não) mais de uma ordem jurídica. Essa pluralidade normativa pode ter uma fundamentação econômica, racial, profissional ou outra; pode corresponder a um período de ruptura social, como um período de transformação revolucionária; ou pode ainda resultar, como no caso de Pasárgada, da conformação específica do conflito de classes numa área determinada da reprodução social – nesse caso, a habitação. (SANTOS, Boaventura de Sousa. Notas sobre a história jurídico-social de Pasárgada. *In*: SOUTO, Claudio. FALCÃO, Joaquim (org.). *Sociologia e Direito*. São Paulo: Livraria Pioneira, 1980. p. 107-117. Disponível em: http://www.dhnet.org.br/direitos/militantes/boaventura/boaventura1d. html. Acesso em: 21 mar. 2022.)

[357] SANTOS, Boaventura de Sousa. Introdução à Sociologia da Administração da Justiça. *In*: FARIA, José Eduardo. (org.). *Direito e Justiça*: a função social do judiciário. São Paulo: Ática, 1989. Disponível em: http://www.boaventuradesousasantos.pt/media/pdfs/Introducao_a_sociologia_da_adm_justica_RCCS21.PDF. Acesso em: 21 mar. 2022.

Em seus estudos (ocorridos na década de 1970 nas favelas do Rio de Janeiro), detectou a existência de Direito informal, não oficial e não profissionalizado centrado na Associação de Moradores – que funcionava como instância de resolução de litígios entre vizinhos, sobretudo nos domínios da habitação e da propriedade de terras.

Entre os motivos para a comunidade local não utilizar o sistema oficial de justiça eram mais citados: a ilegalidade da posse, o que poderia chamar atenção das autoridades públicas, ainda que o litígio não envolvesse o tema da habitação; o custo do serviço dos advogados; a incerteza de que os profissionais trabalhariam da melhor forma possível considerando a situação de marginalizados das partes.

No mundo fático, a resolução de crises jurídicas não era de exclusividade do Poder Público, mas função compartilhada com a sociedade por meio de mecanismos informais de concretização do Direito. Essa situação de ausência de tutela jurídica oficial poderia ser neutralizada, de algum modo, se a comunidade devolvesse mecanismos internos capazes de articular e exercer uma "legalidade" e uma "jurisdição" alternativa para vigorar na comunidade.

Os conflitos sociais e jurídicos passaram a ser resolvidos por mecanismos alternativos, informais, mais baratos e expeditos. Na realidade da vida, o Poder Público é fonte importante do Direito, mas não exclusiva, devendo conviver com normas oriundas de fontes alternativas.[358]

A América Latina, em razão da debilidade do Poder Público, do constitucionalismo recente e da maior suscetibilidade às regras internacionais, foi o celeiro do Pluralismo, contando com movimentos legítimos – práticas consuetudinárias, rondas campesinas, associações de moradores – e ilegítimos – grupos paramilitares, milícias e crime organizado.

No Peru, nos anos 1970, formalizou-se o movimento das Rondas campesinas – polícia camponesa que, inicialmente voltada à segurança da zona norte do país, expandiu suas funções para atuar na resolução adjudicatória dos conflitos sociais, cíveis e penais.[359]

---

[358] As fontes alternativas estipulam regras e princípios próprios de Direito Material, mas, sobretudo, formas próprias de resolução de conflitos, daí o interesse pelo Pluralismo no contexto das microlesões.

[359] As Rondas atuavam sobre roubos, reconhecimento de filiação, auxílio às crianças abandonadas, divórcio, limites de propriedade, herança, vendas ilegais de terra, débitos, quebras de contrato etc. (ARDITO, Wilfredo. Right to Self-Regulation in Peru. *In: Comission on Legal Pluralism*, v. 39, p. 8. Disponível em: https://commission-on-legal-pluralism.com/system/commission-on-legal-pluralism/volumes/39/ardito-artigo pdf. Acesso em: 21 mar. 2022.)

Reconhecido pelo Estado inicialmente pela Lei nº 24.571/86, foi erigido à norma constitucional (art. 149 da Constituição)[360] e modernizado (Lei nº 27.908/03),[361,362] sendo reconhecido o poder das Rondas de atuar na solução pacífica dos conflitos civis surgidos entre os membros da comunidade.[363]

Ardito esclarece que durante a colonização pelos espanhóis havia regime plural entre o Direito europeu e o Direito indígena, cabendo às autoridades indígenas – curacas e varayocs – a resolução dos litígios da comunidade.[364] Atualmente, alguns grupos sociais têm formas de autorregulamentação, positivando normas de comportamento e mecanismos de execução para proteção de valores internos fundamentais.[365]

A constitucionalização recente permitiu que os países latino-americanos recebessem influxos das modernas concepções sociológicas e constitucionais, concretizando o direito ao reconhecimento – corolário da dignidade e da democracia.

---

[360] *Artículo 149º.- Las autoridades de las Comunidades Campesinas y Nativas, con el apoyo de las Rondas Campesinas, pueden ejercer las funciones jurisdiccionales dentro de su ámbito territorial de conformidad con el derecho consuetudinario, siempre que no violen los derechos fundamentales de la persona. La ley establece las formas de coordinación de dicha jurisdicción especial con los Juzgados de Paz y con las demás instancias del Poder Judicial.*

[361] PERU. *Ley 24571: reconocen a las rondas campesinas, pacíficas, democráticas y autônomas.* Disponível em: https://docs.peru.justia.com/federales/leyes/24571-nov-6-1986.pdf. Acesso em: 21 mar. 2022.

[362] PERU. *Ley nº 27908: ley de rondas campesinas.* Disponível em: https://docs.peru.justia.com/federales/leyes/27908-jan-6-2003.pdf. Acesso em: 21 mar. 2022.

[363] Para o histórico das Rondas Campesinas, com vinculação à sociedade inca e o desvio de finalidade durante o governo de Fujimori (PALOMINO, German Nuñes. The rise of the Rondas Campesinas in Peru. *Journal of Legal Pluralism*, n. 36, Estados Unidos, 1996. Disponível em: https://commission-on-legal-pluralism.com/system/commission-on-legal-pluralism/volumes/36/nunez-artigo pdf. Acesso em: 21 mar. 2022.)

[364] *The colonial regime was based on the concept of two coexisting Republics, those of the Spaniards and of the Indians. Both were subjects of the King of Spain, but each had its own authorities and institutions. Because of their disadvantaged situation Indians in theory received special protection and legal privileges. Most of the institutions charged with protecting indios (encomiendas, corregidores, repartimientos, doctrineros) were responsible for their exploitation. However, it should be emphasised that the Spanish Crown had a special concern with justice and buen gobierno (good government). Therefore, in any Audiencia (Political and Judicial Council) there was a designated Protector de Indios (Indian Protector), who advanced claims on their behalf, and they enjoyed other privileges such as freedom from liability for legal fees. Mestizos and whites were excluded from entering Indian villages. Many of their cases were judged not by Spanish judges but by their own authorities, such as the ancient curacas (Indian chiefs) or the new varayocs, Indian mayors who were elected by the people.* ARDITO, Wilfredo. Right to Self-Regulation in Peru. *Comision on Legal Pluralism*, v. 39, p. 4. Disponível em: https://commission-on-legal-pluralism.com/system/commission-on-legal-pluralism/volumes/39/ardito-artigo pdf. Acesso em: 21 mar. 2022.

[365] *Sections of the population try to satisfy in these organizations the fundamental needs for survival, security and justice through mechanisms for making claims on the state, or satisfying them outside it. In some of these groups there are clear forms of self-regulation, with the emergence of rules of behaviour that evidence an internal core of values, and mechanisms of sanction and enforcement. Their exercise of coercive power shows the prevalence of legal pluralism in Peru.* (Ibid., p. 2)

A Constituição da Colômbia de 1991, por exemplo, prevê jurisdições especiais, entre as quais a Justiça Indígena. Na prática, o país convive com Pluralismo Jurídico informal, coexistindo com o Poder Público a Justiça Paramilitar e a Justiça Comunitária das grandes cidades.

A Venezuela, por meio da Constituição de 1999, fragmenta o Poder em cinco – Executivo, Judiciário, Legislativo, Eleitoral e Poder do Cidadão. A Constituição do Equador, de 2008, incorpora a ética da sustentabilidade e do *buen vivir*, atribuindo direitos à natureza – o país promoveu um giro biocêntrico na concepção do Direito, afastando o ser humano da condição exclusiva de titular de direitos.

A Constituição da Bolívia, de 2009, reconhece expressamente o Pluralismo Jurídico. Estipula o igualitarismo judicial entre as decisões da Justiça Estatal e da Justiça Indígena, cabendo ao Tribunal Constitucional Plurinacional a tarefa de resolver os conflitos de competência entre os ramos das Justiças.[366]

A Bolívia se reconhece como um Estado plurinacional no qual as expressões jurídicas de cada nação são reconhecidas como legítimas pelo Poder Público.

No Brasil, o pluralismo informal pode ser exemplificado com a prática do coronelismo da Velha República; comunidades quilombolas e indígenas; Sistema Penitenciário; e das comunidades carentes.

Importante destacar que o Pluralismo Jurídico não defende a legitimidade do Direito não estatal pelo simples fato de advir da sociedade, porquanto não se nega a existência de movimentos sociais que abusam da legitimidade, inclusive com desrespeito aos direitos

---

[366] *Artículo 178. La potestad de impartir justicia emana del pueblo boliviano, y se sustenta en los principios de pluralismo jurídico, interculturalidad, equidad, igualdad jurídica, independencia, seguridad jurídica, servicio a la sociedad, participación ciudadana, armonía social, y respeto a los derechos fundamentales y garantías constitucionales. Artículo 179. I. La función judicial es única. La jurisdicción ordinaria se ejerce por el Tribunal Supremo de Justicia, el Tribunal Agroambiental, los tribunales departamentales de justicia, los tribunales de sentencia y los jueces. La jurisdicción indígena originaria campesina se ejerce por sus propias autoridades. (...) II. La jurisdicción ordinaria y la jurisdicción indígena originario campesina gozarán de igual jerarquía. III. La justicia constitucional se ejerce por el Tribunal Constitucional Plurinacional. Artículo 191. I. Las naciones y pueblos indígena originario campesinos ejercerán sus funciones jurisdiccionales y de competencia a través de sus autoridades, y aplicarán sus principios, valores culturales, normas y procedimientos propios. II. La jurisdicción indígena originaria campesina respetará los derechos fundamentales establecidos en la presente Constitución, interpretados interculturalmente.*

fundamentais,[367] tampouco o risco de confundir movimento social legítimo com organização paraestatal.

É árdua a tarefa de distinguir o abuso esporádico de um movimento legítimo, como ocorreu com as Rondas campesinas puras,[368] da ilegitimidade das milícias das favelas do Rio de Janeiro e dos tribunais do tráfico.[369]

A seu turno, a globalização econômica também emana seus efeitos sobre o sistema jurídico. Na visão do professor José Eduardo de Faria, a transnacionalização dos mercados gera novas formas de poder – autônomas e desterritorializadas –, debilitando o caráter essencial da soberania fundado na presunção *superiorem non recognoscens*, colocando em xeque a centralidade e a exclusividade das estruturas jurídico-políticas do Estado-nação.[370]

Para Faria, os espaços infraestatais estão sendo polarizados por formas não oficiais de resolução dos conflitos e por formas supraestatais, por meio de organismos multilaterais;[371] conglomerados empresariais; instituições financeiras; entidades não governamentais; e movimentos representativos de uma sociedade civil supranacional.

A complexidade do mercado transnacional reduz o alcance e a operacionalidade das instituições judiciais, relativizando a soberania do Estado e reduzindo sua força coercitiva.

---

[367] DIRIGENTE de Rondas Campesinas de Ayhabaca es procesado por presuntos delitos de abuso Y torturas. *El Regional Pirua*, Peru nov. 2016. Disponível em: http://www.elregionalpiura.com.pe/index.php/regionales/152-otras-provincias/17606-dirigente-de-rondas-campesinas-de-ayabaca-es-procesado-por-presuntos-delitos-de-abuso-y-torturas. Acesso em: 21 mar. 2022.

[368] O governo peruano, nos anos 1990, criou grupos armados para combater os opositores, nomeando-os de Rondas para aproveitar a legitimidade das verdadeiras Rondas Campesinas. A homonímia aliada à falta de informação de qualidade torna difícil distinguir os atos violadores dos direitos humanos praticados pelas verdadeiras Rondas (que se desvirtuaram de seus objetivos) dos atos praticados pelas Rondas artificiais. (ARDITO, Wilfredo. Right to Self-Regulation in Peru. Comission on Legal Pluralism, v. 39, p. 9. Disponível em: https://commission-on-legal-pluralism.com/system/commission-on-legal-pluralism/volumes/39/ardito-artigo pdf. Acesso em: 21 mar. 2022.)

[369] Em entrevista, Dráuzio Varella explica o funcionamento da primeira (Ir Para as Ideias), segunda (Torre) e terceira (Tribunal) instâncias do tribunal do tráfico, correlacionando-as com a redução da taxa de homicídios (passou de 60/100 mil, na década de 1990, para 8,5/100 mil em 2016) no Estado de São Paulo. (GLOBOPLAY. *Pedro Bial entrevista o médico e escritor Drauzio Varella no Conversa com Bial em 12.05.2017*. Disponível em: https://globoplay.globo.com/v/5866495/. Acesso em: 21 mar. 2022.)

[370] FARIA, José Eduardo. Direitos humanos e globalização econômica: notas para uma discussão. *Estudos Avançados*, São Paulo, v. 11, 1997. Disponível em: http://www.revistas.usp.br/eav/article/view/8994/10546. Acesso em: 21 mar. 2022.

[371] São exemplos de organismos multilaterais: Banco Mundial, Fundo Monetário Internacional e Organização Mundial do Comércio.

O Consenso de Washington[372] marcou a influência dos organismos internacionais sobre a política pública dos países da América Latina, inclusive quanto à política judicial. As instituições internacionais passaram a colocar a cartilha neoliberal como pré-requisito para a concessão de novos empréstimos e para a cooperação econômica com os países latino-americanos.

No campo jurisdicional, os organismos internacionais exigiram a adoção de estruturas e mecanismos capazes de resolver conflitos típicos de sociedades globalizadas, refletindo uma preocupação com a crescente segurança jurídica e confiabilidade dos Poderes Judiciários nacionais.

Dando corpo às recomendações no campo da justiça, em 1996, o Banco Mundial elaborou o documento técnico nº 319, denominado ""O Setor Judiciário na América Latina e no Caribe – Elementos para a Reforma"",[373] sintetizado em seu prefácio:

> O Poder Judiciário, em várias partes da América Latina e Caribe, tem experimentado em demasia longos processos judiciais, excessivo acúmulo de processos, acesso limitado à população, falta de transparência e previsibilidade de decisões e frágil confiabilidade pública no sistema. Essa ineficiência na administração da justiça é um produto de muitos obstáculos, incluindo a falta de independência do judiciário, inadequada capacidade administrativa das Cortes de Justiça, deficiência no gerenciamento de processos, reduzido número de juízes, carência de treinamentos, prestação de serviços de forma não competitiva por parte dos funcionários, falta de transparência no controle de gastos de verbas públicas, ensino jurídico e estágios inadequados, ineficaz sistema de sanções para condutas antiéticas, necessidade de mecanismos alternativos de resolução de conflitos e leis e procedimentos enfadonhos.

Não se quer dizer que as análises, conclusões e recomendações propostas pelos organismos internacionais sejam enviesadas, apenas que as reformas do Poder Judiciário foram influenciadas, em algum grau, por recomendações de órgãos internacionais, relativizando a

---

[372] O Consenso de Washington denomina o encontro ocorrido na capital dos Estados Unidos em 1989 que culminou com na elaboração de recomendações visando à ampliação do neoliberalismo. A reunião foi convocada pelo Institute for International Economics, contando com a participação do Fundo Monetário Internacional (FMI), Banco Mundial e do Banco Interamericano de Desenvolvimento (BID).

[373] DAKOLIAS, Maria. *O setor judiciário na América Latina e no Caribe*: elementos para reforma. Trad. Sandro Eduardo Sardá. Estados Unidos: Banco Mundial, 1996. Disponível em: https://www.anamatra.org.br/attachments/article/24400/00003439.pdf. Acesso em: 21 mar. 2022.

concepção do Direito Positivo como decorrente da vontade geral da nação.

Um exemplo trivial demonstra a influência do mercado internacional nas práticas comerciais adotadas no Brasil.

A Associação Brasileira das Indústrias de Refrigerantes e de Bebidas não Alcoólicas (ABIR), ao expor seu posicionamento sobre a política de rotulagem, defendeu a padronização da rotulagem nutricional ao estabelecido no Mercosul e no Codex Alimentarus da Organização das Nações Unidas (ONU)[374] – a entidade entende ser prejudicial ao Brasil a adoção de norma própria dissociada da normatização internacional por significar rompimento de tradição diplomática.

Vê-se, portanto, que a questão da globalização e internacionalização do Direito ganha contornos cada vez mais agudos, atingindo desde o rótulo de alimentos até questões de maior envergadura social, como proteção do emprego e guerra fiscal.

A globalização, no campo internacional, e o Pluralismo Jurídico, na esfera interna, relativizam a *potestas* estatal e demonstram a fragilidade dos dogmas da Democracia e Soberania.

A existência de formas alternativas de Direito Material e Processual é uma realidade decorrente da complexidade da vida moderna, da globalização do mercado, da valorização das diferenças culturais e da ineficiência do próprio Poder Público.

O Direito Oficial não é produto exclusivo da vontade da nação, conformando-se às pressões internacionais e de grupos de poder internos – não é possível afirmar que o Direito Positivo Estatal é, per si, mais legítimo do que o Direito produzido pela comunidade. É imperativo incorporar no Direito formal a realidade social, atribuindo juridicidade e exequibilidade às decisões tomadas por órgãos informais, mas com legitimidade reconhecida pelos litigantes.

A legitimidade democrática do Poder Judiciário se dá pela meritocracia, imparcialidade e publicidade – a decisão do juiz é legítima porque proferida por servidor público concursado que concretiza a norma abstrata criada pelo legislador-eleito por meio da fundamentação. A legitimidade das decisões dos órgãos públicos (Procon e Agências Reguladoras) é conferida pela especialização e pela equidistância entre público-mercado-sociedade.

---

[374] ASSOCIAÇÃO BRASILEIRA DAS INDÚSTRIAS DE REFRIGERANTES E DE BEBIBAS NÃO ALCÓOLICAS (ABIR). *Posicionamentos*: Rotulagem. Disponível em: https://abir.org.br/posicionamentos/. Acesso em: 21 mar. 2022.

CAPÍTULO 5
TUTELA EXTRAESTATAL DAS MICROLESÕES | 183

Já as decisões dos órgãos informais têm sua legitimidade aferida pela relação mais próxima entre o julgador e as partes envolvidas – enquanto dos servidores públicos é esperada maior distância das partes, nos órgãos informais, a maior identificação com os litigantes é justamente o que propicia a legitimidade da decisão.

O novo paradigma propõe empoderar as coletividades, tornando-as protagonistas da resolução de seus próprios conflitos, com regras preestabelecidas e por meio de procedimento justo e imparcial.

A melhor decisão, no caso concreto, é muitas vezes diferente daquela derivada da interpretação do Direito formal estatal, podendo ser, inclusive, até contra ele.[375]

Em um litígio sobre direito de vizinhança, o Direito Oficial, ao exigir a distância de 75 cm entre janelas (art. 1.031, §1º, do CC), pode não apresentar a melhor resposta no contexto de comunidades carentes, no qual a legitimação da posse e da construção tem, a depender do caso concreto, prioridade sobre o direito de vizinhança e intimidade. Eventual decisão da associação de moradores entendendo pela "legalidade" da construção, ainda que *contra legem*,[376] proferida em respeito ao devido processo legal, deve ser respeitada por força do Pluralismo Jurídico Democrático.

O aumento da educação individual e da cultura social abre espaço para novas concepções de projetos de vida e de formas pacíficas de soluções de controvérsias. Rechaça-se, dessa forma, a visão paternalista do Estado que pressupõe a incapacidade dos indivíduos de se relacionarem, não sendo papel do Poder Público determinar o caminho a ser seguido, e sim garantir os direitos fundamentais.

Nesse contexto, a sociedade civil organizada deve ser imbuída da função de solucionar seus próprios conflitos por meio de técnicas voluntárias de Mediação e Conciliação, mas também de técnicas

---

[375] *Les contributions à ce volume, chacune dans un contexte d'observation ethnographique particulier, adoptent le point de vue, aujourd'hui partagé de la majorité des anthropologues et sociologues du droit, que la justice, pour faire loi au regard de la communauté à laquelle elle se destine, est très souvent à situer en marge du droit formel, positif, voire même contre lui.* (FOBLETS, Marie-Claire. A la recherche d'une justice perdue: les procédures alternatives de règlement de conflits. *Journal of Legal Pluralism*, n. 36, p. 11, Estados Unidos, 1996. Disponível em: https://commission-on-legal-pluralism.com/system/commission-on-legal-pluralism/volumes/36/foblets-artigo pdf. Acesso em: 21 mar. 2022.

[376] O Pluralismo Jurídico é a situação na qual a pessoa, em sua vida diária, é sujeita a várias, possivelmente conflitantes, ordens regulatórias emanadas de variadas "redes sociais" às quais se sujeita voluntariamente ou não. (VANDERLINDEN, Jacques. Return to Legal Pluralism. *Journal of Legal Pluralism*, n. 28, Estados Unidos, 1989. Disponível em: https://commission-on-legal-pluralism.com/system/commission-on-legal-pluralism/volumes/28/vanderlinden-artigo pdf. Acesso em: 21 mar. 2022.)

adjudicatórias, desde que respeitada a constitucionalidade do procedimento de instrução e decisão.[377]

Consectários dessa concepção sociológica da Administração Judiciária estão o *Community Dispute Resolution Centers Program* (CDRCP) – centros de justiça de bairro nos Estados Unidos[378] – e a *jurisdiction de proximité*, na França.

A Corte de Justiça de Nova York define a justiça de bairro como sistema que provê aos cidadãos oportunidades de desenvolverem suas próprias soluções para as controvérsias cíveis e pequenos delitos que, de outra forma, seriam levadas ao Judiciário. A corte estabeleceu parcerias com ONGs locais para o desenvolvimento de programas de solução alternativa de conflitos, especialmente em litígios de proprietários-locatários; vizinhança; consumo de bairro; relações familiares e escolares.[379]

A justiça de bairro novaiorquina é positivada na *Rules of the Chief Administrative Judge* e na Lei Judiciária, que estabelecem a definição e a aplicação do instituto, a forma de registro das entidades, o procedimento de resolução e a avaliação do programa desenvolvido.[380,381]

---

[377] A Rússia experimentou o modelo do Volost (tribunal comunitário) entre 1889 e 1917 com competência para resolver conflitos até cem rublos (moeda russa). (POPKINS, Gareth. Popular development of procedure in a dual legal system: 'Protective Litigation' in Russia's Peasant Courts, 1889-1912. *Journal of Legal Pluralism*, n. 43, p. 59, Estados Unidos, 1999. Disponível em: https://commission-on-legal-pluralism.com/system/commission-on-legal-pluralism/volumes/43/popkins-artigo pdf. Acesso em: 21 mar. 2022.

[378] ESTADOS UNIDOS. NY Courts. *Community Dispute Resolution Centers Program (CDRCP).* Disponível em: https://www.nycourts.gov/ip/adr/cdrc.shtml. Acesso em: 21 mar. 2022.

[379] *The Community Dispute Resolution Centers Program (CDRCP) is an initiative of the New York State Unified Court System's (UCS) Office of Alternative Dispute Resolution (ADR) Program. The CDRCP was established in 1981 to offer ADR services to facilitate the resolution of conflicts between individuals and help avert unproductive conflict avoidance, destructive confrontation, prolonged litigation, and even violence (…). CDRCs mediate a wide range of disputes, from disagreements between neighbors to custody and visitation disputes, landlord-tenant matters, student conflicts, juvenile delinquency and status offense issues involving youth, and even matters involving low-level crimes. Any New Yorker may use the services of his or her local CDRC whether or not the individual has a case pending in court. In addition to providing conflict resolution services, CDRCs develop partnerships with local agencies, schools and other groups to meet the needs of local residents (…). The vast majority of cases handled by CDRCs are mediated by volunteers from the local community. To promote high quality services, the ADR Office sets training requirements, develops curriculum guidelines, certifies trainers and requires that volunteers complete a CDRC apprenticeship before mediating cases. The CDRCP funds independent not-for-profit agencies (CDRCs) in every county of New York State. The CDRCs received $ 5,121,042 in New York State court system funds between April 2013 and March 2014, nearly the entire amount of which was matched by various funding sources on the local level.* (ESTADOS UNIDOS. NY Courts. *Community Dispute Resolution Centers Program:* Annual Report 2013-2014. p. 7. Disponível em: http://www.nycourts.gov/ip/adr/AnnualReport_2013-14.pdf. Acesso em: 21 mar. 2022)

[380] ESTADOS UNIDOS. NY Courts. *Administrative Rules of the Unified Court System & Uniform Rules of the Trial Courts.* Disponível em: https://www.nycourts.gov/rules/chiefadmin/116.shtml. Acesso em: 21 mar. 2022.

[381] ESTADOS UNIDOS. NY Courts. *Article 21-A:* Community dispute Resolution Centers Program. Disponível em: http://ww2.nycourts.gov/sites/default/files/document/files/2018-07/Article21A.pdf. Acesso em: 21 mar. 2022.

CAPÍTULO 5
TUTELA EXTRAESTATAL DAS MICROLESÕES | 185

Em 2016, existiam mais de 60 organizações voltadas à resolução dos conflitos sociais, recebendo mais de 25 mil casos por ano. A maioria das pessoas é levada às ONGs por direcionamento das Cortes de Justiça, mas é relevante o número daqueles que comparecem à justiça de bairro por indicação das escolas e outros órgãos públicos (29%). Em média, transcorrem 25 dias entre a primeira conversa no CDRCP e a resolução do caso, com resolução amigável em 74% dos casos.

As organizações sociais despenderam aproximadamente US\$4,7 milhões nem 2015, o que representa o custo de US\$181,00 por caso submetido ao programa – valor ínfimo considerado o custo do processo civil americano.[382]

As *small claims* representam 32,4% dos casos civis, sendo submetidos 9.295 casos, com 19.660 pessoas envolvidas. Contudo, as estatísticas revelam que, do total, apenas 3.127 tiveram processamento até o final, com 1.946 (62%) resoluções amigáveis. Nos demais conflitos, o autor desistiu; não foi possível encontrar o réu; ou outra causa impediu a audiência das partes.[383]

Na França, a jurisdição de proximidade é regulada pela Lei nº 1.138/02, sendo voltada aos litígios civis de pequeno valor (€4.000,00) e certas contravenções.[384] Os juízes não são de carreira, sendo nomeados por prazo de sete anos entre magistrados e funcionários aposentados ou pessoas com mais de 35 anos capazes de exercer a função. A decisão é monocrática e os julgadores não utilizam a indumentária típica da magistratura.[385]

A prática não é exclusividade do sistema democrático americano e francês; na antiga União Soviética existia a figura do Tribunal de Camaradas e na China, os "Tribunais Populares".

---

[382] ESTADOS UNIDOS. NY Courts. 2014-2015 *Annual Report*. Disponível em: https://www.nycourts.gov/ip/adr/Publications/Annual_Reports/2014-15_CDRCP_AR.pdf. Acesso em: 21 mar. 2022.

[383] ESTADOS UNIDOS. NY Courts. *Community Dispute Resolution Centers Program*: Statistical Supplement. Disponível em: https://www.nycourts.gov/ip/adr/Publications/Statistical_Supplement/2015-2016CDRC_SS.pdf. Acesso em: 21 mar. 2022.

[384] *Code de l'organization judiciare: Article L 231-3. La juridiction de proximité connaît, en matière civile, sous réserve des dispositions législatives ou réglementaires fixant la compétence particulière des autres juridictions, des actions personnelles ou mobilières jusqu'à la valeur de 4 000 euros. Article 231-6. Les règles concernant la compétence, l'organisation et le fonctionnement de la juridiction de proximité statuant en matière pénale sont fixées par le code de procédure pénale et, en ce qui concerne les mineurs, par l'ordonnance nº 45-174 du 2 février 1945 relative à l'enfance délinquante.*

[385] MOREIRA, José Carlos Barbosa. Notas sobre as recentes reformas do processo civil francês. *Revista dos Tribunais*, São Paulo, v. 32, n. 150, p. 59-69, 2007.

Maior atenção merece o sistema polonês, que constituiu três sistemas de tribunais populares (Comissões de Conciliação Social): (i) autogestão; (ii) agência; (iii) preparatório. No primeiro sistema, os membros da comunidade solucionavam os casos apresentados por outros membros. No segundo, o objetivo era apaziguar relações, especialmente de vizinhança. O terceiro buscava assessorar a justiça pública.

No Brasil, são tímidos os projetos associativos que auxiliam na resolução de conflitos pela própria sociedade, inexistindo instituto positivado similar à Ronda Campesina que autorize ao movimento social decidir, de forma definitiva e vinculante, o conflito submetido.

Na realidade nacional, deve ser reconhecida a legitimidade do exercício da função extrajudicial de resolução de conflitos desempenhada por associações de bairro, órgãos de condomínio edilício, escolas, instituições religiosas, *shopping centers*, entre outros.

Cada entidade teria seu próprio público-alvo, *i.e.*, as organizações de bairro e instituições religiosas atuariam com especial atenção na resolução de conflitos de família, vizinhança e na tutela das microlesões do comércio local. Já os órgãos do condomínio seriam focados no direito de vizinhança entre os moradores do prédio, enquanto os *shopping centers* teriam atuação típica em violações do Direito do Consumidor por uma de suas lojas do estabelecimento.

Algumas entidades propõem-se a auxiliar na função de solucionar conflitos fora do âmbito estatal, nomeadamente a Associação Baiana de Mediação e Arbitragem (ASBAMA)[386] e Associação dos Moradores e Amigos de Moema (AMAM).[387]

Não obstante, os programas mais consistentes têm forte intervenção pública, podendo citar o projeto Professor-Mediador de São Paulo[388] e os Centros de Mediação Comunitária no Rio de Janeiro.[389]

---

[386] ASSOCIAÇÃO BAIANA DE MEDIAÇÃO E ARBITRAGEM. Disponível em: https://www.linkedin.com/in/asbama-arbitragem-106559142/?originalSubdomain=br. Acesso em: 21 mar. 2022.

[387] ASSOCIAÇÃO DOS MORADORES E AMIGOS DE MOEMA. Disponível em: https://www.facebook.com/AMAM.MOEMA/. Acesso em: 21 mar. 2022.

[388] SÃO PAULO (Estado). Secretaria da Educação. *Resolução SE nº 19, de 12.02.2010*: Institui o Sistema de Proteção Escolar na rede estadual de ensino de São Paulo e dá providências correlatas. Disponível em: http://siau.edunet.sp.gov.br/ItemLise/arquivos/19_10.HTM?Time=14/08/2014%2002:05:11. Acesso em: 21 mar. 2022.

[389] O centro de mediação foi instituído pelo Poder Público Municipal com auxílio do Tribunal de Justiça do Rio de Janeiro, mas os mediadores são indicados pelas lideranças comunitárias e supervisionados pelo TJRJ. (VIRGÍLIO, Paulo. Prefeitura do Rio inaugura primeiro Centro de Mediação Comunitária. *EBC Agência Brasil*, dez. 2015. Disponível em: http://agenciabrasil.ebc.com.br/geral/noticia/2015-12/prefeitura-do-rio-inaugura-primeiro-centro-de-mediacao-comunitaria. Acesso em: 21 mar. 2022.)

Não se pode olvidar as inovações da Lei nº 13.140/15, que dispõe sobre Mediação entre particulares como meio de solução de controvérsias e autocomposição dos conflitos no âmbito da Administração da Justiça. A lei federal permite que qualquer pessoa capaz, de confiança das partes e capacitada, possa atuar como mediador – independentemente de vinculação a qualquer tipo de entidade de classe ou associação.

A ausência de legislação específica autorizando que organizações sociais decidam conflitos de forma vinculante não induz a invalidade dessa atuação.

Em primeiro lugar, nos locais onde o Estado é ausente, o papel de resolver conflitos é, na prática, assumido por algum agente social – legítimo ou ilegítimo.

Segundo, sendo a atuação válida – com respeito ao devido processo legal –, nada indica que a decisão do juiz togado tenha maior legitimidade do que a decorrente da sociedade organizada. Um juiz de classe média, média-alta, que nunca foi em um bairro pobre, ainda que concursado, não tem mais legitimidade para decidir um conflito sobre o preço do botijão de gás e a distância de janela do que a associação de moradores da comunidade.

Terceiro, a garantia fundamental de acesso à justiça não pode ser interpretada como obrigação de acessar o Judiciário como meio único à resolução do conflito, especialmente diante da absoluta ineficácia da Justiça brasileira. O monopólio da jurisdição induz, na prática, à não resolução de parte relevante dos conflitos de microlesões diante da irracionalidade de se submeter pequenos danos ao procedimento caro e demorado fornecido pelo Processo Civil.

Dessa forma, o que se defende é reconhecer que as ONGs tenham o poder de atuar na resolução de conflitos sociais, funcionando como mediadores/conciliadores ou mesmo decidindo de forma vinculativa os litígios – caso em que a decisão terá força de título executivo judicial, nos moldes da sentença arbitral.

5.4 Empresa-empresa: autorregulamentação e programa "De olho na validade"

O conflito envolvendo empresa-empresa mais dificilmente se sujeita à tutela pelo sistema da microlesão, mas a concorrência desleal e a necessidade de qualidade do setor afloram o interesse do mercado na sua autorregulamentação.

A autorregulamentação, em que pese ser pouco difundida, é assunto relativamente consolidado no sistema jurídico nacional. Como expoente dessa forma de resolução de conflito empresa-empresa, no âmbito da propaganda, está o Conselho Nacional de Autorregulamentação Publicitária (CONAR).

O CONAR surgiu no final da Ditatura Civil-Militar com escopo de resistir à censura do governo, permitindo que o próprio setor fiscalizasse a propaganda comercial nacional.

A estrutura do órgão é dada pelo Código Brasileiro de Autorregulamentação Publicitária (CBAP), diploma criado com a participação das agências de propaganda, anunciantes e veículos de comunicação. O CBAP não é uma lei ou ato normativo elaborado pelo Poder Público, mas uma espécie de convenção entre particulares registrada no cartório de registro de títulos e documentos.

Sujeitam-se ao código, além das empresas privadas, a publicidade governamental promovida pelas pessoas jurídicas de direito público[390] e a publicidade de entidades sem fins lucrativos.[391] Além da eficácia *inter partes*, a norma privada é aberta ao uso de autoridades públicas e do Poder Judiciário como documento de referência e fonte subsidiária para aplicação do Direito Positivo.

O Regimento Interno do CONAR regulamenta os procedimentos éticos – investigatório e contencioso.

A legitimidade para o início do procedimento é ampla, permitindo que qualquer pessoa que se sinta prejudicada pela publicidade apresente queixa ao órgão, incluindo concorrentes e o Poder Público. Não havendo representação, compete ao Conselho agir de ofício, apurando eventuais propagandas inadequadas.

Recebida a denúncia, o relator determina a citação pessoal do interessado, convocando as partes para Conciliação.

Entre os poderes do relator estão o de determinar medida liminar,[392] intimar as partes para esclarecimentos e ordenar a produção

---

[390] Art. 12. A publicidade governamental, bem como a de empresas subsidiárias, autarquias, empresas públicas, departamentos, entidades paraestatais, sociedades de economia mista e agentes oficiais da União, dos Estados, dos Territórios, dos Municípios e do Distrito Federal, salvo proibição legal, deve se conformar a este Código da mesma forma que a publicidade realizada pela iniciativa privada.

[391] Art. 13. A publicidade de causas, instituições sociais, fundações ou de quaisquer outras atividades ou entidades sem fins lucrativos também será regida por este Código, em tudo que lhe couber.

[392] Destaca-se a dicção do art. 29 do Regimento Interno do Conar, especialmente quanto à conceituação da medida liminar: A Medida Liminar é o ato processual pelo qual o membro do Conselho de Ética, no exercício da função judicante, recomenda excepcionalmente, *"ad referendum"* da Câmara ou do Plenário, a imediata sustação da veiculação de anúncio objetivado em representação que lhe esteja afeta e que julgue em desacordo com o Código Brasileiro de Autorregulamentação Publicitária.

de prova. Após a defesa e o saneamento, o relator poderá recomendar: (i) arquivamento do processo; (ii) advertência ao anunciante, agência ou veículo de comunicação; (iii) correção do anúncio; (iv) sustação da peça publicitária; (v) divulgação cogente da posição do CONAR.

A entidade possui nove súmulas de sua jurisprudência editadas entre 1988 e 2007,[393] com destaque para os verbetes 4, 7, 8 e 9, que estipulam requisitos para a propaganda de armas,[394] de produtos com pagamento parcelado e de bebidas alcoólicas. A adoção da súmula imprime maior celeridade ao julgamento das representações, podendo o relator substituir o parecer pela invocação da súmula.

---

[393] Súmula 1 – O anúncio de produto farmacêutico popular sujeito à legislação sanitária e não registrado perante o órgão competente do Ministério da Saúde poderá ter a sua veiculação imediatamente sustada.

Súmula 2 – Produto farmacêutico considerado ético pela autoridade sanitária (aquele cuja comercialização se faça somente mediante prescrição médica) não poderá ser anunciado em veículo de comunicação de massa e sua divulgação poderá ser imediatamente sustada.

Súmula 3 – O anúncio de produto ou serviço sujeito à registro ou licenciamento de autoridade pública federal, estadual ou municipal terá sua veiculação sustada logo que for apurada a insatisfação dessas exigências legais.

Súmula 4 – Anúncio de armas de fogo não deverá ser emocional; não deverá sugerir que o registro do produtor seja uma formalidade superada facilmente com os serviços oferecidos pelo anunciante; não fará promoções, não apregoará facilidade de pagamento, redução de preços, etc.; além disso não será veiculada em publicação dirigida à criação ou jovens e nem na televisão, no período que anteceder às 23h até as 6h. Deverá, por outro lado, evidenciar que a utilização do produto exige treinamento e equilíbrio emocional e aconselhará a sua guarda em lugar seguro e fora do alcance de terceiros.

Súmula 5 – Nenhum anúncio, a não ser os da própria instituição, poderá se utilizar do símbolo oficial e ou do nome do Conar, nem mesmo para enaltecer atos ou decisões do conselho.

Súmula 6 – A não indicação de direção médica, ou médico responsável, com o nome do profissional e respectivo registro no Conselho Regional de Medicina autoriza o deferimento da medida liminar de sustação da veiculação da publicidade de tratamento ou outros serviços médicos, independentemente dos aspectos que ainda possam ou devam ser analisados posteriormente, pelo Conselho de Ética.

Súmula 7 – O anúncio que divulgar venda de produto mediante pagamento em parcelas deverá revelar obrigatoriamente: 1) preço à vista; 2) número e o valor das prestações; 3) as taxas de juros incidentes; 4) os demais encargos a serem, eventualmente, suportados pelo consumidor; e 5) preço total a prazo.

Súmula 8 – Anúncios de bebida alcoólica de qualquer espécie, em mídia exterior, devem restringir-se à exposição do produto, sua marca e/ou slogan, sem apelo de consumo, incluída sempre a cláusula de advertência, sujeitando-se os anúncios infratores ao deferimento de medida liminar de sustação.

Súmula 9 – Anúncios de bebida alcoólica divulgados em qualquer veículo de comunicação ou plataforma não devem conter apelo imperativo de consumo e não podem deixar de expor, ostensivamente, uma cláusula de advertência para responsabilidade social no consumido do produto, sujeitando-se os anúncios infratores ao deferimento de medida liminar de sustação.

[394] O entendimento foi sumulado antes do Estatuto do Desarmamento.

O presidente da câmara poderá, *sponte sua*, homologar os votos de arquivamento, advertência ou correção e, nos demais casos, deverá submeter o feito a julgamento pelo Plenário do Conselho de Ética.[395]

O julgamento do pleno traz regras peculiaridades, nomeadamente: o debate e a votação pelo Conselho são realizados sem a presença das partes. Fica impedido de votar o conselheiro que não tiver assistido à leitura integral do relatório ou à sustentação oral das partes.

A entidade prevê o duplo grau de jurisdição, sendo cabíveis: (i) Recurso Ordinário, contra a decisão da câmara comum, endereçado à Câmara Especial; (ii) Recurso Especial, contra a decisão da Câmara Especial, endereçado ao Plenário. Os recursos não têm efeito suspensivo, tampouco se aplica o efeito *tantum devolutum quantum appellatum*, admitindo-se a reformatio *in pejus*.

No sítio eletrônico do CONAR consta que, em 2021, a entidade instaurou 286 processos (183 por queixa dos consumidores), reprovando 233 anúncios.

Quanto ao poder de conformação das decisões do CONAR, os executivos dos anunciantes, agências e veículos de comunicação afirmam que apoiam e respeitam as decisões, quaisquer que sejam elas, porque decorrem de processo democrático e trazem segurança ao anunciante.[396] Na visão dos empresários, a Justiça é ineficaz para lidar com o tema de publicidade e propaganda, especialmente porque entre o fato da vida e a decisão judicial há excessivo decurso de tempo, não gerando exemplo para sociedade.

A entidade informa que em todos os continentes existem entidades de autorregulamentação, citando os Estados Unidos, Canadá, México, Argentina, Chile, Uruguai, França, Alemanha, Portugal, Turquia, Austrália, África do Sul, Japão e Índia.

Ao contrário do que se possa pensar, a autorregulamentação do mercado não é questão de pouca aplicabilidade prática ou restrita ao

---

[395] O Conselho de Ética é divido em oito Câmaras sediadas em São Paulo, Rio de Janeiro, Brasília, Porto Alegre e Recife, compostas por 180 conselheiros (profissionais de todas as áreas da publicidade e representantes da sociedade civil, vedada a participação de agentes públicos titulares de cargos eletivos ou em comissão). Os conselheiros são derivados dos seguintes órgãos e setores: (i) Associação Brasileira de Anunciantes (19); (ii) Associação Brasileira de Agências de Publicidade (15); (iii) Associação Brasileira de Emissoras de Rádio e Televisão (16); (iv) Associação Nacional de Editores de Revistas (14); (v) Associação Nacional de Jornais (14); (vi) Central de *Outdoor* (4); (vii) Associações de Propaganda (13); (viii) Televisão por Assinatura (4); (ix) Mídia Interativa (4); (x) Mídia Cinema (4); (xi) Sociedade Civil (21); (xii) Profissionais de Criação (10).

[396] *Streaming* é a tecnologia que envia informações multimídia por meio de transferência de dados, utilizando redes de computadores, especialmente a internet.

complexo mercado da ética na publicidade e propaganda, podendo ganhar contornos mais amplos, inclusive para atuar no enfrentamento das microlesões.

Bem similar à prática da autorregulamentação, a Associação Paulista de Supermercado (APAS), com apoio do Procon/SP, e a Defensoria Pública do Rio de Janeiro celebraram convênio com a Associação de Supermercados do Estado do Rio de Janeiro (ASSERJ) para instituir o programa "De olho na Validade", pelo qual o consumidor que encontrar no supermercado produto fora da validade na gôndola fará jus a outro idêntico ou similar.[397]

A campanha, que teve origem nos estados de São Paulo e do Rio de Janeiro, foi rapidamente incorporada em outros entes federados, como é o caso de Brasília, que incrementou o prêmio, concedendo ao consumidor cinco produtos idênticos ao encontrado fora da validade.[398]

A característica diferenciada do projeto é a antecipação da tutela, já que o consumidor fará jus ao produto mesmo que não tenha adquirido mercadoria fora da validade, sendo protegido pelo simples fato de estar exposto à venda um produto vencido. Provavelmente nenhum consumidor ingressaria com ação judicial pedindo devolução de mercadoria adquirida fora do prazo de validade, de forma que a tutela antecipada se mostra o melhor caminho.

Com esse procedimento, durante as compras, os consumidores mais dedicados se atentam para a validade do produto, sabendo que a identificação do produto fora da validade – ainda que não tenha sido pago o preço ou mesmo inexista intenção de comprá-lo – gerará a recompensa com a obtenção do produto idêntico ou similar, mas dentro do prazo de validade.

O consumidor menos atento terá reduzidas chances de aquisição de produto fora da validade.

---

[397] COSTA, Diane. Na hora das compras, um olho no preço, outro na data de validade: Supermercados expõem produtos vencidos e dão um bom, de graça, ao cliente. *O Globo*, jul. 2016. Disponível em: https://oglobo.globo.com/economia/defesa-do-consumidor/na-hora-das-compras-um-olho-no-preco-outro-na-data-de-validade-16738659. Acesso em: 21 mar. 2022.

[398] O consumidor que encontrar um produto fora do prazo de validade, avisar o estabelecimento e comprar um igual em boas condições de consumo terá o direito de receber outros cinco itens idênticos. A regra é da campanha "De Olho na Validade", vigente no Distrito Federal desde 2013 e resultado de uma parceria do Instituto de Defesa do Consumidor (Procon-DF) com a Associação de Supermercados de Brasília (Asbra). (PÁDUA, Samira. Campanha bonifica consumidores que encontrem produtos vencidos. *Agência Brasil*, fev. 2016. Disponível em: https://www.agenciabrasilia.df.gov.br/2016/02/06/campanha-bonifica-consumidores-que-encontrarem-produtos-vencidos/. Acesso em: 21 mar. 2022.)

O mercado, por sua vez, ganha ao ter um procedimento padronizado, rápido e objetivo de "medição da indenização", não ficando sujeito ao decisionismo judicial em áreas como o dano moral. Saberá que a colocação à venda de produto vencido gerará o dever de entregar produto idêntico ou similar, dentro do prazo de validade.

Mais próxima à autorregulamentação, pode-se aventar a hipótese de instituir o órgão decisório plural – composto por representantes das empresas e da sociedade civil – com competência para análise de reclamações de violação de direitos por parte dos consumidores cuja decisão tenha eficácia de título executivo extrajudicial.

Na edição nº 184 de fevereiro de 2014 da revista do Instituto Brasileiro de Defesa do Consumidor (Idec), foi veiculada reportagem, com apoio do Fundo Federal de Direitos Difusos, alertando os consumidores sobre eventuais propagandas enganosas em rótulos de bebidas à base de frutas, especialmente pelo fato de os produtos não terem o percentual mínimo de fruta exigido em lei ou por conterem quantidades exageradas de açúcares.[399]

Nesse exemplo, considerando o grau de litigiosidade do setor e o custo de ações judiciais envolvendo o tema, o Idec poderia firmar convênio com a ABIR para fixar os critérios de qualidade e propaganda, buscando solucionar reclamações de consumidores que pretendessem a devolução do produto ou o ressarcimento por prejuízos causados.

O órgão responsável pela resolução da controvérsia, por ter participação equânime da entidade consumerista e da associação de empresas, teria maior confiança por parte do consumidor e da empresa em litígio, possuindo também maior *expertise* no assunto diante da especificidade do mercado sob análise.

Nada impediria que no convênio fossem estabelecidos valores máximos de indenização por danos materiais e morais, com cláusula de renúncia ao processo de conhecimento por parte da empresa ou do consumidor.

É bem verdade que nos casos do programa "De olho na validade" e das propagandas de bebidas a autorregulamentação foi proposta pelo Procon, entidade pública, e pelo Idec, entidade privada, e não internamente pelo próprio grupo de empresas, como ocorreu no CONAR.

Os exemplos supracitados são suficientes para compreender que a autorregulamentação é mecanismo legítimo de criação de obrigações

---

[399] INSTITUTO BRASILEIRO DE DEFESA DO CONSUMIDOR (IDEC). *Fruta de Menos*. Disponível em: http://www.idec.org.br/uploads/revistas_materias/pdfs/184-capa-suco1.pdf. Acesso em: 21 mar. 2022.

de Direito Material e desenvolvimento de meios alternativos de resolução de controvérsias, adaptando a necessidade do mercado – fornecedores e consumidores – à realidade da vida.

O espaço de conformação do mercado para a fixação de suas próprias regras e mecanismos de tutela é verdadeiramente amplo, sendo impossível dizer quais são as medidas que devem ser tomadas na realidade brasileira.

5.5 Empresa-*youtuber*: política contra violação de direitos autorais e dos interesses dos anunciantes

O YouTube é uma plataforma de distribuição digital de vídeos[400] que permite aos usuários divulgar filmes de qualquer conteúdo lícito – educação, música, recreação, esportes, críticas de cinema, beleza etc.

Inicialmente voltado aos usuários caseiros, que divulgavam (postavam) vídeos ocasionalmente, a ferramenta cada vez mais se torna local para profissionais que utilizam o *site* como forma de renda, o que exigiu mudança dos regulamentos do canal.

Em 2007, o YouTube lançou um programa de parceria com produtores de vídeos dividindo as receitas auferidas com as propagandas incidentes previamente ao início do vídeo. Em termos simples, a cada 1.000 visualizações do vídeo com propaganda prévia, o YouTube recebia US\$3,42 e o produtor do vídeo, US\$4,18.[401]

Em abril de 2017, após matérias jornalísticas indicando que propagandas de empresas consagradas estavam remunerando vídeos com discurso de ódio e impróprios,[402,403] o *site* publicou novas regras de remuneração e um novo sistema de controle.[404]

---

[400] WIKIPEDIA. *Youtube*. Disponível em: https://pt.wikipedia.org/wiki/YouTube. Acesso em: 21 mar. 2022.

[401] WIKIPEDIA. *Youtube*: finances. Disponível em: https://en.wikipedia.org/wiki/YouTube# Finances. Acesso em: 21 mar. 2022.

[402] VAISH, Esha; HOLTON, Kate. Google pede desculpas por exibir anúncios no YouTube ao lado de vídeos ofensivos: Propagandas do governo britânico foram colocadas junto de vídeos homofóbicos e antissemitas. *G1*, mar. 2017. Disponível em: http://g1.globo.com/tecnologia/noticia/google-pede-desculpas-por-exibir-anuncios-no-youtube-ao-lado-de-videos-ofensivos.ghtml. Acesso em: 21 mar. 2022.

[403] BERGEN, Mark; MAYES, Joe. Êxodo de anunciantes aprofunda crise de propaganda do Google. *Exame*, mar. 2017. Disponível em: http://exame.abril.com.br/marketing/exodo-de-anunciantes-aprofunda-crise-de-propaganda-do-google/. Acesso em: 21 mar. 2022.

[404] YOUTUBE. *Visão geral do programa de parcerias do YouTube*: visão geral e qualificação. Disponível em: https://support.google.com/youtube/answer/72851?hl=pt-BR. Acesso em: 21 mar. 2022.

Entre as novas regras, o YouTube deixou de remunerar conteúdos que "não respeitem a comunidade", *ipsis litteris*: "Não pedimos o tipo de respeito reservado a freiras, idosos e neurocirurgiões. Basta se comportar educadamente no *site*".

Trata-se de conceito jurídico indeterminado que dificilmente encontraria guarida constitucional se fosse aplicado na relação Administração-administrado, mas que não está, até onde se sabe, gerando maiores debates nos tribunais quando envolve a relação YouTube-*youtubers*.[405]

A fim de dar efetividade ao novo padrão de qualidade dos vídeos, a plataforma permite que o usuário ou interessado sinalize (denuncie) o vídeo, cabendo à equipe da plataforma verificar se o conteúdo afeta a imagem das empresas parceiras ou direitos autorais.

Constatada a violação, o canal receberá sanções (*strikes*), partindo de suspensão temporária de ferramentas (publicação de vídeos, eventos ao vivo); redução do tamanho do vídeo; exclusão da monetização; podendo chegar à exclusão do vídeo e ao banimento do *youtuber* da plataforma.[406]

O que mais nos interessa não é tanto a instigante discussão quanto à constitucionalidade e à legalidade das restrições ao conteúdo dos vídeos determinadas unilateralmente pela plataforma, os parâmetros pouco claros para sua remoção ou a possibilidade de exclusão definitiva e sem prazo, mas o procedimento que o YouTube desenvolveu para julgar a irregularidade do vídeo.

São dois os procedimentos para apurar a violação do conteúdo do vídeo, conforme o tipo de violação: (i) violações de direito autorais; (ii) violação do programa de parcerias.[407]

O procedimento de violação de direitos autorais possui duas fases.

---

[405] YOUTUBE. *Diretrizes da Comunidade*: Algumas regras básicas para manter o YouTube seguro e divertido para todos. Disponível em: https://www.youtube.com/yt/policyandsafety/pt-BR/communityguidelines.html#communityguidelines-line-crossing. Acesso em: 21 mar. 2022.

[406] O primeiro "*strike*" tem duração de 90 dias e impede a monetização do vídeo até que o *youtuber* (titular do canal) realize o treinamento em direitos autorais. (YOUTUBE. *Conceitos básicos sobre avisos de direitos autorais*. Disponível em: https://support.google.com/youtube/answer/2814000?hl=pt-BR. Acesso em: 21 mar. 2022.

[407] YOUTUBE. *Help*: Copyright strike basics. Disponível em: https://support.google.com/youtube/answer/2814000?hl=en&ref_topic=2778545. Acesso em: 21 mar. 2022.

Na primeira, *inter partes*, o denunciante[408] se identifica, fundamenta o pedido, indica o endereço URL (www.youtube.com/...) e assina o termo atestando boa-fé e os poderes de representação do titular do direito autoral. A notificação é encaminhada ao *youtuber*, que, discordando, apresenta dispute (defesa prévia), seguida de réplica.

O titular, no prazo da réplica, poderá desistir da reclamação ou mantê-la, caso em que há novo prazo para o *youtuber* pedir a revisão da "denúncia" ao próprio denunciante. Concordando ou não com o pedido de revisão, encerra-se a primeira etapa entre as partes.[409]

Durante a primeira etapa do procedimento existem duas medidas cautelares em favor do titular dos direitos autorais: (i) se o titular pedir que o vídeo não seja monetizado, não serão publicadas propagandas antes do vídeo, mas este continuará livre para ser acessado; (ii) se o titular pedir a divisão dos ganhos de propaganda, o YouTube receberá os valores na condição de depositário, entregando ao vencedor após a resolução da controvérsia.

A segunda etapa é iniciada na hipótese de o denunciante rejeitar o pedido de revisão, protocolando pedido de exclusão do vídeo (*copyright takedown*) ao YouTube.

O *site* irá retirar imediatamente o vídeo da plataforma[410] e notificará o *youtuber* para apresentação da *counter notification* (defesa definitiva). Com a apresentação da defesa, a plataforma abrirá prazo para que o reclamante ajuíze a ação por violação de direitos autorais na Justiça, mantendo o vídeo bloqueado até a decisão judicial.

Note-se que, no procedimento de violação de direitos autorais, é o titular do direito autoral ou seu licenciado que tem o interesse prioritário na sua tutela, questão que só interessa à plataforma de forma indireta.

Já o procedimento envolvendo a violação ao programa de parcerias busca evitar que empresas tenham suas propagandas divulgadas em canais com conteúdo inapropriado,[411] permitindo que qualquer

---

[408] O YouTube possui solução tecnológica de busca ativa por violação dos direitos autorais, sendo possível identificar a violação mesmo que nenhum titular do direito autoral apresente reclamação formal. Nesse caso, o próprio YouTube comunica o titular do direito autoral, podendo este solicitar o bloqueio do vídeo (ilimitado ou limitado à certos países ou plataformas) ou concordar com a publicação, cobrando ou não por isso.

[409] YOUTUBE. *Monetization during content ID disputes*. Disponível em: https://support.google.com/youtube/answer/7000961?hl=en&ref_topic=2778545. Acesso em: 21 mar. 2022.

[410] A medida provisória terá natureza de cautelar na primeira fase (suspensão de publicidade ou depósito dos valores obtidos com publicidade), enquanto na segunda fase terá natureza de antecipação de tutela (exclusão do vídeo).

[411] GOOGLE. *AdSense program policies*. Disponível em: https://support.google.com/adsense/answer/48182. Acesso em: 21 mar. 2022.

usuário e o próprio YouTube notifiquem o canal pelo uso abusivo do vídeo.

O ponto central da estrutura de julgamento de vídeo de conteúdo inapropriado é a balança de interesses do YouTube. De um lado, a plataforma objetiva que os vídeos sejam adequados às empresas anunciantes [pretensão de exclusão]; de outro, almeja a manutenção do vídeo para que receba a remuneração das propagandas que seriam veiculadas antes do filme (pretensão de manutenção).

O YouTube perde se mantiver o vídeo inapropriado – o que pode afetar a imagem dos anunciantes e da própria plataforma – e perde se retirar o vídeo apropriado – impedindo o acesso de milhões de usuários à propaganda veiculada.

Ao contrário do juiz estatal, cujo único interesse é aplicação do Direito Positivo, sendo equidistante das partes e imparcial, o YouTube é parcial, na medida em que tem interesse na manutenção dos vídeos com conteúdo adequado para que possa receber parte dos valores de publicidade. A parcialidade do YouTube é o que incentiva a tomada da decisão correta, pois, se a empresa não recebesse nenhum benefício pela melhor decisão, poderia excluir vídeos sem critérios objetivos e justos.

Por mais que o YouTube seja local de grandes produtores de conteúdo, com canais com mais de 200 milhões de inscritos e 35 bilhões de visualizações,[412] a plataforma é democrática por permitir que qualquer pessoa crie seu canal e produza conteúdo inédito. O sistema de controle de direitos autorais e de conteúdo ofensivo do YouTube é aplicado tanto para vídeos que geram milhões de dólares em propaganda quanto para aqueles que geram poucos centavos para seus produtores, sendo, portanto, microlesões.

O balanço entre a pretensão de exclusão e a de manutenção impôs o desenvolvimento de procedimentos internos e tecnológicos para avaliação do conteúdo do vídeo, sistema robotizado que começa a ser adotado também no campo da Justiça Estatal.[413]

---

[412] BELING, Fernanda. Os 10 maiores canais do YouTube: Você sabe quais são os maiores Youtubers do mundo? Separamos uma lista com os maiores do mundo e também os maiores canais do Youtube no Brasil. *Oficina da net*, jan. 2015. Disponível em: https://www.oficinadanet.com.br/post/13911-os-10-maiores-canais-do-youtube. Acesso em: 21 mar. 2022.

[413] SÃO PAULO (Estado). *Tribunal de Justiça. TJSP expande uso de robôs que automatizam tarefas.* Disponível em: https://www.tjsp.jus.br/Noticias/Noticia?codigoNoticia=55927. Acesso em: 25 fev. 2022.

CONCLUSÃO

O Poder Judiciário deve protagonizar duas funções: (i) resolver as crises jurídicas que não podem ser resolvidas com igual eficiência na esfera dos demais Poderes ou no âmbito da sociedade civil organizada (dimensão executiva); (ii) liderar a formatação da Política Pública de Tratamento Adequado dos Conflitos de Interesses (dimensão política).

Na dimensão de execução do serviço público, não são todos os conflitos que devem ser levados ao Judiciário.

Não é função primordial da jurisdição resolver litígios altamente técnicos de grandes multinacionais – tema que é mais bem acobertado pela Arbitragem –, tampouco lhe cabe resolver microlesões que não esgotaram os meios prioritários de solução.

Além de possível, é recomendável estabelecer filtros de acesso à Justiça, ressignificando as clássicas condições da ação (interesse-utilidade e interesse-necessidade) para impedir o dispêndio de recursos públicos na análise de conflitos que podem ser resolvidos de forma mais barata, célere, justa e efetiva fora do Judiciário.[414]

Entre os temas em que o Estado deve prestar maior deferência à solução social está a tutela das microlesões: violações cujo diminuto valor impedem a atuação efetiva do Poder Judiciário no campo individual ou tornam a judicialização da controvérsia deletéria para os litigantes e ao Poder Público.

De outro lado, na dimensão política, cabe ao Judiciário formatar a Política Pública de Tratamento Adequado dos Conflitos de Interesses, congregando os demais Poderes, os entes federados, o mercado e a sociedade – conjugando a República, a Federação e Democracia.

A complexidade da vida moderna exige que a sociedade protagonize a solução de seus próprios conflitos, competindo ao Poder Público

---

[414] Em sentido contrário: *No es necessário "cerrar el grifo" de la admisión de los reclamos, sino que por el contrario, y como lo manda la Constitución, ha de brindarse puntual y acabada respuesta a todas las peticiones de justicia. Los costos necesarios deben ser asumidos por el erario, claro que en el marco de la aplicación racional de los recursos del presupuesto, sin pretensión de descargar tales costos sobre los bolsillos de los litigantes por conducto de tasas supuestamente compensatorias. El servicio judicial es un bien público porque es público el fin del proceso, aún cuando se preste en materia civil y puramente patrimonial.* (BERIZONCE, Roberto Omar. El problema de la ineficiencia del sistema judicial: algunas propuestas de solución. *Revista de Estudos Constitucionais, Hermenêutica e Teoria do Direito (RECHTD)*, Rio Grande do Sul, v. 1, n. 1, 2009.)

fomentar o mercado e a sociedade civil organizada para que desenvolvam mecanismos próprios de solução de conflitos, reconhecendo juridicidade às soluções compatíveis com os princípios constitucionais.

O Judiciário deve se desprender das amarras do processo, tomando consciência de que a jurisdição clássica é apenas um instrumento para alcançar sua finalidade constitucional, devendo expandir a atividade para o planejamento de novos meios de resolução de conflitos.

Watanabe afirma que cabe ao Judiciário não somente organizar os serviços prestados por meio de processos judiciais, como também, e com grande ênfase, os serviços de solução dos conflitos pelos mecanismos alternativos à solução adjudicada. O inciso XXXV do art. 5º da CF não deve ser interpretado como garantia de mero acesso aos órgãos do Poder Judiciário, mas como garantia de acesso à ordem jurídica justa – efetiva, tempestiva e adequada. Daí a conclusão de que cabe ao Poder Judiciário organizar os serviços de tratamento de conflitos por todos os meios adequados, e não apenas por meio da sentença adjudicatória em processos contenciosos, cabendo-lhe, em especial, institucionalizar novos meios de solução de conflitos de interesses.[415]

A XIV Conferência Judicial Ibero-americana, realizada em Brasília, em 2008, aprovou as "Regras de Acesso à Justiça das Pessoas em Condição de Vulnerabilidade" ou, simplesmente, "As 100 Regras de Brasília". Destaca-se a regra nº 43, que impulsiona as formas alternativas de resolução de conflitos, antes do processo judicial ou durante, inclusive por meios que não impliquem a resolução do conflito por tribunal.[416]

A tutela jurídica deve ser adequada ao tipo da lesão do direito, construindo técnicas processuais e extraprocessuais [estatais e não estatais] que tutelem de forma mais extensa o núcleo duro dos direitos fundamentais e, ao mesmo tempo, tutelem de forma adequada as microlesões.

---

[415] WATANABE, Kazuo. Política pública do poder judiciário nacional para tratamento adequado dos conflitos de interesses. Revista de Processo, São Paulo, v. 361, n. 195, p. 381-389, 2011.

[416] Impulsionar-se-ão as formas alternativas de resolução de conflitos naqueles casos em que seja apropriado, tanto antes do início do processo como durante a tramitação do mesmo. A mediação, a conciliação, a arbitragem e outros meios que não impliquem a resolução do conflito por um tribunal podem contribuir para melhorar as condições de acesso à justiça de determinados grupos de pessoas em condição de vulnerabilidade, assim como para descongestionar o funcionamento dos serviços formais de justiça. (ASSOCIAÇÃO NACIONAL DOS DEFENSORES PÚBLICOS (ANADEP). *Regras de Brasília sobre acesso à Justiça das pessoas em condição de vulnerabilidade.* Disponível em: https://www.anadep.org.br/wtksite/100-Regras-de-Brasilia-versao-reduzida.pdf. Acesso em: 21 mar. 2022.)

O que se advoga é a tutela adequada (justa, célere e efetiva) em favor das microlesões dos direitos – independentemente de quem preste o serviço.

É de somenos importância saber quem ou qual órgão é o responsável pelo enfrentamento da crise jurídica, sendo relevante, isso sim, construir uma Política Pública eficaz na solução de controvérsias.

A tutela, portanto, poderá ser desempenhada pelo Poder Judiciário, mas também pelo Legislativo, Executivo e por agentes econômicos e sociais.

Não se quer dizer que as microlesões sempre deverão ser tuteladas fora do Poder Judiciário – não se podendo interpretar o aqui defendido como legitimador de exclusão dos mais pobres e necessitados da tutela jurisdicional. Pelo contrário, no atual cenário jurídico inexiste programa que efetivamente tutele os direitos dos mais necessitados de forma barata, célere e justa, relegando-os à ausência de satisfação dos direitos materiais prometidos pelo legislador – a finalidade não é fazer uma justiça mais pobre, mas torná-la acessível a todos, inclusive e especialmente aos pobres.[417]

Cappelletti ensina que o acesso à justiça deve ser encarado como requisito fundamental – o mais básico dos direitos humanos – de um sistema jurídico moderno e igualitário que pretenda garantir, e não apenas proclamar, os direitos de todos.[418]

Ocorre que, na prática, o acesso à justiça concretizado pela gratuidade de justiça e pela Defensoria Pública pouco podem contribuir se o litígio envolve microlesões, para as quais a ausência ao trabalho, o custo de passagem e alimentação, a ausência de local adequado para deixar o filho e outras variáveis impossibilitam a busca por atendimento.

Além de constitucional, é recomendável que a própria sociedade resolva seus conflitos, buscando o Estado e o Judiciário apenas quando os meios sociais se mostrarem insuficientes. O reconhecimento da capacidade social de resolver os conflitos internamente é escopo da democracia no viés de reconhecimento do outro.[419]

---

[417] CAPPELLETTI; GARTH. Op. cit., p. 160.

[418] Ibid., p. 12.

[419] *La mediación es, esencialmente, un procedimiento democrático porque rompe, disuelve los marcos de referencia de la certeza determinados por el conjunto normativo. Es democrática porque acoge el desorden – y, por consiguiente, el conflicto – como posibilidad positiva de evolución social. Es democrática en cuanto al fundamento de la relación de uno con otro. Es una apuesta por la diferencia entre el tratamiento de los conflictos de manera tradicional (Estado productor de regulación y de jurisdicción, único medio de respuesta) para una estrategia que tenga como base un Derecho inclusivo.* (SPENGLER, Fabiana Marion. Mediação e Alteridade: a necessidade de 'inovações comunicativas' para lidar com a atual (des)ordem conflitiva. *In*: SPENGLER,

A visão do Estado soberano e paternal é ideia fora de lugar na sociedade globalizada e cada vez mais consciente de seus direitos. Cabe ao Judiciário resolver os conflitos para os quais foi desenhado, reconhecendo que não são todos os conflitos que devem ser examinados, prioritariamente, pelo juiz togado.

O dogma de que a lei representa fielmente os interesses da sociedade perde força diante da crise de representatividade do Legislativo e do espúrio sistema do Presidencialismo de Coalização, no qual o chefe do Executivo tem sua governabilidade apoiada na concessão de cargos e liberação de emendas, e não na legitimidade derivada do voto da maioria dos cidadãos. Por sua vez, o excesso de trabalho faz com que os juízes decidam em lote – às vezes sem ler o processo ou entender as teses discutidas – rompendo com a concepção do juiz-Hércules, capaz de conhecer as leis, os fatos e decidir conforme a justiça.

No contexto de crise de legitimidade dos três Poderes, a natureza plurinacional da sociedade deve reconhecer a existência de mais de um projeto legítimo de vida correta e boa e exigir que o Poder Público se abstenha de intervir quando o núcleo social dispõe de meios adequados de resolver seus próprios litígios.

Neste trabalho, foram enfrentados diversos institutos que podem servir à Política Pública de Efetivação das Microlesões, desde técnicas processuais e extraprocessuais dentro do Poder Judiciário, passando por técnicas estatais não jurisdicionais e técnicas não estatais.

Se fosse determinada a escolha de um só instituto entre os apresentados, sem sombra de dúvida – inclusive pela tecnologia disponível e pela admissibilidade mais palatável no ambiente de acesso irrestrito ao Judiciário –, a opção recairia sobre a MCOL (ajuizamento de ação *online*) que, adaptado ao sistema do PJe 2.0, permitiria que a crise de satisfação fosse formalizada por um sistema público *online* e encaminhada diretamente ao réu. Somente se frustrada a satisfação do crédito a ação seria distribuída ao Judiciário, aproveitando as peças e provas produzidas extrajudicialmente, permitindo a intervenção da Justiça Estatal apenas após a tentativa – ainda que célere – da resolução extrajudicial da controvérsia.

O tema da Política Pública de Tratamento Adequado dos Conflitos de Interesses é demasiadamente recente, exigindo grande amadurecimento das instituições públicas e privadas no debate do assunto em contexto geral e sobre a tutela jurídica das microlesões, em particular.

Fabiana Marion; LUCAS, Doglas César (orgs.). *Justiça Restaurativa e Mediação*: políticas públicas no tratamento dos conflitos sociais. Rio Grande do Sul: Unijuí, 2011. p. 215)

REFERÊNCIAS

AGORA NO PLANALTO. *Pronunciamento sobre a redução da tarifa de energia elétrica.* Disponível em: https://www.youtube.com/watch?v=vab0_LlItD8. Acesso em: 21 mar. 2022.

AGUIAR, Marcus Pinto. *Acesso à Justiça nos sistemas internacionais de proteção de direitos humanos*: Primeira condenação do Brasil na Corte Interamericana de Direitos Humanos: caso Ximenes Lopes versus Brasil. Rio de Janeiro: Lumen Iuris, 2017.

ALBUQUERQUE, Paulo; ARAÚJO, Gisele; AZEVEDO, Rodrigo. *Curso de Sociologia Jurídica.* Rio de Janeiro: Forense, 2011.

ALEGRE, Carlos. *Acesso ao Direito e aos Tribunais.* Coimbra: Almedina, 1989.

ALEXANDRE, Moret. *Le nil et la civilisation égyptienne.* Paris: La Renaissance du Livre, 1926.

ALMEIDA. Gustavo Milaré. *Execução de interesses individuais homogêneos*: análise crítica e propostas. 2012. Tese (Doutorado em Processo Civil) – Universidade de São Paulo, São Paulo, 2012.

ALTROCONSUMO. *Fai confessar la tua auto.* Disponível em: https://www.youtube.com/watch?v=qwT7TzBH808. Acesso em: 21 jul. 2017.

AMAM MOEMA. *Associação dos Moradores e Amigos de Moema.* Disponível em: https://www.facebook.com/AMAM.MOEMA/. Acesso em: 21 mar. 2022.

AMATO, Fábio. Relatório do TCU pede devolução de R$ 7 bi por erros em conta de luz. *G1,* Brasília, 2012. Disponível em: http://g1.globo.com/economia/noticia/2012/08/relatorio-pede-devolucao-de-r-7-bilhoes-cobrados-em-conta-de-luz.html. Acesso em: 30 abr. 2014.

ANÁLISE: "o Estado brasileiro não cabe no PIB", diz Giannetti. *Informe Paraná Cooperativo,* 19 ago. 2014. Disponível em: http://www.paranacooperativo.coop.br/ppc/index.php/sistema-ocepar/comunicacao/2011-12-07-11-06-29/ultimas-noticias/100480-analise-qestado-brasileiro-nao-cabe-no-pibq-diz-giannetti. Acesso em: 21 mar. 2022.

ANDREWS, Neil. *O moderno processo civil: formas judiciais e alternativas de resolução de conflitos da Inglaterra.* Trad. Teresa Arruda Alvim Wambier. São Paulo: Revista dos Tribunais, 2009.

ANDRIGHI, Nancy; FOLEY, Gláucia Falsarella. *Sistema multiportas*: o Judiciário e o consenso. *In*: IBDFAM. 14 jul. 2008. Disponível em: https://bityli.com/sEnPxI. Acesso em: 24 mar. 2022.

ANEEL devolverá imediatamente valores cobrados a mais na conta de luz de 2016. *Estadão,* mar. 2022. Disponível em: https://www.jornaldocomercio.com/_conteudo/2017/03/economia/551576-aneel-devolvera-imediatamente-valores-cobrados-a-mais-na-conta-de-luz-em-2016.html. Acesso em: 21 mar. 2022.

ANNONI, Danielle. Acesso à justiça e direitos humanos: A emenda constitucional 45/2004 e a garantia à razoável duração do processo. *Revista de Direitos Fundamentais e Democracia,* v. 2, 2007.

ARAÚJO, Luiz Paulo da Silva. *Ações coletivas*: a tutela jurisdicional dos direitos individuais homogêneos. Rio de Janeiro: Forense, 2000.

ARDITO, Wilfredo. Right to Self-Regulation in Peru. *Comission on Legal Pluralism*, v. 39. Disponível em: http://commission-on-legal-pluralism.com/volumes/39/ardito-art.pdf. Acesso em: 15 jul. 2017.

ARENHART, Sérgio Cruz. *A tutela de direitos individuais homogêneos e as demandas ressarcitórias em pecúnia*. Disponível em: https://www.academia.edu/214089/A_TUTELA_DE_DIREITOS_INDIVIDUAIS_HOMOG%C3%8ANEOS_E_AS_DEMANDAS_RESSARCIT%C3%93RIAS_EM_PEC%C3%9ANIA. Acesso em: 8 dez. 2017.

ARGUELHES, Diego Werneck; LEAL, Fernando. O argumento das "capacidades institucionais" entre a banalidade, a redundância e o absurdo. PUC. *Revista de Direito*, n. 38, p. 7, Rio de Janeiro, 2012. Disponível em: http://direitoestadosociedade.jur.puc-rio.br/media/01_Arguelhes_Leal.pdf. Acesso em: 18 jul. 2017.

ARISTÓTELES. *A Política*. São Paulo: Martin Claret, 2006.

ARRUDA, Alvim. *Manual de Direito Processual Civil*. 16. ed. São Paulo: Revista dos Tribunais, 2013.

ASSOCIAÇÃO BAIANA DE MEDIAÇÃO E ARBITRAGEM. Disponível em: https://www.linkedin.com/in/asbama-arbitragem-106559142/?originalSubdomain=br. Acesso em: 21 mar. 2022.

ASSOCIAÇÃO BRASILEIRA DAS INDÚSTRIAS DE REFIREGRANTES E DE BEBIDAS NÃO ALCÓOLICAS (ABIR). *Posicionamentos*: Rotulagem. Disponível em: https://abir.org.br/posicionamentos/. Acesso em: 2 ago. 2017.

ASSOCIAÇÃO DE SUPERMERCADOS DE BRASÍLIA (ASBRA). *Campanha bonifica consumidores que encontrem produtos vencidos*. Disponível em: http://www.asbra.com.br/noticia/campanha-bonifica-consumidores-que-encontrarem-produtos-vencidos. Acesso em: 2 ago. 2017.

ASSOCIAÇÃO NACIONAL DOS DEFENSORES PÚBLICOS (ANADEP). *Regras de Brasília sobre acesso à Justiça das pessoas em condição de vulnerabilidade*. Disponível em: https://www.anadep.org.br/wtksite/100-Regras-de-Brasilia-versao-reduzida.pdf. Acesso em: 19 jul. 2017.

AUSTRÁLIA. Administrative Appeals Tribunal. *Neutral Evaluation Process Model*. Disponível em: https://www.aat.gov.au/AAT/media/AAT/Files/ADR/Neutral-Evaluation-process-model.pdf. Acesso em: 21 mar. 2022.

BACKHAUS, Jürgen G.; CASSONE, Alberto; RAMELLO, Giovanni B. *The law and economics of class action in Europe*: lessons from America. Massachusetts: Edward Elgar Publishing Limited, 2012.

BANCO MUNDIAL. *O Setor Judiciário na América Latina e no Caribe*: elementos para reforma. Trad. Sandro Eduardo Sardá. Estados Unidos: 1996. Disponível m: http://www.anamatra.org.br/uploads/document/00003439.pdf. Acesso em: 3 jun. 2016.

BARBI, Celso Agrícola. *Tutela jurisdicional diferenciada e efetividade do processo*. São Paulo: Revista dos Tribunais, 2000.

BARBOSA, Patrícia Maria da Silva. Marcas Coletivas e Marcas de Certificação: marcas de uso coletivo. *In*: PIMENTEL, Luiz Otávio; SIVAL, Adalberto Lincoln (org.). *Curso de propriedade intelectual & inovação no agronegócio*: módulo II, indicação geográfica – Ministério da Agricultura, Pecuária e Abastecimento. 4. ed. Florianópolis: Mapa, 2013. p. 83-84. Disponível em: https://www.gov.br/agricultura/pt-br/assuntos/sustentabilidade/indicacao-geografica/arquivos-publicacoes-ig/livro-curso-de-propriedade-intelecual-inovacao-no-agronegocio-modulo-ii-indicacao-geografica.pdf/view. Acesso em: 21 mar. 2022.

BARBUGIANI, Luiz Henrique Sormani. *Ações Coletivas Passivas*: reflexões sobre sua aplicação ao processo do trabalho no sistema jurídico brasileiro. Disponível em: https://gredos.usal.es/jspui/bitstream/10366/133057/1/DDAFP_SormaniBarbugianiLH_AccionesColetivas.pdf. Acesso em: 1º dez. 2017.

BARROSO, Luís Roberto. *Correios*: sustentação oral do Prof. Luís Roberto Barroso. Disponível em: https://www.youtube.com/watch?v=OcN0RGUlb7o. Acesso em: 13 nov. 2017.

BARROSO, Luís Roberto. *O Direito Constitucional e a efetividade de suas normas*. 9. ed. Rio de Janeiro: Renovar, 2009.

BASSETO, Maria do Carmo L.T. R. *Democratização do acesso à justiça*: análise dos juizados especiais federais itinerantes na Amazônia legal brasileira. 2015. Dissertação (Mestrado em Processo Civil) – Faculdade de Direito do Sul de Minas, Minas Gerais, 2015.

BASSO, Maristela. Lei nova revitaliza a arbitragem no Brasil como método alternativo-extrajudicial de solução de conflitos de interesses. *Revista dos Tribunais*, São Paulo, v. 733, 1996.

BEDAQUE, José Roberto dos Santos. *Efetividade do Processo e técnica processual*. 2. ed. São Paulo: Malheiros, 2007.

BEHRING, Elaine Rossetti. *Brasil em Contrarreforma*: desestruturação do Estado e perda de direitos. São Paulo: Cortez, 2003.

BELING, Fernanda. *Os 10 maiores canais do YouTube*: Organizamos algumas listas com os 10 maiores canais do YouTube por diferentes perspectivas. Disponível em: https://www.oficinadanet.com.br/post/13911-os-10-maiores-canais-do-youtube. Acesso em: 21 mar. 2022.

BENETI, Sidnei Agostinho. Demora Judiciária e Acesso à Justiça. *Revista dos Tribunais*, São Paulo, v. 715, 1995.

BERGEN, Mark; MAYES, Joe. Êxodo de anunciantes aprofunda crise de propaganda do Google. *Exame*, mar. 2017. Disponível em: http://exame.abril.com.br/marketing/exodo-de-anunciantes-aprofunda-crise-de-propaganda-do-google/. Acesso em: 29 jul. 2017.

BERIZONCE, Roberto Omar. El problema de la ineficiencia del sistema judicial: algunas propuestas de solución. *Revista de Estudos Constitucionais, Hermenêutica e Teoria do Direito (RECHTD)*, n. 122-133, Rio Grande do Sul, 2009.

BERIZONCE, Roberto, GRINOVER, Ada Pellegrini, SOSA, Angel Landoni. *Código Modelo de Processos Coletivos para Ibero-América*: Exposição de motivos. Disponível em: https://www5.pucsp.br/tutelacoletiva/download/codigomodelo_exposicaodemotivos_2_28_2_2005.pdf. Acesso em: 21 mar. 2022.

BEZERRA, Paulo Cesar Santos. *Acesso à Justiça*: Um problema ético-social no plano da realização do direito. Rio de Janeiro: Renovar, 2001.

BINGHAM, Tony. Adjudication. Disponível em: http://www.nec-adjudicators.org/judgments. Acesso em: 4 jun. 2017.

BONE, Robert G. Rethinking the "day in court" ideal and nonparty preclusion. *New York University Law Review*, Nova York, v. 67, p. 193-293, 1992.

BRASIL. Agência Nacional de Energia Elétrica (ANEEL). *ANEEL aprova ajuste para reversão do encargo de Energia de Reserva*. Disponível em: http://www.aneel.gov.br/sala-de-imprensa-exibicao-2/-/asset_publisher/zXQREz8EVlZ6/content/aneel-aprova-processo-de-ajuste-para-reversao-do-encargo-de-energia-de-reserva/656877?inheritRedirect=fal se. Acesso em: 2 ago. 2017.

BRASIL. Agência Nacional de Saúde Suplementar (ANS). *Operadoras com registro ativo*: jan. 2022. Disponível em: http://www.ans.gov.br/anstabnet/cgi-bin/tabnet?dados/tabnet_03a. def. Acesso em: 21 mar. 2022.

BRASIL. *Índice de Reclamações*. Disponível em: http://www.ans.gov.br/espaco-da-qualidade/indice-de-reclamacoes. Acesso em: 2 ago. 2017.

BRASIL. *Resolução extrajudicial de conflito entre consumidores e operadoras de planos de saúde: NIP*. Disponível em: http://www.ans.gov.br/images/stories/noticias/pdf/20151027_Flavia_Resolucao_Extrajudicial_de_Conflitos_entre_Consumidores_e_Operadoras_de_plano_de_SaudeNIP.pdf. Acesso em: 2 ago. 2017.

BRASIL. *Resolução Normativa: RN nº 388, de 25 de novembro de 2015*. Dispõe sobre os procedimentos adotados pela Agência Nacional de Saúde Suplementar – ANS para a estruturação e realização de suas ações fiscalizatórias. Disponível em: http://www.ans. gov.br/component/legislacao/?view=legislacao&task=PDFAtualizado&format=raw&id =MzEzNg==. Acesso em: 2 ago. 2017.

BRASIL. Agência Nacional de Vigilância Sanitária (Anvisa). *Nota sobre fosfoetanolamina como "suplemento alimentar"*. Disponível em: http://portal.anvisa.gov.br/noticias/-/asset_publisher/FXrpx9qY7FbU/content/nota-sobre-fosfoetanolamina-como-suplemento-alimentar-/219201/pop_up?_101_INSTANCE_FXrpx9qY7FbU_viewMode=print&_101_INSTANCE_FXrpx9qY7FbU_languageId=pt_BR. Acesso em: 31 jul. 2017.

BRASIL. Banco Central (Bacen). *Res. 4.433/15*. Disponível em: https://www.bcb.gov. br/pre/normativos/busca/downloadNormativo.asp?arquivo=/Lists/Normativos/Attachments/48509/Res_4433_v1_O.pdf. Acesso em: 29 nov. 2017.

BRASIL. *Seja bem-vindo(a) ao Sistema Valores a Receber (SVR)*. Disponível em: https:// valoresareceber.bcb.gov.br/. Acesso em: 20 mar. 2022.

BRASIL. Câmara dos Deputados. *Projeto de Lei nº 1.950/83:* Dispõe sobre a criação e funcionamento do Juizado Especial de Pequenas Causas. Disponível em: http://www. camara.gov.br/proposicoesWeb/prop_mostrarintegra;jsessionid=BD1E001BDF04A58 40CA323694552E800.proposicoesWebExterno1?codteor=1164985&filename=Dossie+-PL+1950/1983. Acesso em: 13 nov. 2017.

BRASIL. *Projeto de Lei nº 1.950/83*: Dispõe sobre a criação e funcionamento do Juizado Especial de Pequenas Causas. Disponível em: http://www.camara.gov.br/proposicoesWeb/prop_mostrarintegra;jsessionid=BD1E001BDF04A5840CA323694552E800.proposicoesW ebExterno1?codteor=1164985&filename=Dossie+-PL+1950/1983. Acesso em: 13 nov. 2017.

BRASIL. Conselho Administrativo de Defesa Econômica (Cade). *Ecad e associações de direitos autorais são condenadas por formação de cartel*. Disponível em: https://www.gov.br/cade/pt-br/assuntos/noticias/ecad-e-associacoes-de-direitos-autorais-sao-condenadas-por-formacao-de-cartel. Acesso em: 22 mar. 2022.

BRASIL. Conselho Nacional de Justiça (CNJ). *100 maiores litigantes*. Brasília, CNJ: 2012. Disponível em: https://www.cnj.jus.br/wp-content/uploads/2011/02/100_maiores_litigantes.pdf. Acesso em: 25 mar. 2022.

BRASIL. *CNJ delimita atuação de juiz leigo*. Disponível em: https://www.cnj.jus.br/cnj-delimita-atuacao-de-juiz-leigo/. Acesso em: 22 mar. 2022.

REFERÊNCIAS | 205

BRASIL. *Demandas Repetitivas e a Morosidade na Justiça Cível Brasileira*. Brasília: 2011. p. 20. Disponível em: https://www.cnj.jus.br/wp-content/uploads/2011/02/pesq_sintese_morosidade_dpj.pdf. Acesso em: 25 mar. 2022.

BRASIL. *Estudo Comparado Sobre Recursos, Litigiosidade e Produtividade*: a prestação jurisdicional no contexto internacional. Brasília: 2011. p. 16 Disponível em: https://bibliotecadigital.cnj.jus.br/jspui/handle/123456789/92. Acesso em: 25 mar. 2022.

BRASIL. *Justiça em Números 2015*. Disponível em: https://www.cnj.jus.br/pesquisas-judiciarias/justica-em-numeros/. Acesso em: 25 mar. 2022.

BRASIL. *Justiça Pesquisa:* Perfil do acesso à justiça nos juizados especiais cíveis. Disponível em: https://www.cnj.jus.br/wp-content/uploads/2011/02/b5b551129703bb15b4c14bb3 5f359227.pdf. Acesso em: 22 mar. 2022.

BRASIL. Conselho Nacional de Justiça. *Perfil da Fixação de Custas Judiciais no Brasil e Análise Comparativa da Experiência Internacional*. Brasília: CNJ, 2010. Disponível em: https://bibliotecadigital.cnj.jus.br/jspui/handle/123456789/112. Acesso em: 25 mar. 2022.

BRASIL. *PJe*. Disponível em: http://www.cnj.jus.br/wiki/index.php/P%C3%A1gina_principal. Acesso em: 2 ago. 2017.

BRASIL. *Plano Estratégico do Conselho Nacional de Justiça para o período de 2015-2020*. Disponível em: http://www.cnj.jus.br/files/atos_administrativos/portaria-n167-15-12-2015-presidncia.pdf. Acesso em: 3 jul. 2016.

BRASIL. *Res. 125, de 29 de novembro de 2010*: Dispõe sobre a Política Judiciária Nacional de tratamento adequado dos conflitos de interesses no âmbito do Poder Judiciário e dá outras providências. Disponível em: https://atos.cnj.jus.br/files/resolucao_125_29112010_03042019145135.pdf. Acesso em: 26 mar. 2022.

BRASIL. *Tribunais de Justiça contratam juízes leigos para reforçar Juizados Especiais*. Disponível em: https://www.cnj.jus.br/tribunais-de-justica-contratam-juizes-leigos-para-reforcar-juizados-especiais/. Acesso em: 22 mar. 2022.

BRASIL. Consumidor.gov. *Indicadores*. Disponível em: https://www.consumidor.gov.br/pages/dadosabertos/externo/. Acesso em: 24 fev. 2022.

BRASIL. *Perguntas Frequentes*. Disponível em: https://www.consumidor.gov.br/pages/conteudo/publico/3. Acesso em: 6 jun. 2017.

BRASIL. *Sobre o serviço*. Disponível em: https://www.consumidor.gov.br/pages/conteudo/sobre-servico. Acesso em: 6 jun. 2017.

BRASIL. Instituto Brasileiro de Geografia e Estatística (IBGE). *Brasil em Números: 2015*. Rio de Janeiro, 2015.

BRASIL. *Características da Vitimização e do Acesso à Justiça no Brasil: 2009*. Disponível em: http://www.ibge.gov.br/home/estatistica/populacao/ vitimizacao_acesso_justica_2009/pnad vitimizacao.pdf. Acesso em: 3 jul. 2016.

BRASIL. Instituto de Pesquisa Econômica Aplicada (Ipea). *Capacidades estatais e Democracia*: arranjos institucionais de Políticas Públicas. Disponível em: http://www.ipea.gov.br/portal/images/stories/PDFs/livros/capacidades_estatais_e_democracia_web.pdf. Acesso em: 18 jul. 2017.

BRASIL. Instituto de Pesquisa Econômica Aplicada (Ipea). *Comunicado nº 83*: Custo unitário do processo de execução fiscal na Justiça Federal. 2011. Disponível em: http://www.ipea.gov.br/portal/images/stories/PDFs/comunicado/110331_comunicadoipea83.pdf. Acesso em: 3 jul. 2016.

BRASIL. Instituto de Pesquisa Econômica Aplicada (Ipea). *Custo e tempo do processo de execução fiscal promovido pela Procuradoria Geral da Fazenda Nacional:* Comunicado 127. Brasília: Ipea, 2012. Disponível em: http://www.ipea.gov.br/portal/images/stories/PDFs/ comunicado/120104_comunicadoipea127ppt.pdf. e http://www.ipea.gov.br/portal/images/ stories/PDFs/comunicado/120103_comunicadoipea127.pdf. Acesso em: 13 jun. 2017.

BRASIL. *Custo e tempo do processo de execução fiscal promovido pela Procuradoria Geral da Fazenda Nacional:* Nota Técnica. Brasília: Ipea, 2011. Disponível em: http://www.ipea. gov.br/agencia/images/stories/PDFs/nota_tecnica/111230_notatecnicadiest1.pdf. Acesso em: 13 jun. 2017.

BRASIL. Instituto de Pesquisa Econômica Aplicada (Ipea). *Capacidades estatais e Democracia:* arranjos institucionais de Políticas Públicas. Disponível em: http://www.ipea.gov.br/ portal/images/stories/PDFs/livros/capacidades_estatais_e_democracia_web.pdf. Acesso em: 18 jul. 2017.

BRASIL. Consumidor.gov. *Indicadores.* Disponível em: https://www.consumidor.gov.br/ pages/dadosabertos/externo/. Acesso em: 24 fev. 2022.

BRASIL. Instituto Brasileiro de Geografia e Estatística (IBGE). *Brasil em Números: 2015.* Rio de Janeiro: IBGE, 2015.

BRASIL. Justiça e Segurança Pública. *Fundo de Direitos Difusos:* arrecadação. Disponível em: https://legado.justica.gov.br/seus-direitos/consumidor/direitos-difusos/arrecadacao-1. Acesso em: 23 mar. 2022.

BRASIL. *Fundo de Direitos Difusos:* projetos conveniados. Disponível em: https://legado. justica.gov.br/seus-direitos/consumidor/direitos-difusos/projetos-conveniados-1. Acesso em: 23 mar. 2022.

BRASIL. Ministério da Justiça. O desenho de sistema de resolução alternativa de disputadas para conflitos de interesse público. *Série Pensando o Direito,* São Paulo, v. 38, 2010.

BRASIL. *Portaria nº 75, de 22 de março de 2012:* Dispõe sobre a inscrição de débitos na Dívida Ativa da União e o ajuizamento de execuções fiscais pela Procuradoria-Geral da Fazenda Nacional. Disponível em: http://normas.receita.fazenda.gov.br/sijut2consulta/ link.action?naoPublicado=&idAto=37631&visao=compilado. Acesso em: 26 mar. 2022.

BRASIL. Palácio do Planalto *Mensagem nº 56 de 16 de março de 2015.* Disponível em: http://www.planalto.gov.br/ccivil_03/_ato2015-2018/2015/Msg/VEP-56.htm. Acesso em: 24 jul. 2017.

BRASIL. Palácio do Planalto. *Pronunciamento sobre a redução da tarifa de energia elétrica.* Disponível em: https://www.youtube.com/watch?v=vab0_LlItD8. Acesso em: 30 abr. 2014.

BRASIL. Superior Tribunal de Justiça. 1º Seminário Ombudsman como forma de desjudicialização dos conflitos na relação de consumo. Disponível em: https://www. youtube.com/watch?v=Lu7pVItkgsU. Acesso em: 28 nov. 2017.

BRASIL. *1º Seminário Ombudsman como forma de desjudicialização dos conflitos na relação de consumo:* programa. Disponível em: http://www.stj.jus.br/static_files/STJ/Midias/arquivos/ Noticias/programa_ombudsman0909completo.pdf. Acesso em: 28 nov. 2017.

BRASIL. *AgRg no CC nº 104.714/PR.* 1ª Seção. Relator: Min. Herman Benjamin. Brasília, 12.08.09.

BRASIL. *AgRg no REsp nº 1.243.202/RS.* 4ª Turma. Relator: Min. Raul Araújo. Brasília, 24.08.13.

BRASIL. *Resp nº 1.095.385/SP*. 4ª Turma. Relator: Min. Aldir Passarinho Júnior. Brasília, 15.04.11.

BRASIL. *Resp nº 1.168.625/MG*. 1ª Seção. Relator: Min. Luiz Fux. Brasília, 09.06.10.

BRASIL. *Resp nº 1.353.801/RS*. 1ª Seção. Relator: Min. Mauro Campbell Marques. Brasília, 14.08.13.

BRASIL. *Resp nº 1.405.697/MG*. 3ª Turma. Relator: Min. Marco Aurélio Bellizze. Brasília, 17.09.15.

BRASIL. *Resp 1.599.142/SP*. 3ª Turma. Relatora: Min(a). Nancy Andrighi. Brasília, 25.09.18.

BRASIL. *Resp nº 969.097/DF*. 1ª Turma. Relator: Min. Luiz Fux. Brasília, 20.11.08.

BRASIL. Supremo Tribunal Federal. *ADI nº 2.225/SC*. Pleno. Relator: Min. Dias Toffoli. Brasília, 21.08.14.

BRASIL. *Repercussão Geral no Recurso Extraordinário nº 631.240/MG*. Pleno. Relator: Min. Joaquim Barbosa. Brasília, 09.12.10.

BRASIL. Tribunal Regional Federal da 1ª Região. *Processo nº 2008.34.00.010500-5*. 6ª Turma. Relator: Des. Fed. Kassio Nunes Marques. Disponível em: https://processual.trf1.jus.br/consultaProcessual/processo.php?proc=200834000105005&secao=TRF1&pg=1&enviar=Pesquisar. Acesso em: 21 mar. 2022.

BRASIL. Tribunal Regional Federal da 3ª Região. *Turmas Recursais do JEF divulgam a aprovação de 37 Súmulas*. Disponível em: http://web.trf3.jus.br/noticias/Noticias/Noticia/Exibir/274659. Acesso em: 11 dez. 2017.

BUENO, Cassio Scarpinela. *As class action norte-americanas e as ações coletivas brasileiras: pontos para uma reflexão conjunta*. São Paulo: Revista dos tribunais, 1996.

BULLION RATES. *Preços de metais preciosos*: preços atuais da prata em reais brasileiros (BRL). Disponível em: https://pt.bullion-rates.com/silver/BRL/spot-price.htm. Acesso em: 21 mar. 2022.

BUREAU EUROPÉEN DES UNIONS DE CONSOMMATERUS (BEUC). *Collective Redress*: where & how it works. Disponível em: http://www.beuc.eu/publications/2012-00308-01-e.pdf. Acesso em: 21 jul. 2017.

BUREAU EUROPÉEN DES UNIONS DE CONSOMMATERUS (BEUC). *Factsheet*: Collective Redress. Disponível em: http://www.beuc.eu/publications/beuc-x-2016-137_collective_redress_factsheet.pdf. Acesso em: 22 jul. 2017.

BUREAU EUROPÉEN DES UNIONS DE CONSOMMATERUS (BEUC). *Factsheet*: Dispute Resolution. Disponível em: http://www.beuc.eu/publications/beuc-x-2011-071_alternative_dispute_resolution_factsheet.pdf. Acesso em: 21 jul. 2017.

BUREAU EUROPÉEN DES UNIONS DE CONSOMMATERUS (BEUC). *The great fuel consumption scan*. Disponível em: http://www.beuc.eu/great-fuel-consumption-scam#theproblem. Acesso em: 20 jul. 2017.

BUSCAPÉ. *Lojas não recomendadas*. Disponível em: http://www.buscape.com.br/lojas-nao-recomendadas. Acesso em: 22 jul. 2017.

CABRAL, Antônio do Passo. O novo procedimento modelo (Musterverfahren) alemão: uma alternativa às ações coletivas. *Revista dos Tribunais*, São Paulo, v. 147, 2007.

CANADÁ. Ontario: Ministry of the Attorney General. *Chapter 4*: judicial case management, especially at the pre-trial stage. Disponível em: https://www.attorneygeneral.jus.gov.on.ca/english/about/pubs/lesage_code/chapter_4.php. Acesso em: 21 mar. 2022.

CAPILONGO, Celso Fernandes. Acesso à justiça e formas alternativas de resolução de conflitos: serviços legais em São Bernardo do Campo. *Revista Forense*, Rio de Janeiro, v. 315, p. 3-17, 1994.

CAPPELLETTI, Mauro; GARTH, Bryant. *Acesso à Justiça*. Trad. Ellen Gracie Northfleet. Porto Alegre: Fabris, 2002.

CAPPELLETTI, Mauro. O acesso dos consumidores à justiça. *Revista de Processo*, São Paulo: Revista dos Tribunais, 1991.

CARVALHO FILHO, José dos Santos. *Manual de Direito Administrativo*. 20. ed. Rio de Janeiro: Lumen Juris, 2008.

CARVALHO, Sabrina Nasser de. *Processos coletivos e políticas públicas*: mecanismos para a garantia de uma prestação jurisdicional democrática. 2012. Dissertação (Mestrado em Processo Civil) – Universidade de São Paulo, São Paulo, 2012.

CASTELLO, Juliana Justo Botelho. *Litigância de massa*: ações e técnicas de agregação (estudo comparado ao sistema jurídico estadunidense). 2014. Tese (Doutorado em Processo Civil) – Universidade de São Paulo, São Paulo, 2014.

CASTELLS, Mannuel. *A sociedade em rede*. Trad. Roneide Venâncio Mayer. 3. ed. São Paulo: Paz e Terra, 2000.

CAVALIERI FILHO, Sergio. *Programa de Responsabilidade Civil*. 8. ed. São Paulo: Atlas, 2008.

CEBEPEJ. *Quem Somos*. Disponível em: http://www.cebepej.org.br/quem-somos.php. Acesso em: 21 mar. 2022.

CEBEPEJ. *Tutela Judicial dos Interesses Metaindividuais*: Ações Coletivas. Brasília: CEBEPEJ, 2007. Disponível em: http://www.cebepej.org.br/admin/arquivos/ 37d2eb26b555e0d 79b3ae989da1b3215.pdf. Acesso em: 21 mar. 2022.

CHAVES, Cristiano; ROSENVALD, Nelson. *Direito das Obrigações*. 3. ed. Rio de Janeiro: Lumen Juris, 2009.

CITIZENS ADVICE. *Alternatives to Court*: This information applies to England and Wales. Disponível em: https://www.citizensadvice.org.uk/consumer/get-more-help/Solve-an-ongoing-consumer-problem/. Acesso em: 21 mar. 2022.

CLASTRES, Pierre. *A sociedade contra o Estado*. São Paulo: CosacNaify, 2012.

COMPARATO, Fabio Konder. O Poder Judiciário no Regime Democrático. *Estudos Avançados*. São Paulo: Edusp, 2004. Disponível em: http://www.revistas.usp.br/eav/article/view/10004. Acesso em: 21 mar. 2022.

CONJUR. *Falsa garantia de indenização lota juizados em Brasília*. Disponível em: http://www.conjur.com.br/2007-jun-23/falsa_garantia_indenizacao_lota_juizados_brasilia. Acesso em: 21 mar. 2022.

CONJUR. *TJ paulista cria Turma de Uniformização nos Juizados*. Disponível em: https://www.conjur.com.br/2011-out-22/tj-sao-paulo-cria-turma-uniformizacao-juizados-especiais. Acesso em: 21 mar. 2022.

CONRADO, Maria do Carmo M. Mediação de conflitos, acesso à justiça e Defensoria Pública. *In*: SALES, Lilia Maia de Moraes (org.). *Estudos sobre Mediação e Arbitragem*. Rio de Janeiro/São Paulo/Fortaleza: ABC, 2003.

CONSELHO NACIONAL DE AUTORREGULAMENTAÇÃO PUBLICITÁRIA (CONAR). *Código Brasileiro de Autorregulamentação Publicitária*: Código e Anexos. Disponível em: http://www.conar.org.br/codigo/codigo.php. Acesso em: 21 mar. 2022.

CONSELHO NACIONAL DE AUTORREGULAMENTAÇÃO PUBLICITÁRIA (CONAR). *Regimento interno do Conselho de Ética: RICE*. Disponível em: http://www.conar.org.br/. Acesso em: 21 mar. 2022.

CONTA de luz terá desconto de até 19,5% em abril, por devolução de cobrança indevida. *G1*, Brasília, mar. 2017. Disponível em: http://g1.globo.com/economia/noticia/aneel-diz-que-consumidor-tera-valor-pago-a-mais-abatido-na-conta-de-luz-de-abril.ghtml. Acesso em: 21 mar. 2022.

CORNELL LAW SCHOLL. *Legal Information Institute*: Federal Rules of Civil procedure. Disponível em: https://www.law.cornell.edu/rules/frcp/rule_23. Acesso em: 21 mar. 2022.

CORREIA, Alessandra. Por que os EUA decidiram deixar de usar prisões privadas. *BBC Brasil*, ago. 2016. Disponível em: http://www.bbc.com/portuguese/internacional-37195944. Acesso em: 21 mar. 2022.

COSTA, Alexandre Araújo. Cartografia dos Métodos de Composição dos Conflitos. *In*: AZEVEDO, André Gomma de (org.). *Estudos em Arbitragem, Mediação e Negociação*. Brasília: Grupos de Pesquisa, 2003. p. 161-201. v. 3. Disponível em: http://www.arcos.org.br/livros/estudos-de-arbitragem-mediacao-e-negociacao-vol3/parte-ii-doutrina-parte-especial/cartografia-dos-metodos-de-composicao-de-conflitos. Acesso em: 3 jul. 2016.

COSTA, Diane. Na hora das compras, um olho no preço, outro na data de validade: Supermercados expõem produtos vencidos e dão um bom, de graça, ao cliente. *O Globo*. jul. 2016. Disponível em: https://oglobo.globo.com/economia/defesa-do-consumidor/na-hora-das-compras-um-olho-no-preco-outro-na-data-de-validade-16738659. Acesso em: 21 mar. 2022.

COSTA, Susana Henriques. Uma hipótese de *defendant class action* no CPC? O papel do Ministério Público na Efetivação do Contraditório nas demandas possessórias propostas em face de pessoas desconhecidas. *Revista de Processo*, São Paulo, v. 250, p. 315-337, 2015.

COURTIS, Christian. Estrategias de utilización de acciones de interés público en defensa de derechos económicos, sociales y culturales. *In*: GONZÁLEZ, Felipe; VIVEROS, Felipe. *Defensa Jurídica de Interés Público*: enseñanza, estrategias, experiencias. Chile: Escuela de Derecho Universidad Diego Portales, 1999. p. 95-127. v. 9.

COUTINHO, Diogo R. *Direito e economia política na regulação de serviços públicos*. São Paulo: Saraiva, 2014.

CRUZ, José Roberto Cruz e. *Lições de história do processo civil lusitano*. São Paulo: Revista dos Tribunais, 2009.

CUHA, Luciana Gross Siqueira. Acesso à Justiça e assistência jurídica em São Paulo. *In*: SADEK, Maria Tereza Aida (org.). *Acesso à Justiça*. São Paulo: Fundação Konrad Adenauer, 2000.

CUNHA, Luciana Gross Siqueira. *Juizado Especial*: criação, instalação, funcionamento e a democratização do acesso à justiça. São Paulo: Saraiva, 2008.

DAKOLIAS, Maria. *O setor judiciário na América Latina e no Caribe*: elementos para reforma. Trad. Sandro Eduardo Sardá. Estados Unidos: Banco Mundial, 1996. Disponível em: https://www.anamatra.org.br/attachments/article/24400/00003439.pdf. Acesso em: 21 mar. 2022.

DIAS, José Aguiar. *Da Responsabilidade Civil*. 10. ed. Rio de Janeiro: Forense, 1995.

DIDIER JÚNIOR, Fredie. *Curso de direito processual civil*: introdução ao direito processual civil e processo de conhecimento. 16. ed. Salvador: Juspodivm, 2014. v. 1.

DIDIER JÚNIOR, Fredie. Situações Jurídicas Coletivas Passivas. *Processos coletivos*, Porto Alegre, v. 1, n. 1, out. 2009. Disponível em: http://www.processoscoletivos.com.br/index.php/18-volume-1-numero-1-trimestre-01-10-2009-a-31-12-2009/78-situacoes-juridicas-coletivas-passivas. Acesso em: 21 mar. 2022.

DIDIER JÚNIOR, Fredie; ZANETTI Jr., Hermes. *Curso de direito processual civil*: Processo coletivo. 4. ed. Salvador: Juspodivm, 2009. v. 4.

DINAMARCO, Cândido Rangel. *A instrumentalidade do processo*. 8. ed. rev. atual. São Paulo: Malheiros, 2000.

DINAMARCO, Cândido Rangel. *Fundamentos do Processo Civil Moderno*. 6. ed. São Paulo: Malheiros, 2010.

DINAMARCO, Cândido Rangel. Superior Tribunal de Justiça e acesso a ordem jurídica justa. *In*: TEIXEIRA, Salvio de Figueiredo. *Recursos no Superior Tribunal de Justiça*. São Paulo: Saraiva, 1991.

DONIZETTI; Elpídio; CERQUEIRA, Marcelo Malheiros. *Curso de processo coletivo*. São Paulo: Atlas, 2010.

EBIT. *Prêmio Ebit*: melhores do *e-commerce*. Disponível em: https://ebit.com.br/premio-ebit. Acesso em: 21 mar. 2022.

EBIT. *Regulamento sorteios*: participe dos nossos sorteios. Disponível em: https://www.ebit.com.br/consumidor/regulamento-sorteio. Acesso em: 21 mar. 2022.

EBIT. *Reputação das lojas*: confira as avaliações dos usuários NielsenIQ Ebit. Disponível em: https://www.ebit.com.br/reputacao-de-lojas. Acesso em: 21 mar. 2022.

ECAD. *Distribuição de valores prescritos – créditos não identificados de 2009*. Disponível em: http://www.ubc.org.br/Anexos/Comunicados/a49315e0382c4f0aaa9d2ba9641e2810.pdf. Acesso em: 22 mar. 2022.

ECAD. *Distribuição dos direitos autorais provenientes da execução pública de músicas no canal de vídeos Youtube no Brasil*. Disponível em: ubc.org.br/Anexos/Comunicados/83d54c976 5604836a270f990a740f624.pdf. Acesso em: 22 mar. 2022.

ECAD. *O Ecad*. Disponível em: https://www3.ecad.org.br/o-ecad/Paginas/default.aspx. Acesso em: 22 mar. 2022.

ECAD. *O que o Brasil ouve*. Disponível em: https://www3.ecad.org.br/em-pauta/Documents/O%20que%20o%20Brasil%20Ouve%20-%20Streaming.pdf. Acesso em: 22 mar. 2022.

ECAD. *Quem somos*. Disponível em: https://www3.ecad.org.br/o-ecad/Paginas/default. aspx. Acesso em: 22 mar. 2022.

ECAD. *Regulamento de distribuição*. Disponível em: https://www3.ecad.org.br/eu-faco-musica/Documents/regulamento_de_distribuicao.pdf. Acesso em: 22 mar. 2022.

ECAD. *Relatório Anual 2020*. Disponível em: https://www3.ecad.org.br/o-ecad/resultados/Documents/relatorio-anual-2020.pdf. Acesso em: 22 mar. 2022.

ECAD. *Tabela de Preços*. Disponível em: https://www3.ecad.org.br/eu-uso-musica/tabela-de-precos/Paginas/default.aspx. Acesso em: 22 mar. 2022.

El REGIONAL PIURA. Dirigente de Rondas Campesinas de Ayhabaca es processado por presuntos delitos de abuso Y torturas. *El Regional Piura*, Peru nov. 2016. Disponível em: http://www.elregionalpiura.com.pe/index.php/regionales/152-otras-provincias/17606-dirigente-de-rondas-campesinas-de-ayabaca-es-procesado-por-presuntos-delitos-de-abuso-y-torturas. Acesso em: 21 mar. 2022.

ERBSEN, Allan. From "predominance" to "resolvabiltiy": a new approach to regulating class action. *Vanderbilt Law Review*, Estados Unidos, v. 58, p. 995-1081, 2005. Disponível em: https://scholarship.law.umn.edu/cgi/viewcontent.cgi?referer=https://www.google.com.br/&httpsredir=1&article=1425&context=faculty_articles. Acesso em: 21 mar. 2022.

ESPANHA, Boletín oficial del Estado. *Modelo normalizado de solicitude de conciliación*: artículo 141.1 de la ley 15/2015, de 2 de julio, de jurisdicción voluntaria. Disponível em: https://www.boe.es/boe/dias/2016/01/28/pdfs/BOE-A-2016-783.pdf. Acesso em: 21 mar. 2022.

ESQUIVEL, Stephen-Mathis. *Pedro Bial entrevista o médico e escritor Drauzio Varella no Conversa com Bial em 12/05/2017*. Disponível em: https://www.youtube.com/watch?v=JYRS5Pc493E. Acesso em: 21 mar. 2022.

ESTADOS UNIDOS. Northern District of California. *Early Neutral Evaluation (ENE)*. Disponível em: http://www.cand.uscourts.gov/ene. Acesso em: 21 mar. 2022.

ESTADOS UNIDOS. NY Courts. *2014-2015 Annual Report*. Disponível em: https://www.nycourts.gov/ip/adr/Publications/Annual_Reports/2014-15_CDRCP_AR.pdf. Acesso em: 21 mar. 2022.

ESTADOS UNIDOS. NY Courts. *Administrative Rules of the Unified Court System & Uniform Rules of the Trial Courts*. Disponível em: https://www.nycourts.gov/rules/chiefadmin/116.shtml. Acesso em: 21 mar. 2022.

ESTADOS UNIDOS. NY Courts. NY Courts. *Article 21-A*: Community dispute Resolution Centers Program. Disponível em: http://ww2.nycourts.gov/sites/default/files/document/files/2018-07/Article21A.pdf. Acesso em: 21 mar. 2022.

ESTADOS UNIDOS. NY Courts. *City Small Claims Court*: Court Fees in the New York City Civil Court. Disponível em: https://www.nycourts.gov/COURTS/nyc/smallclaims/fees.shtml. Acesso em: 21 mar. 2022.

ESTADOS UNIDOS. NY Courts. *Community Dispute Resolution Centers Program (CDRCP)*. Disponível em: https://www.nycourts.gov/ip/adr/cdrc.shtml. Acesso em: 21 mar. 2022.

ESTADOS UNIDOS. NY Courts. *Community Dispute Resolution Centers Program*: Annual Report 2013-2014. Disponível em: http://www.nycourts.gov/ip/adr/Annual Report_2013-14.pdf. Acesso em: 21 mar. 2022.

ESTADOS UNIDOS. NY Courts. *Community Dispute Resolution Centers Program*: Statistical Supplement. Disponível em: https://www.nycourts.gov/ip/adr/Publications/Statistical_Supplement/2015-2016CDRC_SS.pdf. Acesso em: 21 mar. 2022.

ESTADOS UNIDOS. NY Courts. *New York City Small Claims Court*: Court Services. Disponível em: https://www.nycourts.gov/COURTS/nyc/smallclaims/services.shtml. Acesso em: 21 mar. 2022.

ESTADOS UNIDOS. NY Courts. *New York City Small Claims Court*: In General. Disponível em: https://www.nycourts.gov/COURTS/nyc/smallclaims/general.shtml. Acesso em: 21 mar. 2022.

ESTADOS UNIDOS. NY Courts. *Your guide to small claims & commercial small claims in*: New York City, Nassau County and Suffolk County. Disponível em: https://www.nycourts.gov/COURTS/nyc/SSI/pdfs/smallclaims.pdf. Acesso em: 21 mar. 2022.

ESTADOS UNIDOS. Online Sunshine. *The 2017 Florida Statutes*: Insurance rates and contracts. Disponível em: http://www.leg.state.fl.us/statutes/index.cfm?App_mode=Display_Statute&Search_String=&URL=0600-0699/0627/Sections/0627.7074.html. Acesso em: 21 mar. 2022.

ESTADOS UNIDOS. The Judicial Branch of Arizona. *Arbitration guide*. Disponível em: https://www.superiorcourt.maricopa.gov/SuperiorCourt/CivilDepartment/Arbitration/index.asp. Acesso em: 21 mar. 2022.

ESTADOS UNIDOS. The Judicial Branch of Arizona. *Questions and Answers*. Disponível em: https://www.superiorcourt.maricopa.gov/SuperiorCourt/CivilDepartment/docs/ArbitPacket.pdf. Acesso em: 21 mar. 2022.

EUA voltarão a ter prisões federais administradas pela iniciativa privada. *O Estado de São Paulo*, fev. 2017. Disponível em: http://internacional.estadao.com.br/noticias/geral,eua-voltarao-a-ter-prisoes-federais-administradas-pela-iniciativa-privada,70001678088. Acesso em: 21 mar. 2022.

EUROPA. *Convenção Europeia dos Direitos do Homem*. Disponível em: http://www.echr.coe.int/Documents/Convention_POR.pdf. Acesso em: 21 mar. 2022.

EUROPA. European E-justice. *Acções de Pequeno Montante*: Alemanha. Disponível em: https://e-justice.europa.eu/354/PT/small_claims?GERMANY&clang=pt. Acesso em: 24 mar. 2022.

EUROPA. European E-justice. *Acções de pequeno montante*: Espanha. Disponível em: https://e-justice.europa.eu/content_small_claims-42-es-pt.do?member=1. Acesso em: 21 mar. 2022.

EUROPA. European E-justice. *Acções de pequeno montante*: Itália. Disponível em: https://e-justice.europa.eu/content_small_claims-42-it-pt.do?member=1. Acesso em: 21 mar. 2022.

EUROPA. European E-justice. *Acções de pequeno montante*: Portugal. Disponível em: https://e-justice.europa.eu/content_small_claims-42-pt-pt.do?member=1#toc_1_9. Acesso em: 21 mar. 2022.

EUROPA. European E-justice. Acções de pequeno montante. Disponível em: https://e-justice.europa.eu/content_small_claims-297-pt.do. Acesso em: 21 mar. 2022.

EUROPA. European E-justice. *Custas Judiciais*. Disponível em: https://e-justice.europa.eu/content_costs_of_proceedings-37-pt.do?init=true. Acesso em: 21 mar. 2022.

EUROPA. European E-justice. *Demandas de escasa cuantía*: Espanha. Disponível em: https://e-justice.europa.eu/content_small_claims-42-es-pt.do?clang=es#toc_1_9. Acesso em: 21 mar. 2022.

EUROPA. European E-justice. *Small claims*: England and Wales. Disponível em: https://e-justice.europa.eu/content_small_claims-42-ew-pt.do?clang=en#toc_1_9. Acesso em: 21 mar. 2022.

EUROPA. Online Dispute Resolution. *Reports and statistics*: number of complaints by country. Disponível em: https://ec.europa.eu/consumers/odr/main/?event=main.statistics.show#ComplaintSectors. Acesso em: 23 mar. 2022.

EUROPA. Online Dispute Resolution. *Reports and statistics*: number of complaints by country. Disponível em: https://ec.europa.eu/consumers/odr/main/?event=main.statistics.show. Acesso em: 21 mar. 2022.

REFERÊNCIAS | 213

FALCÃO, Joaquim de Arruda. Democratização e Serviços Legais. *In*: FARIA, José Eduardo. (org.). *Direito e Justiça*: a função social do judiciário. São Paulo: Ática, 1989.

FARIA, José Eduardo (org.). *Direito e Justiça*: a função social do judiciário. São Paulo: Ática, 1989.

FARIA, José Eduardo. Direitos humanos e globalização econômica: notas para uma discussão. *Estudos Avançados*, São Paulo, v. 11, 1997. Disponível em: http://www.revistas. usp.br/eav/article/view/8994/10546. Acesso em: 21 mar. 2022.

FEBRABAN. *A Febraban*. Disponível em: https://portal.febraban.org.br/pagina/3031/9/ pt-br/institucional. Acesso em: 21 mar. 2022.

FELICIANO, Guilherme Guimarães. *O modelo de Stuttgart e os poderes assistenciais do juiz*: origens históricas do "Processo Social" e as intervenções intuitivas no processo do trabalho. Disponível em: https://www.cidp.pt/revistas/ridb/2014/04/2014_04_02717_02 752.pdf. Acesso em: 23 mar. 2022.

FENASAÚDE. *A FenaSaúde*. Disponível em: https://fenasaude.org.br/conheca-a-fenasaude/a-federacao/a-fenasaude.html. Acesso em: 21 mar. 2022.

FERNANDEZ, C. Arizona's Compulsory Arbitration Program: is it time for a reform? *Arizona State Law Journal*. Disponível em: https://arizonastatelawjournal.org/2019/11/19/ arizonas-compulsory-arbitration-program-is-it-time-for-a-reform/. Acesso em: 23 mar. 2022.

FILHO, Antônio José de Carvalho da Silva. Primórdios da Jurisdição. *Academia Brasileira de Direito Processual Civil*. Disponível em: http://www.abdpc.org.br/abdpc/artigos/ primordios%20da%20jurisdicao%20antonio%20jose%20carvalho%20da%20silva%20 filho.pdf. Acesso em: 21 mar. 2022.

FINDLAW. *Neutral Evaluation*: An ADR technique whose time has come. Disponível em: http://corporate.findlaw.com/litigation-disputes/neutral-evaluation-an-adr-technique-whose-time-has-come.html. Acesso em: 21 mar. 2022.

FOBLETS, Marie-Claire. A la recherche d'une justice perdue: les procédures alternatives de règlement de conflits. *Journal of Legal Pluralism*, n. 36, p. 11, Estados Unidos, 1996. Disponível em: https://commission-on-legal-pluralism.com/system/commission-on-legal-pluralism/volumes/36/foblets-art.pdf. Acesso em: 21 mar. 2022.

FOLEY, Gláucia Falsarella. *Justiça Comunitária*: por uma justiça da emancipação. Brasília: Faculdade de Direito, 2003.

FOLEY, Gláucia Falsarella. *Justiça comunitária*: uma experiência. Distrito Federal: Ministério da Justiça, 2008. Disponível em: https://www.tjdft.jus.br/informacoes/ cidadania/justica-comunitaria/publicacoes/arquivos/uma_experiencia.pdf. Acesso em: 21 mar. 2022.

FRANÇA. Service-Public. *Contester un jugement*: recours de Cassation. Disponível em: https://www.service-public.fr/particuliers/vosdroits/F1382. Acesso em: 21 mar. 2022.

FRANÇA. Service-Public. *Coût d'un procès*. Disponível em: https://www.service-public. fr/particuliers/vosdroits/F1816. Acesso em: 21 mar. 2022.

FUNDAÇÃO GETULIO VARGAS (FGV). *A reforma do Poder Judiciário no Estado do Rio de Janeiro*. Rio de Janeiro: FGV, 2005.

FUNDAÇÃO GETULIO VARGAS (FGV). *Diagnóstico sobre as causas de aumento das demandas judiciais cíveis, mapeamento das demandas repetitivas e propositura de soluções pré-processuais, processuais e gerenciais à morosidade da Justiça.* São Paulo: FGV, 2010. Disponível em: https://www.cnj.jus.br/wp-content/uploads/2011/02/relat_pesquisa_fgv_edital1_2009.pdf. Acesso em: 25 mar. 2022.

FUNDAÇÃO GETULIO VARGAS (FGV). *Um modelo de ombudsman bancário para o Brasil*: resultados do I seminário Ombudsman como forma de desjudicialização dos conflitos na relação de consumo, realizado nos dias 12 e 13 de setembro de 2016, em Brasília. Disponível em: http://fgvprojetos.fgv.br/sites/fgvprojetos.fgv.br/files/arquivos/conclusoes_ombudsman.pdf. Acesso em: 21 mar. 2022.

GABBY, Daniela Monteiro. *Mediação & Judiciário*: condições necessárias para a institucionalização dos meios autocompositivos de solução de conflitos. 2011. Tese (Doutorado em Processo Civil) – Universidade de São Paulo, São Paulo, 2011.

GALANTER, Marc. Justice in Many Rooms: Courts, Private Ordering and Indigenous Law. *Journal of Legal Pluralism*, n. 19, Estados Unidos, 1981. Disponível em: https://commission-on-legal-pluralism.com/system/commission-on-legal-pluralism/volumes/19/galanter-art.pdf. Acesso em: 25 mar. 2022.

GARAPON, Antoine. *O Juiz e a Democracia*: o guardião das promessas. 2. ed. Rio de Janeiro: Revan, 2004.

GARCIA, Nathalia; GERCINA, Cristiane. Banco Central: 1.358 brasileiros têm mais de R$ 100 mil esquecidos nos bancos: para 13,9 milhões, valores são de menos de R$ 1; veja como agendar a transferência. *Folha de S.Paulo*. Disponível em: https://www1.folha.uol.com.br/mercado/2022/03/banco-central-139-milhoes-tem-menos-de-1-real-em-valores-a-receber-saiba-como-ver-o-valor.shtml?utm_source=sharenativo&utm_medium=social&utm_campaign=sharenativo. Acesso em: 20 mar. 2022.

GENSLER, Steven S. Judicial case management caught in the crossfire. *Duke Law Journal*, Estados Unidos, v. 60, n. 3, 2010.

GIDI, Antonio. A representação adequada nas ações coletivas brasileiras: uma proposta. *Revista de Processo*, n. 108, p. 61-70, São Paulo, out./dez. 2002.

GIDI, Antonio. *Rumo a um código de processo civil coletivo*: a codificação das ações coletivas no Brasil. Rio de Janeiro: Forense, 2008.

GILISSEN, John. *Introdução Histórica ao Direito*. Trad. A. M. Hespanha e L. M Macaísta Malheiros. 2. ed. Lisboa: Fundação Calouste Gulbenkian, 1995.

GLOBOPLAY. *Pedro Bial entrevista o médico e escritor Drauzio Varella no Conversa com Bial em 12/05/2017.* Disponível em: https://globoplay.globo.com/v/5866495/. Acesso em: 21 mar. 2022.

GOLPE da fruta no Mercadão: entenda como funciona e onde denunciar. *IstoÉ dinheiro*. Disponível em: https://www.istoedinheiro.com.br/golpe-da-fruta-no-mercadao-entenda-como-funciona-e-onde-denunciar/. Acesso em: 21 mar. 2022.

GONTIJO, Danielly Cristina Araújo. *O direito fundamental de acesso à justiça*. São Paulo: LTR, 2015.

GOODLANDER, John. Cy Pres Settlements: Problems Associated with the Judiciary's Role and Suggested Solutions. *Boston College Law Review*, Estados Unidos, v. 733, 2015. Disponível em: http://lawdigitalcommons.bc.edu/bclr/vol56/iss2/7/. Acesso em: 21 mar. 2022.

GOOGLE. *AdSense program policies*. Disponível em: https://support.google.com/adsense/answer/48182. Acesso em: 21 mar. 2022.

GRECO, Rogério. *Curso de Direito Penal*: Parte Geral. 4. ed. Rio de Janeiro: Impetus, 2004.

GRIFFITHS, John. What is Legal Pluralism? *Journal of Legal Pluralism*, n. 24, Estados Unidos, 1986. Disponível em: https://commission-on-legal-pluralism.com/system/commission-on-legal-pluralism/volumes/24/griffiths-art.pdf. Acesso em: 21 mar. 2022.

GRINOVER, Ada Pellegrini. *Ações coletivas ibero-americanas*: novas questões sobre a legitimação e a coisa julgada. Rio de Janeiro: Forense, 2002. v. 361.

GRINOVER, Ada Pellegrini. *Ensaio sobre a processualidade*: fundamentos para uma nova teoria geral do processo. Brasília: Gazeta Jurídica, 2016.

GRINOVER, Ada Pellegrini; DINAMARCO, Cândido Rangel; WATANABE, Kazuo. *Participação e Processo*. São Paulo: Revista dos Tribunais, 1988.

GRINOVER, Ada Pellegrini *et al*. *Código Brasileiro de Defesa do Consumidor*: comentado pelos autores do Anteprojeto. 11. ed. Rio de Janeiro: Forense, 2017.

GRINOVER, Ada Pellegrini *et al*. *Processo Coletivo*: do surgimento à atualidade. 1. ed. São Paulo: Revista dos Tribunais, 2014.

GRINOVER, Ada Pellegrini; WATANABE, Kazuo; MULLENIX, Linda. Os processos coletivos nos países de *civil law* e *commom law*. 2. ed. São Paulo: Revista dos Tribunais, 2011.

GUANABARA, Ricardo. A crítica ao Direito no Brasil: Considerações sobre o Direito Alternativo. *In*: FERREIRA, Lier Pires; GUANABARA, Ricardo; JORGE, Vladmyr Lombardo. *Curso de Sociologia Jurídica*. São Paulo: Elsevier, 2011.

GUERRERO, Luís Fernando. *Efetividade das estipulações voltadas à instituição dos meios multiportas de solução de litígios*. 2012. Tese (Doutorado em Processo Civil) – Universidade de São Paulo, São Paulo, 2012.

GUIA TRABALHISTA. *NR 15 – Norma regulamentadora 15*: atividades e operações insalubres. Disponível em: http://www.guiatrabalhista.com.br/legislacao/nr/nr15.htm. Acesso em: 21 mar. 2022.

GUILLÉN, Victor. La humanización del proceso: lenguaje, formas, contacto entre los jueces y las partes desde Finlandia hasta Grecia. *Revista dos Tribunais*, São Paulo, v. 14, 1979.

HERMAN V.; BENJAMIN, Antônio; LIMA MARQUES, Cláudia; ROSCOE BESSA, Leonardo. *Manual de Direito do Consumidor*. 2. ed. São Paulo: Revista dos Tribunais, 2009.

HESSE, Konrad. *A Força Normativa da Constituição*. 1. ed. São Paulo: Fabris, 1991.

HOLMES, Stephen; SUNSTEIN, Cass R. *The Cost of Rights*: Why liberty depends on taxes. Nova York-Londres: W.W. Norton & Company, 1999.

IHERING, Rudolf von. *A luta pelo direito*. 6. ed. São Paulo: Revista dos Tribunais, 2010.

INSTITUTO BRASILEIRO DE DEFESA DO CONSUMIDOR (IDEC). *Fruta de Menos*. Disponível em: http://www.idec.org.br/uploads/revistas_materias/pdfs/184-capa-suco1.pdf. Acesso em: 21 mar. 2022.

INSTITUTO IBERO-AMERICANO DE DIREITO PROCESSUAL. *Código modelo de processos coletivos para Ibero-américa*. Disponível em: http://www.pucsp.br/tutelacoletiva/download/codigomodelo_portugues_final_28_2_2005.pdf. Acesso em: 21 mar. 2022.

IPSOA. *Codice di Procedura Civile*. Disponível em: http://www.ipsoa.it/codici/cpc/l1/t1. Acesso em: 21 mar. 2022.

ISSACHAROFF, Samuel. Private claims: aggregate rights. *New York University Public Law Research Paper*, p. 8-54. Estados Unidos, 2008. Disponível em: https://www.jstor.org/stable/10.1086/597023. Acesso em: 21 mar. 2022.

JOBIM, Marco Félix. *Teoria, história e processo*: com referências ao CPC/2015. Porto Alegre: Livraria do Advogado, 2016.

JUNQUEIRA, Eliane. Acesso à Justiça: um olhar retrospectivo. *Estudos Históricos*, Rio de Janeiro, FGV, v. 9, n. 18 p. 389-402, 1996.

KALIK, James S. Just, speedy, and inexpensive? Judicial case management under the Civil Justice Reforma Act. *Judicature*, Estados Unidos, v. 184, 1997.

KRAMER, Evane Beiguelman. *Poder Judiciário e Polícia Pública de prestação jurisdicional estratégias processuais e institucionais para sua eficiência*. 2013. Tese (Doutorado em Processo Civil) – Universidade de São Paulo, São Paulo, 2013.

LAGRASTA, Caetano. Meios alternativos: Uma interpretação política. *Revista dos Tribunais*. São Paulo, v. 665, p. 40-46, 1991.

LEAL, Márcio Flávio Mafra. *Ações coletivas*: história, teoria e prática. Porto Alegre: Fabris, 1998.

LIMA FILHO, Francisco das Chagas. Os movimentos de acesso à justiça nos diferentes períodos históricos. *Revista Jurídica Unigran*, Porto Alegre, v. 2, n. 4, p. 29-50, 2000.

LIMA, Licínio. Juízes exigem autonomia salarial. *ASJP*, fev. 2013. Disponível em: http://www.asjp.pt/2013/02/04/juizes-exigem-autonomia-salarial/. Acesso em: 21 mar. 2022.

LIMA, Maria Cristina de Brito. Ações Coletivas e Acesso à Justiça. *Revista da EMERJ*, Rio de Janeiro, v. 5, n. 19, 2002. Disponível em: http://www.emerj.tjrj.jus.br/revistaemerj_online/edicoes/revista19/revista19_169.pdf. Acesso em: 21 mar. 2022.

LOPES, José Reinaldo de Lima Lopes. O aspecto distributivo do direito do consumidor. *Revista de Direito Mercantil, Industrial, Econômico e Financeiro*, São Paulo, v. 40, n. 123, p. 59-67, 2001.

LOURENÇO, Paula Meira. *A indenização punitiva e os critérios para a sua determinação*. Disponível em: http://www.stj.pt/ficheiros/coloquios/responsabilidadecivil_paulameiralourenco.pdf. Acesso em: 21 mar. 2022.

MABTUM, Matheus Massaro. A importância da *class action* no Direito Coletivo brasileiro. *Revista de Direitos Sociais e Políticas Públicas (UNIFAFIBE)*, São Paulo, v. 2, n. 1, 2014.

MACIEL, José Fabio Rodrigues; AGUIAR, Renan. *História do Direito*. 7. ed. São Paulo: Saraiva, 2016.

MALISKA, Marcos Augusto. *Pluralismo jurídico e Direito moderno*. Curitiba: Juruá, 2000.

MANCUSO, Rodolfo de Camargo. *A resolução dos conflitos e a função judicial no contemporâneo Estado de Direito*. 2. ed. São Paulo: Revista dos Tribunais, 2014.

MARANGONI, Cínthia. Ação Coletiva Passiva. *Revista Jurídica ESMP-SP*, São Paulo, v. 4, p. 135-162, 2013.

MARCACINI, Augusto Tavares Rosa. *A Cobrança de Custas Judiciais no Estado de São Paulo sob a perspectiva do Acesso à Justiça*. Disponível em: http://augustomarcacini.net/index.php/Processo/CustasAcesso. Acesso em: 21 mar. 2022.

MARCUS, Richard L.; SHERMAN, Edward F. ERICHSON, Howard M. *Complex litigation*: cases and materials on advanced civil procedure. 5. ed. Estados Unidos: Thompson West, 2010.

MARINONI, Luiz Guilherme. *A tutela específica do consumidor*. Disponível em: https://jus.com.br/artigos/4985/a-tutela-especifica-do-consumidor. Acesso em: 21 mar. 2022.

MARINONI, Luiz Guilherme. Aula Magna: Direito Fundamental à Tutela Jurisdicional Efetiva. *Instituto Brasiliense de Direito Público (IBDP)*. Disponível em: https://www.youtube.com/watch?v=cJAEJ8QaB_A. Acesso em: 21 mar. 2022.

MARINONI, Luiz Guilherme. Efetividade do processo e tutela antecipatória *Revista dos Tribunais*, São Paulo, v. 83, n. 706, 1994.

MARINONI, Luiz Guilherme. O direito à adequada tutela jurisdicional: o caso da proibição da concessão das liminares e da execução provisória da sentença nas ações cautelares e no mandado de segurança. *Revista dos Tribunais*, São Paulo, v. 80, n. 663, 1991.

MARQUEIRO, Paulo. Agetransp multa SuperVia por violência contra passageiros e Barcas S/A por tumultos. *O Globo*, Rio de Janeiro, mar. 2010. Disponível em: http://oglobo.globo.com/rio/mat/2010/03/23/agetransp-multa-supervia-por-violenci a-contra-passageiros-barcas-a-por-tumultos-916149739.asp. Acesso em: 4 out. 2011.

MARQUES, Alberto Carneiro. *Perspectivas do processo coletivo no movimento de universalização do acesso à justiça*. Curitiba: Juruá, 2007.

MARTINS, JÚNIOR, Izidoro. *Compêndio de história geral do direito*. Recife: Livraria Contemporânea, 1898. Disponível em: https://bdjur.stj.jus.br/jspui/bitstream/2011/17217/Compendio_Historia_Geral_Direito.pdf. Acesso em: 21 mar. 2022.

MASSEY, M. Minnette. Restriction on Federal Jurisdiction – The 1958 Amendment to the Judicial Code. *Miami Law Review*, Estados Unidos, v. 63, 1958. Disponível em: http://repository.law.miami.edu/cgi/viewcontent.cgi?article=3533&context=umlr. Acesso em: 21 mar. 2022.

MATAMOROS, Laura Victoria G.; LOZANO, Maria Carolina H. *El concepto de los daños punitivos o punitive damages*: Estudo Sócio-Jurídico. Disponível em http://redalyc.uaemex.mx/pdf/733/73350106.pdf. Acesso em: 4 out. 2015.

MATTOS, Fernando Pagani. *Acesso à Justiça*: um princípio em busca de efetivação. Curitiba: Juruá, 2011.

MAURINDO, Gustavo V.; NINO, Ezequiel.; SIGAL, Martín. *Las Acciones Colectivas*: Análisis Conceptual, Constitucional, Procesal, Jurisprudencial y Comparado. Buenos Aires: Lexis Nexis Argentina, 2005.

MAZZILI, Hugo Nigro. *A defesa dos interesses difusos em juízo*. 26. edição. São Paulo: Saraiva, 2013.

MENDES, Aluísio Gonçalves de Castro. A legitimação, representatividade adequada e a certificação nos processos coletivos e as ações coletivas passivas. *Revista dos Tribunais*, São Paulo, v. 209, p. 243-264, 2012.

MENDES, Gilmar Ferreira; COELHO, Inocêncio Mártires; BRANCO, Paulo Gustavo Gonet. *Curso de Direito Constitucional*. 2. ed. São Paulo: Saraiva, 2008.

MERRY, Sally Engle. Legal Pluralism. *Law & Society Review*, Estados Unidos, v. 22, n. 5, 1988.

MINAS GERAIS (Estado). Ministério Público do Estado de Minas Gerais. *Procon-MG proíbe a venda do celular Moto X (2ª Geração) em Minas Gerais.* Disponível em: https://www.mpmg.mp.br/portal/menu/comunicacao/noticias/procon-mg-suspende-vendas-do-celular-moto-x-2-geracao-em-minas-gerais.shtml. Acesso em: 24 mar. 2022.

MITIDIERO, Daniel; JUNIOR, Gilberto Deon Corrêa; CARNEIRO, João Geraldo Piquet. G. P. Cade, título executivo extrajudicial e direito de ação: três tópicos para o debate sobre o art. 98 da Lei nº 12.529/2011. *Revistas dos Tribunais*, São Paulo, v. 101, n. 916, p. 343-365, 2012.

MORAIS, Carlos Blanco. *Manual de legística*: critérios científicos e técnicos para legislar melhor. Portugal: Verbo, 2007.

MOREIRA, José Carlos Barbosa. A revolução processual inglesa. *Revista dos Tribunais*, São Paulo, v. 29, n. 118, p. 75-88, 2004.

MOREIRA, José Carlos Barbosa. Breve notícia sobre a reforma do Processo Civil alemão. *Revista dos Tribunais*, São Paulo, v. 28, n. 111, p. 103-112, 2003.

MOREIRA, José Carlos Barbosa. Efetividade do processo e técnica processual. *Revista de Processo*, São Paulo, v. 20, n. 77, p. 168-176, 1995.

MOREIRA, José Carlos Barbosa. Miradas sobre o processo civil contemporâneo. *Revista dos Tribunais*, São Paulo, v. 20, n. 79, p. 142-153, 1995.

MOREIRA, José Carlos Barbosa. Notas sobre as recentes reformas do processo civil francês. *Revista dos Tribunais*, São Paulo, v. 32, n. 150, p. 59-69, 2007.

MOREIRA, José Carlos Barbosa. Por um processo socialmente efetivo. *Revista dos Tribunais*, São Paulo, v. 27, n. 105, p. 181-190, 2002.

MOTTA, Luiz Eduardo. Acesso à Justiça, Cidadania e Judicialização no Brasil. *Revista de Ciência Política.* Disponível em: http://www.achegas.net/numero/36/eduardo_36.pdf. Acesso em: 3 jul. 2016.

MULHERON, Rachel P. *The Modern Cy-près Doctrine*: Application & Implication. London: Routledge-Cavendish, 2006.

NALINI, José Renato. *Medidas extrajudiciais podem tornar o Judiciário eficiente.* Disponível em: https://www.conjur.com.br/2014-mar-09/renato-nalini-medidas-extrajudiciais-podem-tornar-judiciario-eficiente. Acesso em: 21 mar. 2022.

NASCIMENTO, Christina; VALDEVINO, Diego; TELLES, Hilka. Aparado para trazer Beira-Mar a julgamento custou R$ 180 mil. *O Dia*, Rio de Janeiro, maio 2015. Disponível em: http://odia.ig.com.br/noticia/rio-de-janeiro/2015-05-14/aparato-para-trazer-beira-mar-a-julgamento-custou-r-180-mil.html. Acesso em: 21 mar. 2022.

NERY Jr., Nelson. *Princípios do Processo na Constituição Federal.* 11. ed. São Paulo: Revista dos Tribunais, 2003.

NETO, Cláudio Pereira de Souza; SARMENTO, Daniel. *Direito Constitucional*: Teoria, história e métodos de trabalho. Belo Horizonte: Fórum, 2013.

NETTO, Nelson Rodrigues. A classificação das tutelas jurisdicionais segundo a técnica processual empregada para a satisfação do direito. *Revista de Processo*, São Paulo, v. 35, n. 186, p. 31-65, 2010.

NEUMANN, Lycia Tramujas Vasconcelos; NEUMANN, Rogério Arns. *Desenvolvimento comunitário baseado em talentos e recursos locais – ABCD.* São Paulo: Instituto para o Desenvolvimento Social, 2004.

NEVES, Daniel Amorim Assumpção. *Manual de processo coletivo*. 8. ed. Salvador: Juspodivm, 2016.

NITAHARA, Akemi. Número de Domicílios no país cresce mais do que a população. *Agência Brasil*, set. 2013. Disponível em http://memoria.ebc.com.br/agenciabrasil/noticia/2013-09-27/numero-de-domicilios-no-pais-cresce-mais-do-que-populacao. Acesso em: 30 abr. 2014.

NORTHFLEET, Ellen Gracie. A análise dos fatores relevantes para o aprimoramento do sistema judiciário. *In*: WALD, Arnoldo; MARTINS, Ives Gandra da Silva; PRADO, Ney (coord.). *O direito brasileiro e os desafios da economia globalizada*. Rio de Janeiro: América Jurídica, 2003.

NOVAIS, Maria Elisa Cesar. *A tutela jurídica nas ações coletivas em defesa do consumidor*: as iniciativas e as estratégias dos legitimados para viabilizar a efetividade dos interesses individuais homogêneos nas execuções coletivas frente aos limites interpretativos impostos pelo Poder Judiciário. 2013. Dissertação (Mestrado em Processo Civil) – Universidade de São Paulo, São Paulo, 2013.

OLIVEIRA, Carlos Alberto Álvaro. *Do formalismo no processo civil*: proposta de um formalismo-valorativo. 3. ed. São Paulo: Saraiva, 2009.

OLIVEIRA, Carlos Alberto Álvaro. Efetividade e tutela jurisdicional. *Revista de Direito Processual Civil*, São Paulo, v. 9, n. 34, p. 665-689, 2004. Disponível em: http://www.tex.pro.br/home/artigos/104-artigos-mar-2005/5076-efetividade-e-tutela-jurisdicional. Acesso em: 3 jul. 2016.

OLIVEIRA, FABIANA Luci (org.). *Justiça em foco*: estudos empíricos. Rio de Janeiro: FGV, 2012. Disponível em: http://bibliotecadigital.fgv.br/dspace/bitstream/handle/10438/10358/Justi%C3%A7a%20em%20Foco.pdf?sequence=1. Acesso em: 3 jul. 2016.

OLSON, Mancur. *The logic of collective action*: public goods and the theory of group. 12. ed. Estados Unidos: Havard University Press, 2002.

OMBUDSMAN: O que é o cargo de ombudsman. *Folha de S.Paulo*. set. 2014. Disponível em: http://www1.folha.uol.com.br/ombudsman/2014/09/1520973-o-que-e-o-cargo-de-ombudsman.shtml. Acesso em: 21 mar. 2022.

OMBUDSMAN ASSOCIATION. *Guide to principles of good governance*. Disponível em: https://www.ombudsmanassociation.org/best-practice-and-publications/guide-principles-good-governance. Acesso em: 21 mar. 2022.

OMBUDSMAN ASSOCIATION. *Ombudsmen shines a light on service failures across the public sector*. Disponível em: https://www.ombudsman.org.uk/news-and-blog/news/ombudsman-shines-light-service-failures-across-public-sector. Acesso em: 21 de mar. 2022.

OMBUDSMAN ASSOCIATION. *What is an ombudsman*. Disponível em: https://www.ombudsmanassociation.org/what-ombudsman. Acesso em: 21 mar. 2022.

OMBUDSMAN SERVICES. *Time and trouble award*. Disponível em: https://www.ombudsman-services.org/how-it-works/time-and-trouble-award. Acesso em: 24 fev. 2022.

PACHECO, Regina Silvia V. M. Reformando a Administração Pública no Brasil: Eficiência e Accountability Democrática. *In*: MELO, Marcus André B. C. (org.). *Reforma do Estado e Mudança Institucional no Brasil*. Recife: Massangana, 1999. p. 223-237.

PÁDUA, Samira. Campanha bonifica consumidores que encontrem produtos vencidos. *Agência Brasília*, fev. 2016. Disponível em: https://www.agenciabrasilia.df.gov. br/2016/02/06/campanha-bonifica-consumidores-que-encontrarem-produtos-vencidos/. Acesso em: 21 mar. 2022.

PALOMINO, German Nuñes. The rise of the Rondas Campesinas in Peru. *Journal of Legal Pluralism*, n. 36, Estados Unidos, 1996. Disponível em: https://commission-on-legal-pluralism.com/system/commission-on-legal-pluralism/volumes/36/nunez-art.pdf. Acesso em: 21 mar. 2022.

PANCOTTI, José Antônio. *Princípio da Inafastabilidade da Jurisdição e o Controle Jurisdicional da Discricionariedade Administrativa*. São Paulo: 2007. Disponível em: http://www. dominiopublico.gov.br/download/teste/arqs/cp040248.pdf. Acesso em: 3 jul. 2016.

PAROSKI, Mauro Vasni. *Direitos fundamentais e acesso à Justiça na Constituição*. São Paulo: LTR, 2008.

PERU. *Ley 24571*: reconocen a las rondas campesinas, pacificas, democráticas y autônomas. Disponível em: https://docs.peru.justia.com/federales/leyes/24571-nov-6-1986.pdf. Acesso em: 21 mar. 2022.

PERU. *Ley nº 27908*: ley de rondas campesinas. Disponível em: https://docs.peru.justia. com/federales/leyes/27908-jan-6-2003.pdf. Acesso em: 21 mar. 2022.

PIMENTA, José Roberto Freire. *A conciliação Judicial na Justiça do Trabalho após a Emenda Constitucional n. 24/99*: Aspectos de Direito Comparado e o Novo Papel do Juiz do Trabalho. Disponível em: http://www.trt3.jus.br/escola/download/revista/rev_62/ Jose_Pimenta.pdf. Acesso em: 21 mar. 2022.

PINSENT MASON. Out-law. *Adjudication in practice*. Disponível em: https://www. designingbuildings.co.uk/wiki/Expert_determination. Acesso em: 21 mar. 2022.

PINSENT MASON. *Expert determination*. Disponível em: https://www.designingbuildings. co.uk/wiki/Expert_determination. Acesso em: 21 mar. 2022.

PINTO, Luís Filipe Marques Porto Sá. Técnicas de tratamento macromolecular dos litígios: tendência de coletivização da tutela processual civil. *Revista de Processo*, São Paulo, v. 35, n. 185, p. 117-144, 2010.

PONTIFÍCIA UNIVERSIDADE CATÓLICA – PARANÁ (PUCPR). *Demandas repetitivas relativas ao sistema de crédito no Brasil e propostas para sua solução*. Disponível em: https:// www.cnj.jus.br/wp-content/uploads/2011/02/relat_pesquisa_pucpr_edital1_2009.pdf. Acesso em: 25 mar. 2022.

PONTIFÍCIA UNIVERSIDADE CATÓLICA – RIO GRANDE DO SUL (PUCRS). *Demandas Judiciais e Morosidade da Justiça Cível*. Disponível em: https://www.cnj.jus.br/wp-content/ uploads/2011/02/relat_pesquisa_pucrs_edital1_2009.pdf. Acesso em: 25 mar. 2022.

POPKINS, Gareth. Popular development of procedure in a dual legal system: 'Protective Litigation' in Russia's Peasant Courts, 1889-1912. *Journal of Legal Pluralism*, n. 43, p. 59, Estados Unidos: 1999. Disponível em: https://commission-on-legal-pluralism.com/system/ commission-on-legal-pluralism/volumes/43/popkins-art.pdf. Acesso em: 21 mar. 2022.

PORTELA, Miguel. Ida de Beira-Mar para audiência no RJ custa R$ 60 mil aos cofres públicos. *Gazeta do Povo*, mar. 2007. Disponível em: http://www.gazetadopovo.com. br/vida-e-cidadania/ida-de-beira-mar-para-audiencia-no-rj-custa-r-60-mil-aos-cofres-publicos-ae6tkjmuzb7vwr9lnpved6hji. Acesso em: 29 set. 2015.

PORTO, Thiago Heitor Fontoura Porto; WERL, Caroline Cristiane. *A inafastabilidade da jurisdição e o desafio do poder judiciário em decidir quando da ausência ou obscuridade da legislação aplicável ao caso concreto*. Rio Grande do Sul: UNISC, 2015. Disponível em: http://online. unisc.br/acadnet/anais/index.php/efpd/article/view/13244/2401. Acesso em: 3 jul. 2016.

PORTUGAL. Conselho dos Julgados de Paz. *Documentação*: Concursos. Disponível em: http://www.conselhodosjulgadosdepaz.com.pt/concursos.asp. Acesso em: 4 ago. 2017.

PORTUGAL. *Relatório Anual 2016*: 16º Relatório Anual do Conselho dos Julgados de Paz referente ao ano de 2016. Disponível em: http://www.conselhodosjulgadosdepaz.com. pt/ficheiros/Relatorios/Relatorio2016.pdf. Acesso em: 21 mar. 2022.

PORTUGAL. Diário da República Eletrônico. *Decreto-Lei nº 41/2017 de 5 de abril*. Disponível em: https://dre.pt/application/conteudo/106829419. Acesso em: 21 mar. 2022.

PORTUGAL. Diário da República Eletrônico. *Lei nº 78/2001 de 13 de julho*: Julgados de Paz: organização, competência e funcionamento. Disponível em: https://dre.pt/dre/detalhe/lei/78-2001-388220. Acesso em: 23 mar. 2022.

PRESÍDIO em regime de PPP em Minas divide opiniões de especialistas. *G1*, Minas Gerais, jan. 2017. Disponível em: https://g1.globo.com/minas-gerais/noticia/presidio-em-regime-de-ppp-em-minas-divide-opinioes-de-especialistas.ghtml. Acesso em: 21 mar. 2022.

PROPAGANDA de O Boticário com gays gera polêmica e chega ao Conar. *G1*, jun. 2015. Disponível em: http://g1.globo.com/economia/midia-e-marketing/noticia/2015/06/comercial-de-o-boticario-com-casais-gays-gera-polemica-e-chega-ao-conar.html. Acesso em: 21 mar. 2022.

UTMAN, Robert David. *Comunidade e democracia*: a experiência da Itália moderna. 4. ed. Rio de Janeiro: FGV, 2005.

RÉ, Aluísio Lunes Monti Ruggeri. *Processo civil coletivo e sua efetividade*. São Paulo: Malheiros, 2012.

REINO UNIDO. GOV.UK. *Get help paying court and tribunal fees*. Disponível em: https://www.gov.uk/get-help-with-court-fees. Acesso em: 21 mar. 2022.

REINO UNIDO. GOV.UK. *Make a court claim for Money*: Court fees. Disponível em: https://www.gov.uk/make-court-claim-for-money/court-fees. Acesso em: 21 mar. 2022.

REINO UNIDO. HM Courts & Tribunal Service. *Civil and Family Court Fees*. Disponível em: https://formfinder.hmctsformfinder.justice.gov.uk/ex50-eng.pdf. Acesso em: 21 mar. 2022.

REINO UNIDO. HM Courts & Tribunal Service. *How to apply for help with fees*. Disponível em: https://formfinder.hmctsformfinder.justice.gov.uk/ex160a-eng.pdf. Acesso em: 21 mar. 2022.

REINO UNIDO. HM Courts & Tribunal Service. *I'm in a dispute*: what can I do? Disponível em: https://www.gov.uk/make-court-claim-for-money. Acesso em: 21 mar. 2022.

REINO UNIDO. HM Courts & Tribunal Service. *Money Claim Online (MCOL)*: User Guide for Claimants. Disponível em: https://www.gov.uk/government/uploads/system/uploads/attachment_data/file/609046/MCOL_Userguide_for_Claimants_April_2017.pdf. Acesso em: 21 mar. 2022.

REINO UNIDO. HM Courts & Tribunal Service. *Money Claim Online*. Disponível em: https://www.moneyclaim.gov.uk/web/mcol/welcome. Acesso em: 21 mar. 2022.

REINO UNIDO. Justice. *Claim Form*. Disponível em: https://formfinder.hmctsformfinder. justice.gov.uk/n1-eng.pdf. Acesso em: 21 mar. 2022.

REINO UNIDO. Justice. *Part 27*: the small claims track. Disponível em: http://www.justice. gov.uk/courts/procedure-rules/civil/rules/part27. Acesso em: 21 mar. 2022.

REINO UNIDO. Justice. *Practice direction*: pre-action condut and protocols. Disponível em: http://www.justice.gov.uk/courts/procedure-rules/civil/rules/pd_pre-action_conduct#1.1. Acesso em: 21 mar. 2022.

REINO UNIDO. Justice. *Pratice Direction 27*: Small Claims Track. Disponível em: http:// www.justice.gov.uk/courts/procedure-rules/civil/rules/part27/pd_part27. Acesso em: 21 mar. 2022.

REINO UNIDO. Justice. *Pre-action protocol for debt claims*. Disponível em: https://www. justice.gov.uk/courts/procedure-rules/civil/pdf/protocols/pre-action-protocol-for-debt-claims.pdf. Acesso em: 21 mar. 2022.

RICCI, Stephanie. "Gourmetizando" produtos, Matte Leão é o chá preferido dos paulistanos que cozinham. *Folha de S.Paulo*, jun. 2017. Disponível em: http://www1.folha. uol.com.br/o-melhor-de-sao-paulo/2017/restaurantes-bares-e-cozinha/2017/06/1895616-gourmetizando-produtos-matte-leao-e-o-cha-preferido-dos-paulistanos-que-cozinham. shtml. Acesso em: 21 mar. 2022.

RIO DE JANEIRO. EMERJ Eventos. *Curso de Sociologia Jurídica*: Pluralismo Jurídico. Disponível em: https://www.youtube.com/watch?v=qP7fiRJ2SvI. Acesso em: 6 jun. 2017.

RIO DE JANEIRO. Tribunal de Justiça. *Resolução TJ/OE/RJ nº 35/2013*: Disciplina, no âmbito do Poder Judiciário do Estado do Rio de Janeiro, o quantitativo de Juízes Leigos, suas atribuições e remuneração. Disponível em: http://www.migalhas.com.br/arquivo_artigo/art20130925-01.pdf. Acesso em: 21 mar. 2022.

RITONDO, Domingo Pietrangelo. *Protesto extrajudicial*. São Paulo: Elsevier, 2015.

RODRIGUES, Viviane Siqueira. *O processo coletivo para a defesa dos direitos individuais homogêneos*. 2012. Dissertação (Mestrado em Processo Civil) – Universidade de São Paulo, São Paulo, 2012.

ROSANVALLON, Pierre. *A crise do Estado-Providência*. Trad. Joel Pimentel de Ulhôa. Goiânia: UFG, 1997.

ROSENBERG, Maurice. Devising Procedures that are civil to promote justice that is civilized. *The Michigan Law Review*, Estados Unidos, v. 69, n. 5, 1971. Disponível em: http://www.jstor.org/stable/1287302. Acesso em: 21 mar. 2022.

ROSSET, Patrícia. Breve reflexão sobre a Legística, seus aspectos políticos e consolidação de leis. Revista do Instituto dos Advogados de São Paulo, São Paulo, v. 22, 2008.

ROSSI, Júlio César. A Ação Coletiva Passiva. *Revista de Processo*, São Paulo, v. 36, n. 198, p. 259-280, 2011.

SABADELL, Ana Lucia. *Manual de Sociologia Jurídica*. 6. ed. São Paulo: Revista dos Tribunais, 2014.

SALLES, Carlos Alberto de. Entre eficiência e equidade: bases conceituais para um Direito processual Coletivo. *In*: FIGUEIREDO, Guilherme José Purvin; RODRIGUES, Marcelo Abelha (coords.). *O novo processo civil coletivo*. Rio de Janeiro: Lumen Juris, 2009.

SANDEL, Michael. *Liberalism and limits of justice*. 2. ed. Cambridge: Cambridge University Press, 1998.

SANT'ANNA, Danilo Barbosa. *Processo Coletivo Passivo*: um estudo sobre a admissibilidade das ações coletivas passivas. Disponível em: http://repositorio.unb.br/bitstream/10482/18156/1/2015_DaniloBarbosadeSant%27anna.pdf. Acesso em: 21 mar. 2022.

SANTOS, Boaventura de Sousa Santos; MARQUES, Maria Manuel L.; PEDROSO, João. *Os tribunais nas Sociedades Contemporâneas*. São Paulo: Revista Brasileira de Ciências Sociais, 1996. Disponível em: http://www.ces.uc.pt/publicacoes/oficina/ficheiros/65.pdf. Acesso em: 21 mar. 2022.

SANTOS, Boaventura de Sousa. Introdução à Sociologia da Administração da Justiça. *In*: FARIA, José Eduardo. (org.). *Direito e Justiça*: a função social do judiciário. São Paulo: Ática, 1989. Disponível em: http://www.boaventuradesousasantos.pt/media/pdfs/Introducao_a_sociologia_da_adm_justica_RCCS21.PDF. Acesso em: 3 jul. 2016.

SANTOS, Boaventura de Sousa. Notas sobre a história jurídico-social de Pasárgada. *In*: SOUTO, Claudio. FALCÃO, Joaquim (org.). *Sociologia e Direito*. São Paulo: Livraria Pioneira Editora, 1980. p. 107-117. Disponível em: http://www.dhnet.org.br/direitos/militantes/boaventura/boaventura1d.html. Acesso em: 21 mar. 2022.

SANTOS, Boaventura de Sousa. O direito e a comunidade: as transformações recentes da natureza do poder do Estado nos países capitalistas avançados. *Revista Crítica de Ciências Sociais*, 1982. Disponível em: http://www.boaventuradesousasantos.pt/ media/ pdfs/O_direito_e_a_comunidade_RCCS10.PDF. Acesso em: 3 jul. 2016.

SANTOS, Boaventura de Sousa. O Estado heterogêneo e o pluralismo jurídico. *Conflito e Transformação Social*: uma paisagem das justiças em Moçambique. Porto: Afrontamento, 2003.

SANTOS, Boaventura de Sousa. *Para uma revolução democrática da Justiça de São Paulo*. p. 15. Disponível em: https://journals.openedition.org/rccs/765. Acesso em: 24 mar. 2022.

SANTOS, Boaventura de Sousa. The law of the oppressed: the construction and reproduction of legality in Pasargada. *Law & Soiety Review*, 1978. Disponível em: http://www.boaventuradesousasantos.pt/media/The%20law%20of%20the%20oppressed_1978.pdf. Acesso em: 3 jul. 2016.

SANTOS, Wanderley Guilherme dos. *Razões da Desordem*. 3. ed. Rio de Janeiro: Rocco, 1994.

SÃO PAULO (Estado). Secretaria da Educação. *Resolução SE nº 19, de 12-02-2010*: Institui o Sistema de Proteção Escolar na rede estadual de ensino de São Paulo e dá providências correlatas. Disponível em: http://siau.edunet.sp.gov.br/ItemLise/arquivos/19_10. HTM?Time=14/08/2014%2002:05:11. Acesso em: 21 mar. 2022.

SÃO PAULO (Estado). Secretaria da Fazenda. *Índices*. Disponível em: https://portal. fazenda.sp.gov.br/Paginas/Indices.aspx. Acesso em: 25 mar. 2022.

SÃO PAULO (Estado). *Nota Fiscal Paulista*. Disponível em: http://www.nfp.fazenda. sp.gov.br/default.asp. Acesso em: 21 mar. 2022.

SÃO PAULO (Estado). Tribunal de Justiça de São Paulo. *Ação Cível nº 9057276-26.2006. 8.26.0000*. 3ª Câmara de Direito Privado. Relator: Desembargador Caetano Lagrasta, 11.09.06.

SÃO PAULO (Município). *Nota do Milhão*. Disponível em: http://notadomilhao.prefeitura. sp.gov.br/. Acesso em: 21 mar. 2022.

SARAUSA, Denis. *Fique "De olho na validade" na hora de fazer as compras para a ceia de Natal*. Disponível em: http://abradec.org.br/fique-de-olho-na-validade-na-hora-de-fazer-as-compras-para-a-ceia-de-natal/. Acesso em: 30 abr. 2014.

SARMENTO, Daniel. *Direitos Fundamentais e Relações Privadas*. 2. ed. Rio de Janeiro: Lumen Juris, 2004.

SCIALOJA, Vittorio. *Procedimento civil romano*: ejercicio y defesa do los derechos. Trad. Santiago Sentis Melendo e Mariono Ayerra Redin. Buenos Aires: Ejea, 1954.

SHUMPETER, Joseph A. *Capitalismo, Socialismo e Democracia*. Trad. Ruy Jungmann. Rio de Janeiro: Fundo de Cultura, 1961.

SICA, Heitor Vitor Mendonça. Brevíssimas reflexões sobre a evolução do tratamento da litigiosidade repetitiva no ordenamento brasileiro, do CPC-1973 ao CPC-2015. *Revista de Processo*, São Paulo, v. 41, n. 257, p. 269-281, 2016.

SICA, Heitor Vitor Mendonça. Congestionamento viário e congestionamento judiciário. *Revista de Processo*, São Paulo, v. 39, n. 236, p. 13-28, 2014.

SISKIND. *Amended Canadian Vitamins Class Actions National Settlement Agreement*. Disponível em: http://www.siskinds.com/cmsfiles/PDF/PriceFixing/Methionine/ Aventis_Settlement_Agreement.pdf. Acesso em: 21 mar. 2022.

SPENGLER, Fabiana Marion. Mediação e Alteridade: a necessidade de 'inovações comunicativas' para lidar com a atual (des)ordem conflitiva. *In*: SPENGLER, F. M.; LUCAS, Doglas César (orgs.). *Justiça Restaurativa e Mediação*: políticas públicas no tratamento dos conflitos sociais. Rio Grande do Sul: Unijuí, 2011.

SSL.COM. *Trust is what we do*: the trusted name in SSL/TLS and digital certificates. Disponível em: https://www.ssl.com/. Acesso em: 21 mar. 2022.

STJ prorroga prisão dos cinco conselheiros do TCE-RJ suspeitos de corrupção. *G1*, Rio de Janeiro, abr. 2017. Disponível em: http://g1.globo.com/rio-de-janeiro/noticia/stj-prorroga-prisao-dos-cinco-conselheiros-do-tce-rj-suspeitos-de-corrupcao.ghtml. Acesso em: 21 mar. 2022.

STÜRNER, Rolf. Processo Civil Comparado – Tendências recentes e fundamentais. *Revista de Processo*, São Paulo, v. 36, n. 200, p. 203-234, 2011.

TELECO. *Preços e Tarifas de Telefonia Fixa (STFC)*. Disponível em: http://www.teleco.com. br/tarifafixo.asp. Acesso em: 21 mar. 2022.

TENTIN, Fernanda. Métodos Alternativos de Resolução de Conflito: um enfoque pluralista do direito. *Âmbito Jurídico*. Disponível em: http://www.ambito-juridico.com. br /site/?n_link=revista_artigos_leitura&artigo_id=11252&revista_caderno=24. Acesso em: 21 mar. 2022.

TEPEDINO, Gustavo; BARBOZA, Heloisa Helena; MORAES, Maria Celina Bodin de. *Código Civil Interpretado*: conforme a Constituição da República. 2. ed. Rio de Janeiro: Renovar, 2007. v. 1.

THOMPSON REUTERS PRATICAL LAW. *Adjudication*: a quick guide. Disponível em: https://uk.practicallaw.thomsonreuters.com/8-381-7429?originationContext=documen t&transitionType=DocumentItem&contextData=(sc.Default)&firstPage=true&bhcp=1. Acesso em: 21 mar. 2022.

TIMM, Luciano Benetti (org.). *Direito e Economia no Brasil*. 2. ed. São Paulo: Atlas, 2014.

TIMM, Luciano Benetti. *Direito e Economia*. 2. ed. Porto Alegre: Livraria do Advogado, 2008.

TJRJ declara a inconstitucionalidade da lei dos estacionamentos. *Blog do Direito Público*. Disponível em: http://blogdodireitopublico.blogspot.com.br/2011/05/correio-forense-tjrj-declara.html. Acesso em: 19 out. 2014.

TORRES, Silvestre Jasson Ayres. *O Acesso à Justiça e Soluções Alternativas*. Porto Alegre: Livraria do Advogado, 2005.

TRUBECK, David M. Law and development: Then and Now. *In: American Society of International Law*, Estados Unidos, v. 90, 1996. Disponível em: http://www.jstor.org/stable/25659036?seq=2#page_scan_tab_contents. Acesso em: 21 mar. 2022.

TRUBEL, David. *Balancing Scales of Justice*: Financing Public Interest Law in America. Washington. D.C.: Loyola University of Chicago School of Law, 1977. Disponível em: http://lawecommons.luc.edu/cgi/viewcontent.cgi?article=2259&context=luclj. Acesso em: 3 jul. 2016.

TUCCI, José Rogério Cruz; AZEVEDO, Luiz Carlos. *Lições de história do processo civil Romano*. 2. ed. São Paulo: Revista dos Tribunais, 2013.

UCHÔA, Alicia. Veja o preço do estacionamento em shoppings do Rio após nova lei. *In: G1*, Rio de Janeiro, jan. 2011. Disponível em: http://g1.globo.com/rio-de-janeiro/noticia/2011/01/veja-o-preco-do-estacionamento-em-shoppings-do-rio-apos-nova-lei.html. Acesso em: 4 out. 2011.

UNIÃO EUROPEIA. Jornal Oficial da União Europeia. *Regulamento n° 861 de 11 de julho de 2007*: estabelece um processo europeu para ações de pequeno montante. Disponível em: https://eur-lex.europa.eu/legal-content/PT/ALL/?uri=CELEX%3A32007R0861. Acesso em: 24 de mar. 2022.

VAISH, Esha; HOLTON, Kate. Google pede desculpas por exibir anúncios no YouTube ao lado de vídeos ofensivos: Propagandas do governo britânico foram colocadas junto de vídeos homofóbicos e antissemitas. *G1*, mar. 2017. Disponível em: http://g1.globo.com/tecnologia/noticia/google-pede-desculpas-por-exibir-anuncios-no-youtube-ao-lado-de-videos-ofensivos.ghtml. Acesso em: 21 mar. 2022.

VANDERLINDEN, Jacques. Return to Legal Pluralism. *In: Journal of Legal Pluralism*, n. 28, Estados Unidos, 1989. Disponível em: https://commission-on-legal-pluralism.com/system/commission-on-legal-pluralism/volumes/28/vanderlinden-art.pdf. Acesso em: 21 mar. 2022.

VIANNA, Luiz Werneck *et al. A judicialização da Política e das relações sociais no Brasil*. Rio de Janeiro: Revan, 1999.

VIGLIAR, José Marcelo Menezes. Defendant Class Action Brasileira: Limites Propostos para o "Código de Processos Coletivos". *In:* GRINOVER, Ada Pellegrini; MENDES, Aluisio Gonçalves de Castro; WATANABE, Kazuo (coords.). *Direito Processual Coletivo e o anteprojeto de Código Brasileiro de Processos Coletivos*. São Paulo: Revista dos Tribunais, 2007.

VIRGÍLIO, Paulo. Prefeitura do Rio inaugura primeiro Centro de Mediação Comunitária. *EBC Agência Brasil*, dez. 2015. Disponível em: http://agenciabrasil.ebc.com.br/geral/noticia/2015-12/prefeitura-do-rio-inaugura-primeiro-centro-de-mediacao-comunitaria. Acesso em: 21 mar. 2022.

VORRASI, Kenneth M. England's reform to alleviate the problems of civil process: a comparison of judicial case management in England and the United States. *Notredame Journal of legislation*, Estados Unidos, v. 30, 2004.

WATANABE, Kazuo. Acesso à Justiça e meios consensuais de solução de conflitos. *In:* ALMEIDA, Rafael Alves de, ALMEIDA, Tania, CRESPO, Mariana Hernandez. *Tribunal Multiportas.* Rio de Janeiro: FGV, 2012. p. 87-94.

WATANABE, Kazuo. Acesso à Justiça e Sociedade Moderna. *In:* GRINOVER, Ada Pellegrini; DINAMARCO, Cândido Rangel; WATANABE, Kazuo (coords.). *Participação e Processo.* São Paulo: Revista dos Tribunais, 1988.

WATANABE, Kazuo. Apontamentos sobre: tutela jurisdicional dos interesses difusos, necessidade de processo dotado de efetividade e de aperfeiçoamento permanente dos juízes e apoio dos órgãos superiores da justiça em termos de infraestrutura material e pessoal. *In:* MILARÉ, Edis. *Ação Civil **Pública**:* Lei nº 4.347/85, reminiscências e reflexões após dez anos de publicação. São Paulo: Revista dos Tribunais, 1995.

WATANABE, Kazuo. Características básicas do juizado especial de pequenas causas. *Revista da Associação dos Juízes do Rio Grande do Sul,* Porto Alegre, 1974.

WATANABE, Kazuo. *Controle jurisdicional:* princípio da inafastabilidade do controle jurisdicional no sistema jurídico brasileiro e mandado de segurança contra atos judiciais. São Paulo: Revista dos Tribunais, 1980.

WATANABE, Kazuo. Demandas coletivas e os problemas emergentes da práxis forense. *In:* TEIXEIRA, Sálvio de Figueiredo (coord.). *As garantias do cidadão na justiça.* São Paulo: Saraiva, 1993. p. 185-196.

WATANABE, Kazuo. Juizado especial de pequenas causas. *Revista dos Tribunais,* São Paulo, v. 74, n. 600, p. 273-277, 1985.

WATANABE, Kazuo. Mediação como política pública social e judiciária. *Revista do Advogado.* v. 34, n. 123, p. 35-39. São Paulo, 2014.

WATANABE, Kazuo. Política pública do poder judiciário nacional para tratamento adequado dos conflitos de interesses. *Revista de Processo,* São Paulo, v. 361, n. 195, p. 381-389, 2011.

WATANABE, Kazuo. Relação entre demanda coletiva e demandas individuais. *Revista de Processo,* São Paulo, v. 31, n. 139, p. 28-35, 2006.

WATANABE, Kazuo. Tutela antecipatória e tutela específica das obrigações de fazer e não fazer (arts. 273 e 461 do CPC). *Revista de Direito do Consumidor,* n. 19, p. 77-101, São Paulo, 1996.

WATANABE, Kazuo. Tutela jurisdicional dos interesses difusos. *Revista de Processo,* São Paulo, v. 9, n. 34, p. 197-206, 1984.

WIKIPÉDIA. *Dinamarca.* Disponível em: https://pt.wikipedia.org/wiki/Dinamarca. Acesso em: 21 mar. 2022.

WIKIPÉDIA. *Portugal.* Disponível em: https://pt.wikipedia.org/wiki/Portugal. Acesso em: 21 mar. 2022.

WIKIPÉDIA. *Youtube.* Disponível em: https://pt.wikipedia.org/wiki/YouTube. Acesso em: 21 mar. 2022.

WIKIPÉDIA. *Youtube:* Revenue. Disponível em: https://en.wikipedia.org/wiki/YouTube#Revenue. Acesso em: 21 mar. 2022.

WASSERMAN, Rhonda. Cy Pres in Class Action Settlements. *Southern California Law Review,* n. 97, Estados Unidos, 2014.

WOLKMER, Antônio Carlos. *Pluralismo jurídico*: Fundamentos de uma nova cultura no Direito. 3. ed. São Paulo: Alfa Ômega, 2001.

WOLKMER, Antônio Carlos. *Pluralismo jurídico*: os novos caminhos da contemporaneidade. 4. ed. São Paulo: Saraiva, 2015.

YOUTUBE. *Curso de direitos autorais*. Disponível em: https://www.youtube.com/copyright_school. Acesso em: 21 mar. 2022.

YOUTUBE. *Diretrizes da Comunidade*: Algumas regras básicas para manter o YouTube seguro e divertido para todos. Disponível em: https://www.youtube.com/yt/policyandsafety/pt-BR/communityguidelines.html#communityguidelines-line-crossing. Acesso em: 21 mar. 2022.

YOUTUBE. *Help*: Copyright strike basics. Disponível em: https://support.google.com/youtube/answer/2814000?hl=en&ref_topic=2778545. Acesso em: 21 mar. 2022.

YOUTUBE. *Monetization during Content ID disputes*. Disponível em: https://support.google.com/youtube/answer/7000961?hl=en&ref_topic=2778545. Acesso em: 21 mar. 2022.

YOUTUBE. *YouTube*: Visão geral do programa de parcerias do YouTube. Disponível em: https://support.google.com/youtube/answer/72851?hl=pt-BR. Acesso em: 21 mar. 2022.

ZAFFARONI, Eugênio Raúl *et al*. *Direito Penal Brasileiro*. 3. ed. Rio de Janeiro: Renovar, 2006. v. 1.

ZAVASCKI, Teori Albino. *Processo Coletivo*: tutela e direitos coletivos e tutela coletiva de direitos. 6. ed. São Paulo: Revista dos Tribunais, 2014.

ZUFELATO, Camilo. O caso Rolezinho como ação coletiva passiva e a intervenção da Defensoria Pública para garantir a representatividade adequada do grupo. *Revista dos Tribunais*, São Paulo, v. 253, p. 273-298, 2016.

Esta obra foi composta em fonte Palatino Linotype, corpo 10
e impressa em papel Offset 75g (miolo) e Supremo 250g (capa)
pela Gráfica Formato.